NOAM CHOMSKY es profesor emérito del Departamento de Lingüística y Filosofía del MIT, activista político y uno de los críticos más influyentes de la política exterior estadounidense. Sus opiniones sobre el tema y su lúcida visión de los acontecimientos mundiales son discutidas ampliamente por la comunidad internacional. Es autor de numerosas obras políticas, entre ellas los best sellers *Hegemonía o supervivencia* (2004), *Estados fallidos* (2007) y *¿Quién domina el mundo?* (2016).

Papel certificado por el Forest Stewardship Council®

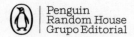

Título original: *Who Rules the World?*

Primera edición en B de Bolsillo: abril de 2024

© 2016, L. Valéria Galvão-Wasserman-Chomsky
© 2016, 2024, Penguin Random House Grupo Editorial, S. A. U.
Travessera de Gràcia, 47-49. 08021 Barcelona
© 2016, Javier Guerrero, por la traducción
Diseño de la cubierta: Penguin Random House Grupo Editorial / Laura Jubert

Printed in Spain – Impreso en España

ISBN: 978-84-1314-898-4
Depósito legal: B-1.827-2024

Impreso en Novoprint
Sant Andreu de la Barca (Barcelona)

BB 4 8 9 8 4

¿Quién domina el mundo?

NOAM CHOMSKY

Traducción de Javier Guerrero

Índice

Introducción

La cuestión planteada por el título de este libro no puede tener una respuesta simple y definitiva. El mundo es demasiado variado, demasiado complejo, para que eso sea posible. Aun así, no es difícil reconocer las grandes diferencias en la capacidad de modelar los asuntos mundiales ni identificar a los actores más destacados e influyentes.

Entre los Estados, desde el final de la Segunda Guerra Mundial, Estados Unidos ha sido de lejos el primero entre desiguales y sigue siéndolo. Continúa dictando en gran medida los términos del discurso global en un abanico de asuntos que van desde Israel-Palestina, Irán, Latinoamérica, la «guerra contra el terrorismo», la organización económica, el derecho y la justicia internacionales, y otros semejantes, hasta problemas fundamentales para la supervivencia de la civilización, como la guerra nuclear y la destrucción del medio ambiente. Su poder, no obstante, ha disminuido desde que alcanzó una cota sin precedentes históricos en 1945. Con el inevitable declive, el poder de Washington queda hasta cierto punto compartido dentro del «Gobierno mundial *de facto*» de los «amos del universo», por usar los términos que utilizan los medios de comunicación para referirse a los poderes capitalistas dominantes (los países del G7) y las instituciones que estos controlan en la «nueva era imperial», tales como el Fondo Monetario Internacional y las organizaciones internacionales que reglan el comercio.[1]

Por supuesto, los «amos del universo» distan mucho de ser representativos de la población de las potencias dominantes. Hasta en los países más democráticos, la población tiene un impacto pequeño en las decisiones políticas. En Estados Unidos, hay destacados investigadores que han dado con pruebas convincentes de que «el impacto que ejercen la elites económicas y los grupos organizados que representan intereses empresariales en la política del Gobierno de Estados Unidos es sustancial, mientras que los ciudadanos comunes y los grupos de intereses de masas tienen poca o ninguna influencia independiente». Dichos autores afirman que los estudios «apoyan de manera sustancial la teorías del dominio de la elite económica y la del pluralismo sesgado, pero no la teorías de la democracia electoral mayoritaria o el pluralismo mayoritario». Otros estudios han demostrado que la gran mayoría de la población, en el extremo bajo de la escala de ingresos/riqueza, se halla, de hecho, excluida del sistema político, y sus opiniones y posturas son pasadas por alto por sus representantes formales, mientras que un pequeño sector en la cima posee una influencia arrolladora; asimismo han revelado que, a largo plazo, la financiación de campañas predice, con mucha fiabilidad, las opciones políticas.[2]

Una consecuencia es la apatía: no molestarse en votar. Esa apatía tiene una correlación significativa con la clase social, cuyas razones más probables enunció hace treinta y cinco años Walter Dean Burnham, un destacado experto en política electoral. Burnham relacionó la abstención con «una peculiaridad crucial del sistema político estadounidense: la ausencia total de un partido de masas socialista o laborista que pueda competir de verdad en el mercado electoral», lo cual, argumentó, explica en buena medida «el sesgo de clase en la abstención», así como la minimización de opciones políticas que podrían contar con apoyo de la población general, pero se oponen a intereses de las elites. Esas observaciones siguen siendo válidas hoy en día. En un detallado análisis de las elecciones de 2014, Burnham y Thomas Ferguson muestran que el índice de participación «recuerda los principios del siglo XIX», cuando el derecho de sufragio estaba prácticamente restringido a los varones libres con propiedades, y concluyen que «tanto las encuestas como el sentido común confirman que en la actualidad son muchísimos los estadounidenses que recelan de los dos grandes partidos políticos y cada vez se sienten más molestos respecto a las perspectivas a largo plazo. Muchos están convencidos de que unos pocos grandes intereses controlan la política, y ansían medidas eficaces para revertir el declive económico a largo plazo y la desmedida desigualdad económica, pero los grandes partidos impulsados por el dinero no les ofrecerán nada en la escala requerida. Es probable que eso solo acelere la desintegración del sistema político evidenciada en las elecciones al Congreso de 2014».[3]

En Europa, el declive de la democracia no es menos llamativo, mientras la toma de decisiones en cuestiones cruciales se desplaza a la burocracia de Bruselas y las potencias financieras que esta representa en gran medida. Su desprecio por la democracia se reveló en julio de 2015 en la salvaje reacción a la mera idea de que el pueblo de Grecia pudiera tener voz para determinar el destino de su sociedad, destrozada por las brutales políticas de austeridad de la troika: la Comisión Europea, el Banco Central Europeo y el Fondo Monetario Internacional (FMI), en concreto los actores políticos del último, no sus economistas, que han sido críticos con las políticas destructivas. Esas políticas de austeridad se impusieron con el objetivo declarado de reducir la deuda griega; en cambio, han aumentado la relación entre deuda y producto interior bruto (PIB), mientras que el tejido social griego se ha desgarrado y Grecia ha servido como embudo para transmitir rescates financieros a bancos franceses y alemanes que hicieron préstamos arriesgados.

Hay aquí pocas sorpresas. La guerra de clases, típicamente unilateral, cuenta con una historia larga y amarga. En el amanecer de la era capitalista moderna, Adam Smith condenó a los «amos de la humanidad» de su tiempo, los «comerciantes y productores» de Inglaterra, que «eran, de lejos, los arquitectos principales» de la política y se aseguraban de que sus propios intereses fueran «particularmente atendidos» por más «dolorosos» que resultaran los efectos sobre otros, en especial las víctimas de su «injusticia salvaje» en el extranjero, pero también gran parte de la población de Inglaterra. La era neoliberal de la última generación ha añadido su toque propio a esa imagen clásica: los amos salen de las capas superiores de economías cada vez más monopolizadas; las instituciones financieras son colosales y, a menudo, depredadoras; y las multinacionales están protegidas por el poder del Estado y por las figuras políticas que, en gran medida, representan sus intereses.

Por otra parte, apenas pasa un día sin noticias de inquietantes descubrimientos científicos sobre el avance de la destrucción medioambiental. No es demasiado tranquilizador leer que «en las latitudes medias del hemisferio norte, las temperaturas promedio están elevándose a un ritmo que es equivalente a desplazarse hacia el sur unos diez metros cada día», es decir, «unas cien veces más rápido que la mayoría de los cambios climáticos que podemos observar en el registro geológico» y, quizá, mil veces más rápido según otros estudios técnicos.[4]

No menos desalentador es el crecimiento de la amenaza nuclear. El bien informado ex secretario de Defensa William Perry considera que «la probabilidad de una catástrofe nuclear es más alta hoy» que durante la guerra fría, cuando escapar de un desastre inimaginable fue casi un milagro. Al mismo tiempo, las grandes potencias continúan, tenazmente, con sus programas de «inseguridad nacional», por utilizar la acertada expresión del veterano analista de la CIA Melvin Goodman. Perry es también uno de los especialistas que le solicitaron al presidente Obama «terminar con el nuevo misil de crucero», un arma nuclear con puntería mejorada y menores resultados que podría alentar una «guerra nuclear limitada» y, siguiendo una conocida dinámica, provocar una rápida escalada hasta el desastre absoluto. Peor todavía, el nuevo misil cuenta con variantes nucleares y no nucleares, de manera que «un enemigo atacado podría suponer lo peor, reaccionar desproporcionadamente e iniciar una guerra nuclear». Hay pocas razones para esperar que se preste atención al consejo, pues la planificada mejora del sistema de armas nucleares del Pentágono, con un coste de un billón de dólares, continúa con rapidez, al tiempo que algunas potencias menores dan sus propios pasos hacia el fin del mundo.[5]

Creo que todo ello dibuja bien el elenco de protagonistas. Los capítulos que siguen buscan explorar la cuestión de quién gobierna el mundo, cómo actúan en sus esfuerzos y adónde conducen estos, y cómo las «poblaciones subyacentes», según la útil expresión de Thorstein Veblen, podrían tener la esperanza de derrotar el poder de las empresas y la doctrina nacionalista para, en sus palabras, estar «vivos y preparados para vivir».

No queda mucho tiempo.

1

La responsabilidad de los intelectuales, el retorno

Antes de pensar en la responsabilidad de los intelectuales, merece la pena aclarar a quiénes nos estamos refiriendo.

El concepto de *intelectual* en el sentido moderno ganó relieve con el Manifiesto de los intelectuales de 1898, en el que los *dreyfusards*, inspirados por la carta abierta de protesta de Émile Zola al presidente de Francia, condenaron tanto la acusación infundada al oficial de artillería francés Alfred Dreyfus por traición como el posterior encubrimiento militar. La posición de los *dreyfusards* trasmite la imagen de los intelectuales como defensores de la justicia que se enfrentan al poder con valor e integridad, si bien no era así como eran vistos entonces. Los *dreyfusards*, una minoría entre las clases instruidas, fueron condenados de manera implacable por la corriente principal de la vida intelectual, en particular por algunas figuras destacadas entre los «inmortales de la fervientemente anti-*dreyfusard* Académie Française», como escribe el sociólogo Steven Lukes. Para el novelista, político y líder anti-*dreyfusard* Maurice Barrès, los *dreyfusards* eran «anarquistas de atril». Para otro de aquellos inmortales, Ferdinand Brunetière, la misma palabra *intelectual* encarnaba «una de las excentricidades más ridículas de nuestro tiempo, es decir, la presunción de elevar a escritores, científicos, profesores y filólogos al rango de superhombres» que se atrevían a «tratar de idiotas a nuestros generales, de absurdas a nuestras instituciones sociales y de malsanas a nuestras tradiciones».[1]

¿Quiénes eran pues los intelectuales? ¿La minoría inspirada por Zola (que fue sentenciado a prisión por libelo y huyó del país) o los inmortales de la Academia? La cuestión resuena a través de los años, de una forma o de otra.

INTELECTUALES: DOS CATEGORÍAS

Durante la Primera Guerra Mundial, cuando destacados intelectuales de todas las ideologías se alinearon de manera entusiasta en apoyo de sus Estados, surgió una respuesta. En su Manifiesto de los Noventa y Tres, hubo destacadas figuras en uno de los Estados más ilustrados del mundo que llamaron a Occidente a «tener fe en nosotros. Creed que llevaremos esta guerra hasta el final como una nación civilizada para la que el legado de un Goethe, un Beethoven, un Kant, es tan sagrado como sus hogares y casas».[2] Sus homólogos en el otro lado de las trincheras intelectuales se les equiparaban en entusiasmo por la noble causa y fueron más allá en la autoadulación. En *New Republic* proclamaron que «el trabajo eficaz y decisivo en nombre de la guerra lo ha llevado a cabo [...] una clase que debe ser descrita en líneas generales como los "intelectuales"». Aquellos progresistas creían que estaban garantizando que Estados Unidos entraba en guerra «bajo la influencia de un veredicto moral alcanzado mediante la máxima deliberación por parte de los miembros más reflexivos de la comunidad». En realidad, fueron víctimas de las invenciones del Ministerio de Información británico, que buscaba en secreto «dirigir el pensamiento de la mayor parte del mundo» y, en particular, dirigir el pensamiento de los intelectuales progresistas estadounidenses, que podrían ayudar a contagiar la fiebre belicista a un país pacifista.[3]

John Dewey estaba impresionado por la gran «lección psicológica y educativa» de la guerra, que demostraba que los seres humanos —o, más en concreto, los «hombres inteligentes de la comunidad»— pueden «hacerse cargo de los asuntos humanos y manejarlos [...] de manera prudente e inteligente» para lograr los fines que buscan.[4] (Dewey solo tardó unos años en cambiar de intelectual responsable en la Primera Guerra Mundial a «anarquista de atril» que denunciaba la «prensa no libre» y cuestionaba «hasta qué punto la auténtica libertad individual y la responsabilidad social son posibles en una medida aceptable bajo el régimen económico existente».)[5]

No todo el mundo se conformó de manera tan sumisa, por supuesto. Hubo figuras notables, como Bertrand Russell, Eugene Debs, Rosa Luxemburg y Karl Liebknecht, que fueron, como Zola, condenados a prisión. A Debs lo castigaron con especial severidad: una condena de diez años de cárcel por plantear preguntas sobre «la guerra por la democracia y los derechos humanos» del presidente Wilson. Wilson rechazó amnistiarlo al acabar la guerra, aunque el presidente Harding transigió por fin. El escarmiento fue menos severo para algunos disidentes, como Thorstein Veblen, a quien despidieron de su puesto en la Agencia de los Alimentos tras preparar un informe que mostraba que la escasez de mano de obra agrícola podía superarse terminando con la brutal persecución de los sindicatos por parte de Wilson, sobre todo la que se ejercía contra Trabajadores Industriales del Mundo. Por su parte, Randolph Bourne fue apartado de los periódicos progresistas después de criticar la «liga de las naciones benevolentemente imperialistas» y sus nobles empeños.[6]

El patrón de premio y castigo se repite a lo largo de la historia: aquellos que se sitúan al servicio del Estado suelen ser elogiados por la comunidad intelectual general, mientras que los que se niegan a alinearse al servicio del Estado son castigados.

En años posteriores, hubo destacados estudiosos que distinguieron de forma más explícita las dos categorías de intelectuales. Los excéntricos ridículos son catalogados como «intelectuales que se rigen por los valores», que plantean «un desafío al Gobierno democrático tan grave, al menos en potencia, como los planteados anteriormente por camarillas aristocráticas, movimientos fascistas y partidos comunistas». Entre otras fechorías, estas criaturas peligrosas «se dedican a menoscabar el liderazgo y desafiar a la autoridad» e, incluso, se enfrentan a las instituciones responsables del «adoctrinamiento de los jóvenes». Algunos se hunden hasta el extremo de dudar de la nobleza de los objetivos bélicos, como Bourne. Esa condena de los bribones que cuestionan la autoridad y el orden establecido fue presentada por los estudiosos de la liberal e internacionalista Comisión Trilateral —la Administración Carter salió en gran parte de sus filas— en su estudio de 1975 *The Crisis of the Democracy*. Al igual que los progresistas de *New Republic* durante la Primera Guerra Mundial, los trilateralistas extienden el concepto de intelectual más allá de Brunetière para incluir a los «intelectuales tecnocráticos y orientados a la política», pensadores responsables y serios que se dedican a la labor constructiva de modelar la estrategia política dentro de instituciones establecidas y a garantizar que el adoctrinamiento de los jóvenes siga su curso.[7]

Lo que más alarmó a los sabios de la Trilateral fue el «exceso de democracia» durante una época agitada, la década de 1960, cuando sectores normalmente pasivos y apáticos de la población entraron en el ruedo político para defender sus intereses: las minorías, las mujeres, los jóvenes, los mayores, la clase obrera, en resumen, los sectores de población que a veces se denominan «intereses especiales». Hay que distinguirlos de aquellos que Adam Smith llamó «amos de la humanidad», que son los «principales arquitectos» de la política gubernamental y que buscan su «infame máxima»: «Todo para nosotros y nada para los demás».[8] El papel de los amos en el ruedo político no se condena ni se discute en el volumen de la Trilateral, presumiblemente debido a que los amos representan «el interés nacional»; como aquellos que se aplaudieron a sí mismos por conducir al país a la guerra «mediante la máxima deliberación, por parte de los miembros más reflexivos de la comunidad», habían alcanzado su veredicto moral.

Para superar la excesiva carga que los intereses especiales

imponen al Estado, los trilateralistas pidieron más «moderación en la democracia», un retorno a la pasividad por parte de los que acumulaban menos méritos, tal vez incluso un retorno a los días felices en que «Truman había sido capaz de gobernar el país con la cooperación de un número relativamente pequeño de abogados y banqueros de Wall Street» y, por lo tanto, la democracia floreció.

Los trilateralistas bien podrían haber afirmado que estaban acatando la intención original de la Constitución, «un documento intrínsecamente aristocrático concebido para controlar las tendencias democráticas de la época», y que entregaban el poder a una «clase mejor» de personas y vetaban «el ejercicio del poder político a aquellos que no eran ricos, de buena cuna o destacados», en palabras del historiador Gordon Wood.[9] No obstante, en defensa de Madison hay que reconocer que su mentalidad era precapitalista. Al determinar que el poder debería estar en manos de «la riqueza de la nación», «el grupo de hombres más capaces» imaginó a aquellos hombres con el modelo del «estadista ilustrado» y el «filósofo benévolo» del imaginado mundo romano. Serían «puros y nobles», «hombres de inteligencia, patriotismo, propiedad y circunstancias independientes», «cuya sabiduría puede discernir mejor el verdadero interés de su país, y cuyo patriotismo y amor por la justicia serán menos propensos a sacrificarse ante consideraciones temporales o parciales». Con tales dotes, aquellos hombres «refinarían y ampliarían la opinión pública» y custodiarían el interés general frente a las «travesuras» de las mayorías democráticas.[10] En una línea similar, los intelectuales progresistas de Wilson podrían haberse consolado con los descubrimientos de las ciencias del comportamiento, explicados en 1939 por el psicólogo y teórico de la educación Edward Thorndike:[11]

La gran suerte de la humanidad es que existe una correlación significativa entre la inteligencia y la moralidad, incluida la buena voluntad con los semejantes [...]. En consecuencia, nuestros superiores en capacidad son en promedio nuestros benefactores, y a menudo es más seguro confiar nuestros intereses a ellos que a nosotros mismos.

Una doctrina reconfortante, aunque algunos podrían sentir que Adam Smith era más observador.

REVERSIÓN DE VALORES

La distinción entre las dos categorías de intelectuales proporciona el marco para determinar la «responsabilidad de los intelectuales». La expresión es ambigua. ¿Se refiere a su responsabilidad moral como seres humanos decentes, en una posición en la que pueden usar su privilegio y su estatus para fomentar las causas de la libertad, justicia, misericordia, paz y otras cuestiones sentimentales? ¿O se refiere al rol que se espera que desempeñen como «intelectuales tecnocráticos y orientados a la política» de servir al liderazgo y las instituciones establecidas en vez de derogarlos? Como el poder por lo general tiende a imponerse, los de la segunda categoría son considerados «intelectuales responsables», mientras que los primeros son desestimados o denigrados; en este país, claro está.

Por lo que respecta a los enemigos, la distinción entre las dos categorías de intelectuales se mantiene, pero con los valores invertidos. Los intelectuales de la antigua Unión Soviética defensores de los valores eran percibidos por Estados Unidos como disidentes respetables, mientras que no teníamos más que desprecio para los *apparatchiks* y los comisarios, intelectuales tecnocráticos y centrados en la política. De manera similar, honramos a los valientes disidentes iraníes y condenamos a aquellos que defienden a las instituciones religiosas. Y lo mismo respecto a cualquier otro lugar.

En este sentido, el respetado término *disidente* se utiliza de un modo selectivo. Por supuesto, no se aplica con sus connotaciones positivas a intelectuales defensores de los valores en Estados Unidos o a aquellos que en el extranjero combaten tiranías apoyadas por Washington. Tomemos el interesante caso de Nelson Mandela, que no se eliminó de la lista de terroristas del Departamento de Estado hasta 2008, por lo que hasta esa fecha no pudo viajar a Estados Unidos sin autorización especial. Veinte años antes, era el líder criminal de uno de los «grupos terroristas más notorios del mundo», según un informe del Pentágono.[12] Por esa razón el presidente Reagan tuvo que apoyar el régimen del *apartheid*, aumentó el comercio con Sudáfrica, violando así las sanciones del Congreso, y apoyó los estragos de Sudáfrica en países vecinos, que condujeron, según un estudio de Naciones Unidas, a un millón y medio de muertes.[13] Ese fue solo un episodio en la guerra contra el terrorismo declarada por Reagan para combatir «la plaga de la edad moderna» o, como lo expresó el secretario de Estado George Shultz, «un retorno a la barbarie en la edad moderna».[14] Podríamos añadir centenares de miles de cadáveres en Centroamérica y decenas de miles más en Oriente Próximo, entre otros éxitos. No es de extrañar que el Gran Comunicador sea adorado por los investigadores de la Institución Hoover como un coloso cuyo «espíritu parece marchar por el país, observándonos como un fantasma afable y amistoso».[15]

El caso de Latinoamérica es revelador. Aquellos que exigían libertad y justicia en Latinoamérica no son admitidos en el panteón de disidentes respetables. Por ejemplo, una semana después de la caída del Muro de Berlín, a seis destacados intelectuales latinoamericanos, todos sacerdotes jesuitas, les volaron la cabeza por órdenes directas del alto mando salvadoreño. Los autores fueron los miembros de un batallón de elite armado y entrenado por Washington que ya había dejado un espantoso rastro de sangre y terror.

Los sacerdotes asesinados no se homenajean como disidentes respetables ni tampoco otros como ellos en todo el hemisferio sur. Disidentes respetables son los que pedían libertad en los dominios del enemigo, en Europa del Este y la Unión Soviética; sin duda, esos pensadores sufrieron, pero ni remotamente como sus homólogos en Latinoamérica. Esta afirmación no es discutible; como escribe John Coatsworth en *Cambridge History of the Cold War*, desde 1960 hasta «el derrumbe soviético en 1990, las cifras de presos políticos, víctimas de tortura y ejecuciones de disidentes políticos no violentos en Latinoamérica exceden ampliamente las de la Unión Soviética y sus satélites de Europa oriental». Entre los ejecutados hubo muchos mártires religiosos y también se produjeron crímenes en masa, apoyados de manera sistemática o iniciados por Washington.[16]

¿Por qué entonces la distinción? Cabría argumentar que lo ocurrido en Europa del Este importa más que el destino del sur global a nuestras manos. Sería interesante ver ese argumento verbalizado y también la explicación de por qué debemos desestimar principios morales elementales al pensar en la implicación de Estados Unidos en asuntos exteriores, entre ellos que deberíamos concentrar los esfuerzos allí donde podemos hacer más bien; normalmente, donde compartimos responsabilidad por lo que se está haciendo. No tenemos ninguna dificultad en exigir que nuestros enemigos sigan estos principios.

A pocos de nosotros nos importa, o a pocos tendría que importarnos, lo que Andréi Sajarov o Shirin Ebadi dicen sobre los crímenes de Estados Unidos e Israel; los admiramos por lo que dicen sobre su Estados y por lo que hacen, y esa conclusión se aplica con mucha más fuerza para aquellos que viven en sociedades más libres y democráticas, y, por consiguiente, tienen oportunidades mucho mayores para actuar de manera eficaz. Es de cierto interés que, en los círculos más respetados, la práctica es casi la opuesta a lo que dictan los valores morales elementales.

Las guerras de Estados Unidos en Latinoamérica entre 1960 y 1990, dejando aparte sus horrores, han tenido un significado histórico de larga duración. Por tratar solo un aspecto importante, fueron, en no menor medida, guerras contra la Iglesia católica, llevadas a cabo para aplastar una terrible herejía proclamada en el Concilio Vaticano II, en 1962. En aquel momento, en palabras del distinguido teólogo Hans Küng, el papa Juan XXIII «condujo a una nueva era en la historia de la Iglesia católica» ya que restauró las enseñanzas de los evangelios, que se habían dejado de lado en el siglo IV, cuando el emperador Constantino estableció el cristianismo como la religión del Imperio romano e instituyó «una revolución» que convirtió «la Iglesia perseguida» en una «Iglesia perseguidora». La herejía del Vaticano II fue aceptada por los obispos latinoamericanos, que adoptaron la «opción preferencial por los pobres».[17] Sacerdotes, monjas y seglares llevaron luego el mensaje pacifista radical de los Evangelios a los pobres, ayudándolos a organizarse para mejorar su destino amargo en los dominios del poder de Washington.

Ese mismo año, 1962, el presidente John F. Kennedy tomó varias decisiones críticas. Una fue la de desplazar la misión de los ejércitos de Latinoamérica de la «defensa hemisférica» (un anacronismo desde la Segunda Guerra Mundial) a la «seguridad interna»; en la práctica, una guerra contra la población si se llegaba a levantar la cabeza.[18] Charles Maechling Jr., que dirigió la contrainsurgencia y la planificación de la defensa interna desde 1961 a 1966, describe las consecuencias no sorprendentes de la decisión de 1962 como un movimiento desde la tolerancia de la «voracidad y crueldad de las fuerzas armadas de Latinoamérica» hasta la «complicidad directa» en sus crímenes y el apoyo de Estados Unidos a «los métodos de las brigadas de exterminio de Heinrich Himmler».[19] Una iniciativa fundamental fue el golpe militar en Brasil, respaldado por Washington y llevado a cabo poco después del asesinato de Kennedy, que instituyó allí una situación de seguridad nacional asesina y brutal. La plaga de la represión se extendió por todo el hemisferio, y llegó el golpe de 1973 que instaló la dictadura de Pinochet en Chile y, después, la más brutal de todas, la dictadura argentina, el régimen favorito de Ronald Reagan en Latinoamérica. El turno de Centroamérica —aunque no era la primera vez— llegó en la década de 1980 con el liderazgo del «fantasma afable y amistoso» de los eruditos de la Institución Hoover, que ahora es admirada por sus éxitos.

El asesinato de los intelectuales jesuitas cuando caía el Muro de Berlín fue un golpe final para derrotar a la herejía de la teología de la liberación, la culminación de una década de horror en El Salvador, que se inició con el asesinato, por las mismas manos, del arzobispo Óscar Romero, la «voz de los sin voz». Los vencedores en la guerra contra la Iglesia declararon su responsabilidad con orgullo. La Escuela de las Américas (después rebautizada), famosa por su preparación de asesinos latinoamericanos, anunció como uno de sus «temas de debate» que la teología de la liberación iniciada en el Vaticano II «fue derrotada con la ayuda del ejército de Estados Unidos».[20]

En realidad, los asesinatos de noviembre de 1989 fueron casi un golpe final; todavía se necesitaba más esfuerzo. Un año después, Haití celebró sus primeras elecciones libres y, para sorpresa y estupefacción de Washington —que había anticipado una victoria fácil de su propio candidato, escogido entre la elite privilegiada—, el pueblo organizado en los barrios pobres y en las montañas eligió a Jean-Bertrand Aristide, un sacerdote popular, comprometido con la teología de la liberación. Estados Unidos enseguida empezó a socavar el Gobierno electo y, tras el golpe militar que lo derrocó unos meses después, prestó un apoyo sustancial a la brutal junta militar y sus partidarios de la elite que tomaron el poder. El comercio con Haití se incrementó, lo que violaba las sanciones internacionales, y aumentó todavía más con el presidente Clinton, quien también autorizó a la compañía petrolera Texaco a abastecer a los gobernantes asesinos, desafiando sus propias directrices.[21] Me saltaré las vergonzosas secuelas, ampliamente estudiadas en otros lugares, salvo para señalar que en 2004 los dos torturadores tradicionales de Haití, Francia y Estados Unidos, a los que se unió Canadá, intervinieron por la fuerza otra vez, secuestraron al presidente Aristide (que había sido elegido de nuevo) y lo enviaron al África central. Aristide y su partido fueron luego efectivamente vetados en la farsa de elecciones de 2010-2011, el episodio más reciente en una historia horrenda que se remonta centenares de años y apenas es conocida entre los responsables de los crímenes, que prefieren cuentos de esfuerzos abnegados para salvar a pueblos que sufren de su destino nefasto.

Otra catastrófica decisión de Kennedy en 1962 fue enviar una misión de las Fuerzas Especiales, dirigida por el general

William Yarborough, a Colombia. Yarborough asesoró a las fuerzas de seguridad colombianas para que llevaran a cabo «actividades paramilitares, de sabotaje o terroristas contra partidarios comunistas conocidos», actividades que «deberían ser respaldadas por Estados Unidos».[22] El significado de la expresión «partidarios comunistas» lo explicó el respetado presidente del Comité Permanente por la Defensa de los Derechos Humanos en Colombia, que también fue ministro de Asuntos Exteriores, Alfredo Vázquez Carrizosa, quien escribió que la Administración Kennedy «se esforzó mucho para transformar nuestros ejércitos regulares en brigadas de contrainsurgencia, aceptando la nueva estrategia de escuadrones de la muerte», dando lugar a:

> lo que en Latinoamérica se conoce como la doctrina de seguridad nacional [...] [que no es una forma de] defensa contra un enemigo externo, sino una forma de hacer de las instituciones militares los señores del juego [...]. El derecho a combatir al enemigo interno, como se estableció en la doctrina brasileña, la doctrina argentina, la doctrina uruguaya y la doctrina colombiana, es el derecho a combatir y exterminar a trabajadores sociales, sindicalistas, hombres y mujeres que no apoyan al poder establecido y que se supone que son comunistas extremistas. Y esto podría significar cualquiera, incluidos activistas de los derechos humanos como yo mismo.[23]

Vázquez Carrizosa vivía con una fuerte escolta en su residencia de Bogotá cuando lo visité en 2002 como parte de una misión de Amnistía Internacional, que estaba iniciando su campaña de un año entero para proteger a los defensores de los derechos humanos en Colombia en respuesta al horripilante historial de ataques contra activistas pro derechos humanos, sindicalistas y las víctimas habituales del Estado del terror: los pobres e indefensos.[24] Al terror y a la tortura en Colombia se les añadió la guerra química («fumigación») en el ámbito rural bajo el pretexto de la guerra contra las drogas, lo cual condujo a la miseria y a un enorme éxodo de los supervivientes a los suburbios urbanos. La fiscalía general de Colombia calcula ahora que más de ciento cuarenta mil personas han sido asesinadas por paramilitares, que a menudo actuaron en estrecha colaboración con el ejército financiado por Estados Unidos.[25]

Hay señales de la carnicería por todas partes. En 2010, en una carretera de tierra casi intransitable que llevaba a un pueblo remoto en el sur de Colombia, mis compañeros y yo pasamos un pequeño calvero con muchas cruces sencillas que marcaban las tumbas de víctimas de un ataque paramilitar a un autobús local. Los informes de los crímenes son suficientemente gráficos; el tiempo que pasamos con los supervivientes, que están entre la gente más amable y compasiva que he tenido el privilegio de conocer, hace la imagen más gráfica y más dolorosa.

Esto no es más que un breve esbozo de crímenes terribles, de los cuales Washington tiene un parte sustancial de culpa, que podríamos haber evitado con facilidad. Pero es más gratificante disfrutar de los elogios por protestar con valentía de los abusos de enemigos oficiales: es una buena acción, pero nada que ver con la prioridad de un intelectual que se rige por los valores y que se toma en serio la responsabilidad de esa posición.

Dentro de nuestros dominios de poder, a diferencia de los de países enemigos, a las víctimas no solo se las pasa por alto y se las olvida rápidamente, sino que también se las insulta con cinismo. Un ejemplo llamativo de este hecho se produjo a las pocas semanas del asesinato de los intelectuales latinoamericanos en El Salvador, cuando Vaclav Havel visitó Washington y se dirigió a una sesión conjunta del Congreso. Ante su embelesado público, Havel alabó a los «defensores de la libertad» en Washington, que «comprendían la responsabilidad que emana de ser la nación más poderosa de la tierra»; significativamente, su responsabilidad por el asesinato brutal de sus homólogos salvadoreños poco antes. La clase intelectual liberal quedó cautivada por su discurso. Anthony Lewis defendió con entusiasmo en The *New York Times* que Havel nos ha recordado que «vivimos en una época romántica».[26] Otros destacados comentaristas liberales se deleitaron con el «idealismo, la ironía y la humanidad [de

Havel] «al predicar una doctrina de culto a la responsabilidad individual», mientras que el Congreso «obviamente se estremeció de respeto» por su genio e integridad, y se preguntó por qué Estados Unidos carece de intelectuales que, como él, «antepongan la moral al interés personal».[27] No hace falta entretenerse en pensar cuál habría sido la reacción si las fuerzas de elite armadas y entrenadas por la Unión Soviética hubieran asesinado a Havel y media docena de sus colegas, lo cual era, por supuesto, inconcebible, y el padre Ignacio Ellacuría, el más destacado de los intelectuales jesuitas asesinados, hubiera pronunciado las mismas palabras en la Duma.

Como apenas podemos ver lo que está ocurriendo ante nuestros ojos, no es sorprendente que los hechos que suceden a una ligera distancia resulten del todo invisibles. Un ejemplo muy claro: el envío por parte del presidente Obama de un comando de setenta y nueve hombres a Pakistán en mayo de 2011 para llevar a cabo lo que era, evidentemente, un asesinato planificado del principal sospechoso de las atrocidades del 11-S, Osama bin Laden.[28] Aunque el objetivo de la operación, desarmado y sin ninguna protección, podría haber sido capturado con facilidad, fue asesinado y su cuerpo arrojado al mar sin autopsia; una acción que, según leemos en la prensa liberal, fue «justa y necesaria».[29] No hubo juicio, como en el caso de los criminales de guerra nazis, un hecho que no pasaron por alto los expertos legales en el extranjero, que aprobaron la operación pero objetaron el procedimiento. Como nos recuerda la profesora de Harvard Elaine Scarry, la prohibición del asesinato en el derecho internacional se remonta a una denuncia enérgica de la práctica por parte de Abraham Lincoln, quien en 1863 condenó los llamamientos al asesinato como «bandolerismo internacional», una «atrocidad» que las «naciones civilizadas» ven con horror y que merece la «venganza más severa».[30] Ha llovido mucho desde entonces.

Hay mucho más que decir respecto a la operación Bin Laden, entre otras cosas la aceptación por parte de Washington del riesgo de provocar una guerra mayor e, incluso, la filtración de materiales nucleares a los yihadistas, como he explicado en otro lugar, pero ciñámonos a la elección del nombre: Operación Gerónimo; causó indignación en México y hubo grupos indígenas estadounidenses que protestaron, si bien no hay indicios de que Obama estuviera identificando a Bin Laden con el jefe indio apache que encabezó la valerosa resistencia de su pueblo frente a los invasores. La elección del nombre recuerda la facilidad con la que bautizamos nuestras armas homicidas con el nombre de las víctimas de nuestros crímenes: Apache, Black-Hawk, Cheyenne. ¿Cómo habríamos reaccionado si la Luftwaffe hubiera llamado a sus cazas «Judío» o «Gitano»?

La negación de estos «pecados atroces» es, en ocasiones, explícita. Por mencionar solo unos pocos casos recientes, hace dos años en uno de los periódicos más destacados de la izquierda liberal, *The New York Review of Books*, Russell Baker subrayó lo que había aprendido de la obra del «heroico historiador» Edmund Morgan: que cuando Colón y los primeros exploradores llegaron, «encontraron un inmenso continente escasamente poblado por pueblos agricultores y cazadores [...]. En el mundo ilimitado y virgen que se extiende desde la selva tropical hasta el norte helado podría haber poco más de un millón de habitantes».[31] Hay un error de muchas decenas de millones en el cálculo, y a lo largo y ancho de todo el «inmenso continente» había civilizaciones avanzadas. No hubo reacciones, aunque cuatro meses después los editores publicaron una enmienda en la que señalaban que en Norteamérica podrían haber vivido hasta dieciocho millones de personas; sin embargo, seguían sin mencionarse decenas de millones más «desde la selva tropical hasta el norte helado». Hacía décadas que se conocía todo, también las civilizaciones avanzadas y los crímenes por llegar, pero no se consideró lo bastante importante ni para una frase casual. Un año después, el famoso historiador Mark Mazower mencionó en la *London Review of Books* el «maltrato de los nativos americanos» por parte de Estados Unidos, otra vez sin suscitar ningún debate.[32] ¿Aceptaríamos la palabra *maltrato* para crímenes comparables cometidos por nuestros enemigos?

Si la responsabilidad de los intelectuales se refiere a su responsabilidad moral como seres humanos que pueden usar su privilegio y su estatus para defender las causas de la libertad, la justicia, la misericordia y la paz, y para denunciar no solo los abusos de nuestros enemigos, sino, de manera mucho más significativa, los crímenes en los cuales estamos implicados y que podemos mitigar o terminar si así lo decidimos, ¿cómo deberíamos pensar el 11-S?

La idea de que el 11-S «cambió el mundo» está ampliamente aceptada, lo cual es comprensible. Sin duda, los hechos de aquel día tuvieron consecuencias enormes a escala nacional e internacional. Una fue que llevó al presidente Bush a redeclarar la guerra de Reagan contra el terrorismo; la primera ha «desaparecido», por usar la expresión de nuestros asesinos y torturadores favoritos de Latinoamérica, presumiblemente porque sus resultados no encajan bien con nuestra imagen preferida. Otra consecuencia fue la invasión de Afganistán, luego, de Irak y, más recientemente, las intervenciones militares en otros países de la región, así como las amenazas regulares de un ataque sobre Irán («todas las opciones están abiertas», es la frase estándar). Los costes, en todas las dimensiones, han sido enormes. Eso sugiere una pregunta bastante obvia, que no se plantea aquí por primera vez: ¿había una alternativa?

Diversos analistas han observado que Bin Laden obtuvo éxitos fundamentales en su guerra contra Estados Unidos. «Afirmó repetidamente que la única forma de echar a Estados Unidos del mundo islámico y de derrotar a sus sátrapas era llevar a los estadounidenses a una serie de pequeñas pero caras guerras, lo que, al final, los llevarían a la bancarrota», escribe el periodista Eric Margolis. «Estados Unidos, primero durante el mandato de George W. Bush y luego durante el de Barack Obama, corrió a la trampa de Bin Laden [...]. Gastos militares grotescamente exagerados y adicción a la deuda [...] puede que sean el legado más pernicioso del hombre que pensó que podría derrotar a Estados Unidos».[33] Un informe del Proyecto Costes de la Guerra del Instituto de Asuntos Internacionales y Públicos Watson, en la Universidad de Brown, calcula que la factura final será de entre 3,2 y 4 billones de dólares.[34] Un éxito impresionante de Bin Laden.

Que Washington se precipitaría hacia la trampa de Bin Laden fue evidente enseguida. Michael Scheuer, analista de la CIA responsable de seguirle la pista de 1996 a 1999, escribió: «Bin Laden ha sido preciso al contarle a Estados Unidos las razones por las que está en guerra con nosotros. El dirigente de al-Qaeda —continuaba Scheuer— pretendía alterar drásticamente las políticas de Estados Unidos y Occidente hacia el mundo islámico». Luego explica que Bin Laden tuvo éxito en gran medida: «Las fuerzas y políticas de Estados Unidos están dando lugar a la radicalización del mundo islámico, algo que Osama bin Laden ha estado tratando de hacer con sustancial pero incompleto éxito desde principios de la década de 1990. Como resultado, creo que es justo concluir que Estados Unidos sigue siendo el único aliado indispensable de Bin Laden».[35] Cabe argumentar que sigue siéndolo después de su muerte.

Hay una buena razón para creer que podría haberse dividido y socavado el movimiento yihadista después de los atentados del 11-S, que fue duramente criticado dentro del movimiento. Además, ese «crimen contra la humanidad», como fue justamente llamado, podría haberse abordado como un crimen, con una operación internacional para detener a los sospechosos probables. Eso se reconoció poco después del atentado, pero tal idea ni siquiera fue tenida en cuenta por quienes toman las decisiones en Washington. Parece que no se pensó ni un momento en la incierta oferta de los talibanes —cuya seriedad no podemos establecer— de llevar a los líderes de al-Qaeda a juicio.

En su momento, cité la conclusión de Robert Fisk de que el crimen horrendo del 11-S se cometió con «maldad y formidable crueldad», un juicio preciso. Los crímenes podrían haber sido todavía peores: supongamos que el vuelo 93 de United Airlines, derribado por valientes pasajeros en Pensilvania, hubiera impactado en la Casa Blanca y que el presidente hubiera muerto. Supongamos que los autores del crimen planearan imponer una dictadura militar que matara a miles de personas y torturara a cientos de miles más. Supongamos que la nueva dictadura estableciera, con el apoyo de los criminales, un centro internacional de terror que ayudara a instaurar Estados de tortura y terror similares en otros lugares, y, como guinda del pastel, llevara un equipo de economistas —llamémoslos Qandahar Boys— que de inmediato conducirían la economía a una de las peores depresiones de su historia. Eso, claramente, habría sido mucho peor que el 11-S.

Como todos deberíamos saber, eso no es un experimento teórico. Ocurrió. Por supuesto, me estoy refiriendo a lo que en Latinoamérica a menudo se conoce como «el primer 11-S»: el 11 de septiembre de 1973, cuando Estados Unidos tuvo éxito en sus reiterados esfuerzos para derrocar el Gobierno democrático de Salvador Allende en Chile mediante un golpe militar que colocó en el poder al siniestro general Augusto Pinochet. La dictadura colocó allí entonces a los Chicago Boys —economistas preparados en la Universidad de Chicago— para remodelar la economía de Chile. Consideremos la destrucción económica, las torturas y los secuestros, multipliquemos los números de víctimas por veinticinco para tener un equivalente per cápita y veremos que aquel primer 11-S fue mucho más devastador.

El objetivo del golpe, en palabras de la Administración Nixon, era matar el «virus» que podría alentar a aquellos «extranjeros que quieren jodernos»; jodernos tratando de hacerse con sus propios recursos y, en general, llevando a cabo una política de desarrollo independiente en una línea contraria a los deseos de Washington. De fondo estaba la conclusión del Consejo de Seguridad Nacional de Nixon, que argumentaba que si Estados Unidos no podía controlar Latinoamérica, no podía esperarse que «lograra imponer un orden en otras partes del mundo». La «credibilidad» de Washington habría quedado minada, en palabras de Kissinger.

El primer 11-S, a diferencia del segundo, no cambió el mundo. No fue «nada de gran consecuencia», aseguró Kissinger a su jefe al cabo de unos días. Y a juzgar por cómo figura en la historia convencional, sus palabras no están erradas, aunque los supervivientes podrían ver la cuestión de manera diferente.

Estos hechos de escasa consecuencia no se limitaron al golpe militar que destruyó la democracia chilena y puso en marcha la historia de terror que siguió. Como ya se ha dicho, el primer 11-S fue solo un acto en el drama que empezó en 1962, cuando Kennedy desvió la misión de los ejércitos latinoamericanos hacia la «seguridad interna». Las aplastantes secuelas tampoco tienen grandes consecuencias, es el patrón familiar cuando la historia está custodiada por intelectuales responsables.

Intelectuales y sus elecciones

Volviendo a las dos categorías de intelectuales, parece casi un universal histórico que los intelectuales conformistas, los que apoyan los objetivos oficiales y se olvidan de razonar sobre los crímenes oficiales, son respetados y privilegiados en su sociedad, mientras que los que se rigen por los valores son castigados de una u otra manera. El patrón se remonta a los primeros tiempos. Fue el hombre acusado de corromper a los jóvenes de Atenas el que bebió la cicuta, igual que a los *dreyfussards* los acusaron de «corromper almas y, en su debido momento, a la sociedad en su conjunto», y los intelectuales que en la década de 1960 se preocuparon por los valores fueron acusados de interferencia con «el adoctrinamiento de los jóvenes».[36] En la Biblia judía hay figuras que, según los criterios contemporáneos, son intelectuales disidentes; en nuestra traducción se llaman «profetas». Indignaban amargamente al poder establecido con sus análisis geopolíticos críticos, su condena de los crímenes de los poderosos, sus llamamientos a la justicia y su preocupación por los pobres y los que sufren. El rey Ahab, el más malvado de los reyes, denunció que el profeta Elías odiaba Israel, el primer «judío que se odia a sí mismo» o «antiamericano», como se llama a sus homólogos actuales. Los profetas fueron tratados con severidad, a diferencia de los aduladores de la corte, que después serían condenados como falsos profetas. Es comprensible; sería sorprendente que fuera de otro modo.

En cuanto a la responsabilidad de los intelectuales, no me parece que haya mucho que decir más allá de algunas verdades simples: los intelectuales son privilegiados; el privilegio genera oportunidad y la oportunidad confiere responsabilidades. Un individuo puede elegir.

2

Terroristas buscados en el mundo entero

El 13 de febrero de 2008, Imad Mugniya, destacado comandante de Hizbulá, fue asesinado en Damasco. «El mundo es un lugar mejor sin ese hombre —declaró el portavoz del Departamento de Estado Sean McCormack—. Al fin y al cabo se ha hecho justicia».[1] El director de Inteligencia Nacional, Mike McConnell, añadió que Mugniya había sido «responsable de más muertes de estadounidenses e israelíes que ningún otro terrorista a excepción de Bin Laden».[2]

La alegría también se desbordó en Israel cuando se hizo justicia con «uno de los hombres más buscados por Estados Unidos e Israel», según informó *The Financial Times* de Londres.[3] Debajo del titular «Un activista buscado en el mundo entero», el artículo que lo acompañaba informaba de que después del 11-S a Mugniya «lo superó Osama bin Laden en la lista de los más buscados» y, por lo tanto, solo ocupaba el segundo lugar entre «los activistas más buscados del mundo».[4]

La terminología es bastante precisa, según las reglas del discurso anglosajón, que define el mundo como la clase política de Washington y Londres (y aquellos que estén de acuerdo con ellos en cuestiones específicas). Es común, por ejemplo, leer que el «mundo» apoyaba plenamente a George Bush cuando este ordenó bombardear Afganistán. Eso podría ser cierto para el «mundo», pero desde luego no para el mundo, como reveló una encuesta internacional realizada por Gallup después del anuncio del bombardeo. El apoyo global fue mínimo. En Latinoamérica, que cuenta con cierta experiencia respecto a la conducta de Estados Unidos, el apoyo iba desde el 2 % en México al 16 % en Panamá, y ese apoyo se condicionaba a que los culpables fueran identificados (todavía no lo habían sido ocho meses después, informó el FBI) y a que se evitaran objetivos civiles (fueron atacados de inmediato).[5] En el mundo había una abrumadora preferencia por las medidas diplomático-judiciales, rechazadas sin más trámite por el «mundo».

SIGUIENDO LA PISTA DEL TERROR

Si el «mundo» se extendiera al mundo, podríamos encontrar algunos otros candidatos para el honor de ser el archicriminal más odiado. Es instructivo preguntar por qué eso podría ser cierto.

The Financial Times informó de que la mayoría de las acusaciones contra Mugniya carecían de fundamento, pero «una de las pocas veces en las que su implicación pudo determinarse con certeza [fue en] el secuestro de un avión de la TWA, en 1985, en el cual mataron a un buzo de la Marina de Estados Unidos».[6] Aquella fue una de las dos atrocidades terroristas que llevaron a los directores de periódicos, en una encuesta, a seleccionar el terrorismo en Oriente Próximo como la noticia más destacada de 1985; la otra fue el secuestro del crucero *Achille Lauro*, en el que un discapacitado estadounidense, Leon Klinghoffer, fue brutalmente asesinado.[7] Eso refleja el juicio del «mundo». Es posible que el mundo vea las cosas de un modo ligeramente distinto.

El secuestro del *Achille Lauro* se produjo en represalia por el bombardeo de Túnez ordenado una semana antes por el primer ministro israelí Shimon Peres. Entre otras atrocidades, su fuerza aérea mató a 75 tunecinos y palestinos con bombas inteligentes que los hicieron pedazos, como explicó gráficamente desde la zona el destacado periodista israelí Amnon Kapeliuk.[8] Washington cooperó al no avisar a Túnez, su aliado, de que los bombarderos estaban en camino, aunque la Sexta Flota y el Servicio Secreto de Estados Unidos no podían desconocer el ataque inminente. El secretario de Estado, George Shultz, informó al ministro de Exteriores israelí, Yitzhak Shamir, de que Washington «sentía una considerable solidaridad por la acción israelí», a la cual, ante la aprobación general, denominó «respuesta legítima a ataques terroristas».[9] Al cabo de unos días, el Consejo de Seguridad de la ONU denunció unánimemente el bombardeo como un «acto de agresión armada» (con la abstención de Estados Unidos).[10] Por supuesto, el de «agresión» es un crimen mucho más grave que el de terrorismo internacional, pero concediendo a Estados Unidos e Israel el beneficio de la duda, mantengamos el cargo menor contra sus mandatarios.

Días más tarde, Peres acudió a Washington para consultar con el más destacado terrorista internacional del momento, Ronald Reagan, quien denunció «el vil azote del terrorismo» de nuevo con la aclamación general del «mundo».[11] Los «atentados terroristas» que Shultz y Peres ofrecieron como pretexto para bombardear Túnez fueron los asesinatos de tres israelíes en Larnaca, Chipre. Los asesinos, como reconoció Israel, no tenían nada que ver con Túnez, aunque podrían haber tenido relaciones con Siria.[12] Aun así, Túnez era un objetivo preferible; estaba indefenso, a diferencia de Damasco, y ofrecía una ventaja adicional: allí podían matar a más exiliados palestinos.

Los crímenes de Larnaca, a su vez, se vieron como una represalia. Se produjeron en respuesta a los habituales secuestros en aguas internacionales, en los que hubo muchas víctimas mortales y muchas personas raptadas y retenidas sin cargos durante largos períodos en prisiones israelíes. La más notoria de esas prisiones ha sido la prisión secreta-cámara de tortura conocida como Campo 1391. Puede saberse mucho de ella por medio de la prensa israelí y extranjera.[13] Esos habituales crímenes israelíes son, por supuesto, conocidos por los responsables de los medios de comunicación estadounidenses y, de vez en cuando, aparecen como por casualidad.

El asesinato de Klinghoffer se vio con justificado horror y es muy famoso. Fue el tema de una aclamada ópera y de un telefilme, así como de debates muy sentidos que deploraban el salvajismo de los palestinos, a los que se calificó como «bestias de dos patas» (el primer ministro Menajem Beguin), «cucarachas drogadas que corretean en una botella» (jefe del Estado Mayor de las Fuerzas de Defensa de Israel Rafi Eitan), «saltamontes comparados con nosotros cuyas cabezas deberían ser aplastadas contra las rocas y los muros» (primer ministro Yitzhak Shamir) o, lo más común, *arabushim*, el equivalente de «judío sucio» o «negrata».[14]

Por lo tanto, después de una muestra particularmente depravada del terror causado por colonos y militares y de la infame humillación en la ciudad de Halhul (Cisjordania), en diciembre de 1982, que molestó incluso a los halcones israelíes, el famoso analista político-militar Yoram Peri escribió, consternado, que «hoy, una tarea del ejército es demoler los derechos de gente inocente solo porque son *arabushim* que viven en territorios que Dios nos prometió a nosotros»; esa labor se hizo más urgente y se llevó a cabo con mucha más brutalidad cuando los *arabushim* empezaron a «levantar la cabeza» unos años después.[15]

Podemos valorar fácilmente la sinceridad de los sentimientos expresados por el asesinato de Klinghoffer, pero es necesario investigar la reacción a crímenes comparables de Israel respaldados por Estados Unidos. Tomemos, por ejemplo, el asesinato en abril de 2002 de dos palestinos discapacitados, Kemal Zughayer y Yamal Rashid, por fuerzas israelíes que arrasaron el campo de refugiados de Yenín, en Cisjordania. Unos periodistas británicos encontraron el cuerpo aplastado de Zughayer y los restos de su silla de ruedas, junto con los restos de la bandera blanca que sostenía cuando le dispararon mientras trataba de huir de los tanques israelíes que luego le pasaron por encima, y le partieron la cara por la mitad y le amputaron los brazos y las piernas.[16] A Yamal Rashid lo aplastó en su silla de ruedas una de las enormes excavadoras israelíes proporcionadas por Estados Unidos cuando demolía su casa en Yenín con su familia dentro.[17] La diferencia de reacción, o mejor dicho la no reacción, se ha convertido en rutina y es tan fácil de explicar que no requiere mayor comentario.

COCHES BOMBA Y «ALDEANOS TERRORISTAS»

Sin duda, el bombardeo de Túnez en 1985 fue un crimen terrorista mucho más grave que el secuestro del *Achille Lauro* o, en el mismo año, el crimen por el cual «su implicación [de Mugniya] pudo determinarse con certeza».[18] No obstante, incluso el bombardeo de Túnez tuvo competidores por el premio a la peor atrocidad terrorista en Oriente Próximo aquel destacado año de 1985.

Uno de los candidatos fue la colocación de un coche bomba en Beirut, justo en la entrada de una mezquita, programado para que estallara cuando los fieles salieran de la plegaria del viernes. La bomba mató a ochenta personas e hirió a doscientas cincuenta y seis.[19] La mayoría de las víctimas fueron niñas y mujeres que salían de la mezquita, aunque la violencia de la explosión «quemó a bebés en sus cunas», «mató a una novia que compraba su ramo de boda» e «hizo estallar a tres niños que volvían a casa desde la mezquita». También «destrozó la calle principal de un barrio de Beirut densamente poblado», informó tres años después Nora Boustany en *The Washington Post*.[20]

El objetivo había sido el clérigo chií Mohamed Husein Fadlalá, quien escapó. El atentado fue obra de los servicios secretos de Reagan y sus aliados saudíes, con colaboración británica, y estuvo autorizado, expresamente, por el director de la CIA, William Casey, según relata el periodista de *The Washington Post* Bob Woodward en su libro *Veil. Las guerras secretas de la CIA, 1981-1987*. Poco se sabe además de los hechos concretos, gracias al respeto riguroso a la doctrina de no investigar nuestros propios crímenes (a menos que se tornen demasiado notorios para contenerlos, en cuyo caso la investigación puede limitarse a algunas «manzanas podridas» de bajo rango que, naturalmente, actuaron de forma «descontrolada»).

Un tercer candidato al premio de terrorismo en Oriente Próximo de 1985 fueron las operaciones Puño de Hierro del primer ministro Shimon Peres en los territorios del sur del Líbano, entonces ocupados por Israel violando el mandato del Consejo de Seguridad. Los objetivos eran lo que el alto mando de Israel llamó «aldeanos terroristas».[21] Los crímenes de Peres en aquel caso alcanzaron nuevas cotas de «brutalidad calculada y asesinato arbitrario», en palabras de un diplomático occidental conocedor de la región, una valoración ampliamente corroborada por la cobertura en directo.[22] No obstante, carecen de interés para el «mundo» y, por lo tanto, permanecen sin investigar, según las convenciones usuales. Bien podríamos preguntarnos de nuevo si esos crímenes se encuadran en el terrorismo internacional o en el mucho más grave crimen de agresión, pero concedamos una vez más el beneficio de la duda a Israel y sus avalistas en Washington, y mantengamos el cargo menor.

Todos esos son unos pocos de los incidentes en los que podrían pensar personas de otras partes del mundo al considerar «una de las pocas veces» en que Imad Mugniya estuvo claramente implicado en un crimen terrorista. Estados Unidos también acusó a Mugniya de ser el responsable del devastador atentado suicida con dos camiones bomba contra un cuartel ocupado por marines de Estados Unidos y paracaidistas franceses en el Líbano en 1983, en el que murieron 241 marines y 58 paracaidistas, así como de un ataque anterior en la embajada de Estados Unidos en Beirut, en el que hubo 63 víctimas mortales, un golpe particularmente grave porque se celebraba una reunión de agentes de la CIA.[23] No obstante, *The Financial Times* atribuyó el atentado en el cuartel de los marines a la Yihad Islámica y no a Hizbulá.[24] Fawaz Gerges, uno de los máximos expertos en el movimiento yihadista y del Líbano, ha escrito que la responsabilidad fue asumida por «un grupo desconocido llamado Yihad Islámica».[25] Una voz que hablaba en árabe clásico exigió que todos los estadounidenses se marcharan del Líbano o se exponían a morir. Se ha afirmado que Mugniya era el jefe de la Yihad Islámica en aquel momento, pero, que yo sepa, las pruebas son escasas.

No se ha estudiado la opinión del mundo sobre el tema, pero es posible que hubiera cierta vacilación a la hora de calificar de atentado terrorista un ataque a una base militar en un país extranjero, sobre todo teniendo en cuenta que las fuerzas de Estados Unidos y Francia estaban llevando a cabo bombardeos navales e incursiones aéreas en el Líbano, y que poco después Estados Unidos proporcionó un apoyo decisivo a la invasión israelí del Líbano en 1982, que les costó la vida a veinte mil personas y arrasó la parte meridional del país al tiempo que dejaba gran parte de Beirut en ruinas. La operación fue finalmente cancelada por el presidente Reagan cuando la protesta internacional se hizo demasiado intensa para ser desoída después de las masacres de Sabra y Shatila.[26]

Por lo general, en Estados Unidos, la invasión israelí del Líbano se describe como una reacción a los atentados terroristas de la Organización para la Liberación de Palestina (OLP) en el norte de Israel desde sus bases libanesas, lo que hace más comprensible nuestra contribución crucial a esos grandes crímenes de guerra. En el mundo real, la zona de la frontera libanesa llevaba un año en calma, salvo por los repetidos ataques israelíes, muchos de ellos mortíferos, en un intento de provocar alguna respuesta de la OLP que pudiera utilizarse como pretexto para la ya planeada invasión. En su momento los comentaristas políticos y los líderes israelíes no ocultaron su propósito real: salvaguardar la toma del poder de Israel en Cisjordania. Es de cierto interés que el único error importante del libro de Jimmy Carter *Palestine: Peace Not Apartheid* sea la repetición de ese invento propagandístico, según el cual los atentados de la OLP desde el Líbano fueron el motivo de la invasión israelí.[27] El libro fue atacado con vehemencia y hubo desesperados esfuerzos por encontrar alguna frase que pudiera malinterpretarse, pero ese error flagrante —el único— se pasó por alto. Es razonable, porque sirve al criterio de respetar los útiles inventos doctrinales.

MATAR SIN INTENCIÓN

Otro alegato es que Mugniya «organizó» el atentado con bomba contra la embajada de Israel en Buenos Aires el 17 de marzo de 1992, en el que murieron veintinueve personas, en respuesta, como lo expresó *The Financial Times*, al «asesinato [por Israel] del antiguo dirigente de Hizbulá Abbas al-Musawi en un ataque aéreo en el sur del Líbano».[28] Sobre el asesinato, no hay necesidad de pruebas: Israel lo reivindicó con orgullo. El mundo podría tener cierto interés en el resto de la historia. Al-Musawi fue asesinado con un helicóptero suministrado por Estados Unidos, muy al norte de la «zona de seguridad» ilegal de Israel en el sur del Líbano. Iba de camino a Sidón desde el pueblo de Yibchit, donde había hablado en el funeral de otro imán asesinado por las fuerzas israelíes; el ataque del helicóptero mató también a su mujer y a un hijo de cinco años. Israel empleó entonces helicópteros de fabricación estadounidense para atacar un coche que llevaba los supervivientes del primer ataque al hospital.[29]

Después del asesinato de la familia, Hizbulá «cambió las reglas del juego», informó Yitzhak Rabin en la Knésset israelí.[30] Hasta entonces no se habían lanzado cohetes sobre Israel; las reglas del juego habían sido que Israel podía llevar a cabo ataques asesinos a voluntad en cualquier lugar del Líbano y Hizbulá solo respondía dentro del territorio libanés ocupado por Israel. En cambio, después del asesinato de su líder, y familia, Hizbulá empezó a responder a los crímenes de Israel en el Líbano lanzando cohetes hacia el norte de Israel. Esto último, por supuesto, son intolerables actos de terrorismo, así que Rabin ordenó una invasión que echó a unas quinientas mil personas de sus hogares y mató a más de cien. La implacable ofensiva israelí llegó hasta el norte del Líbano.[31] En el sur, el 80 % de la población de Tiro huyó y Nabatiya quedó reducida a una «ciudad fantasma».[32] El 70 % del pueblo de Yibchit quedó destruido, según un portavoz del ejército israelí, que explicó que la intención era «destruir el pueblo por completo debido a su importancia para la población chií del sur del Líbano». El objetivo general era «borrar los pueblos de la faz de la tierra y sembrar la destrucción alrededor de ellos», como describió la operación un alto oficial del Mando Norte israelí.[33]

Yibchit podría haber sido un objetivo particular porque era el hogar del jeque Abdul Karim Obeid, secuestrado y retenido en Israel varios años antes. La casa de Obeid «recibió el impacto directo de un misil», informó el periodista británico Robert Fisk, «aunque los israelíes presumiblemente estaban disparando a su mujer y sus tres hijos». Aquellos que no habían escapado se escondieron aterrorizados, escribió Mark Nicholson en *The Financial Times*, «porque es probable que cualquier movimiento visible dentro o fuera de sus casas atraiga la atención de localizadores de la artillería israelí, que estaban lanzando sus proyectiles de manera repetida y devastadora sobre objetivos seleccionados». Hubo momentos en los que los proyectiles de artillería cayeron en algunos pueblos a un ritmo de más de diez disparos por minuto.[34]

Todas aquellas acciones recibieron el apoyo firme del presidente Bill Clinton, quien comprendía la necesidad de enseñar con severidad las «reglas del juego» a los *arabushim*. Y Rabin emergió como otro gran héroe y un hombre de paz, tan diferente de las bestias de dos patas, saltamontes y cucarachas drogadas. Puede que al mundo le parecieran hechos relacionados con la alegada responsabilidad de Mugniya por el acto de venganza terrorista en Buenos Aires.

Otro cargo contra Mugniya es que ayudó a preparar las defensas de Hizbulá contra la invasión israelí del Líbano en 2006, lo cual constituía un crimen terrorista intolerable según los criterios del «mundo». Los más vulgares apologistas de los crímenes de Estados Unidos e Israel explican solemnemente que, mientras que los árabes matan civiles a propósito, Estados Unidos e Israel, como son sociedades democráticas, no pretenden hacerlo. Las muertes que provocan son accidentales, de ahí que no alcancen el nivel de depravación moral de sus adversarios. Esa fue, por ejemplo, la posición del Alto Tribunal de Justicia de Israel cuando recientemente autorizó el severo castigo colectivo del pueblo de Gaza privándolo de electricidad (y, por tanto, también de agua, servicios de saneamiento y otros aspectos básicos de la vida civilizada).[35] Esa misma línea de defensa se usa para disculpar algunos de los pecadillos pasados de Washington, como el ataque con misiles que en 1998 destruyó la planta farmacéutica de al-Shifa en Sudán.[36] El ataque terminó por provocar la muerte de decenas de miles de personas, pero, por lo visto, sin la intención de matarlas, de ahí que no fuera un crimen del orden de las muertes intencionadas.

En otras palabras, podemos distinguir tres categorías de crímenes: asesinato con intención, asesinato accidental y asesinato con premeditación pero sin intención específica. Por lo general las atrocidades de Israel y Estados Unidos se encuadran en esta tercera categoría. Así pues, cuando Israel destruye la red eléctrica de Gaza o levanta barreras que impiden viajar en Cisjordania, no tiene la intención expresa de matar a gente en particular que morirá por el agua contaminada o en ambulancias que no pueden llegar a los hospitales. Y cuando Bill Clinton ordenó el bombardeo de la planta de al-Shifa, era obvio que eso conduciría a una catástrofe humanitaria. Human Rights Watch informó de ello de inmediato y proporcionó detalles; no obstante, Clinton y sus asesores no pretendían matar a personas concretas entre aquellos que inevitablemente morirían cuando se destruyeron la mitad de los suministros farmacéuticos en un país pobre de África que no podía reponerlos. Ellos y sus defensores pensaban en los africanos como nosotros en las hormigas que aplastamos al caminar por una calle. Somos conscientes, si nos molestamos en pensarlo, de que es probable que ocurra, pero no pretendemos matarlas porque no merecen tanta consideración. Huelga decir que es muy diferente la consideración de los ataques comparables de *arabushim* en zonas habitadas por seres humanos.

Si, por un momento, podemos adoptar la perspectiva del mundo, podríamos preguntar qué criminales se «buscan en el mundo entero».

3

Los memorandos sobre la tortura
y la amnesia histórica

Los memorandos sobre tortura desclasificados por la Casa Blanca en 2008-2009 provocaron asombro, indignación y sorpresa. El asombro y la indignación son comprensibles; sobre todo tras el testimonio ante el Comité de Servicios Armados del Senado sobre la desesperación de Dick Cheney y Donald Rumsfeld para encontrar vínculos entre Irak y al-Qaeda, vínculos que después se inventaron como justificación para la invasión. El antiguo psiquiatra militar comandante Charles Burney testificó que «gran parte del tiempo estábamos concentrados en tratar de establecer un vínculo entre al-Qaeda e Irak. Cuanto más se frustraba la gente por no poder establecer ese vínculo [...] más presión había para recurrir a medidas que podrían producir resultados inmediatos»; es decir, tortura. McClatchy informó de que un antiguo oficial de inteligencia familiarizado con la cuestión de los interrogatorios añadió que «la Administración Bush aplicó una presión implacable para que los interrogadores usaran métodos duros con los detenidos, en parte para encontrar pruebas de cooperación entre al-Qaeda y el régimen del difunto dictador iraquí Sadam Husein [...]. [Cheney y Rumsfeld] exigieron que los interrogadores encontraran pruebas de la colaboración entre al-Qaeda e Irak [...]. "Había una presión constante sobre las agencias de inteligencia y los interrogadores para que hicieran todo lo necesario para conseguir esa información de los detenidos, sobre todo los pocos de alto valor que teníamos, y cuando seguían llegando con las manos vacías, la gente de Cheney y Rumsfeld les decía que jugaran más fuerte"».[1]

Esas fueron las revelaciones más significativas de la investigación del Senado, y apenas se informó de ellas. Aunque semejantes testimonios sobre la brutalidad y el engaño del Gobierno deberían ser impactantes, la sorpresa ante la imagen general que revelaron es igualmente sorprendente. Por un lado, incluso sin la investigación, era razonable suponer que Guantánamo era una cámara de tortura. ¿Por qué otro motivo iban a llevar prisioneros a un lugar donde estarían fuera del alcance de la ley? Por cierto, un lugar cuyo uso por parte de Washington supone la violación de un tratado que se le impuso a Cuba a punta de pistola. Por supuesto, se alegaron razones de seguridad, pero sigue siendo difícil creérselas. Las mismas expectativas plantearon los centros clandestinos y las prisiones secretas del Gobierno de Bush, o para la «interpretación extraordinaria», y se cumplieron.

Lo que es más importante, la tortura se ha practicado de forma sistemática desde los primeros días de la conquista del territorio nacional y continuó utilizándose cuando las aventuras imperiales del «imperio niño» —como George Washington llamó a la nueva república— se extendieron a las Filipinas, Haití y otros lugares. Hay que tener en cuenta también que la tortura era el menor de los muchos crímenes de agresión, terror, subversión y estrangulamiento económico que han oscurecido la historia de Estados Unidos, como de otras grandes potencias.

Así que lo sorprendente es ver las reacciones a la desclasificación de esos memorandos del Departamento de Justicia, incluso por parte de algunos de los críticos más elocuentes y directos de las infracciones de Bush: Paul Krugman, por ejemplo, escribió que «éramos una nación de ideales» y que nunca antes de Bush «nuestros líderes habían traicionado tanto todo lo que nuestra nación defiende».[2] Esa frecuente opinión refleja una versión muy sesgada, como mínimo, de la historia de Estados Unidos.

De vez en cuando, se ha abordado con sinceridad el conflicto entre «lo que defendemos» y «lo que hacemos». Un distinguido erudito que asumió la labor fue Hans Morgenthau, quien enunció la teoría de las relaciones internacionales realistas. En un estudio clásico publicado en 1964, en pleno esplendor del Camelot de los Kennedy, Morgenthau desarrolló la opinión de que Estados Unidos tiene un «propósito trascendente»: establecer la paz y la libertad en el país y, de hecho, en todas partes, porque «el mundo entero se ha convertido en el terreno en el que Estados Unidos debe defender y fomentar su propósito». Pero como estudioso escrupuloso, también reconoció que el registro histórico era radicalmente inconsistente con ese «propósito trascendente».[3] No deberíamos llevarnos a engaño por esa discrepancia, aconsejó Morgenthau; no deberíamos «confundir el abuso de realidad con la realidad en sí». La realidad es el «propósito nacional» no logrado que se revela por «las pruebas de la historia como las refleja nuestra mente». Lo que realmente ocurrió era un «abuso de realidad». Confundir el abuso de realidad con la realidad se parece al «error del ateísmo, que niega la validez de la religión con argumentos similares»; una comparación acertada.[4]

La publicación de los memorandos sobre la tortura condujo a otros a reconocer el problema. En *The New York Times*, el columnista Roger Cohen reseñó un libro nuevo, *The Myth of American Exceptionalism*, del periodista británico Godfrey Hodgson, que concluía que Estados Unidos es «solo un gran país, pero imperfecto, un país entre otros». Cohen coincidía en que las pruebas sostenían el juicio de Hodgson, pero, de todos modos, consideraba un error de bulto que Hodgson no comprendiera que «Estados Unidos nació como una idea y, por lo tanto, tiene que llevar esa idea adelante». La idea de Estados Unidos se reveló en el nacimiento del país como «una ciudad en un monte», una «noción inspiradora» que reside «en lo más profundo de la psique estadounidense», así como en el «espíritu característico del individualismo y la iniciativa estadounidenses» patentes en la expansión occidental. El error de Hodgson, al parecer, es que estaba limitándose a «las distorsiones de los últimos decenios de la idea de Estados Unidos», «el abuso de realidad».[5]

Volvamos a la «realidad en sí»: la «idea» de Estados Unidos desde sus primeros días.

VENID Y AYUDADNOS

La inspiradora expresión «ciudad en un monte», tomada de los Evangelios, fue acuñada por John Winthrop en 1630, cuando subrayó el glorioso futuro de una nueva nación «decretada por Dios». Un año antes, su colonia de la bahía de Massachusetts había creado su Gran Sello, en el que se veía un indio con un pergamino saliéndole de la boca. En el pergamino se leía: «Venid y ayudadnos.» Los colonos británicos eran, pues, humanistas caritativos, que respondían a las plegarias de los desdichados nativos y acudían a rescatarlos de su destino pagano.

El Gran Sello es, de hecho, una representación gráfica de «la idea de Estados Unidos» desde su nacimiento. Debería desenterrarse de las profundidades de la psique estadounidense y tenerlo visible en las paredes de todas las aulas. Debería aparecer, desde luego, en el fondo de toda la adoración al estilo Kim Il Sung de ese salvaje asesino y torturador que fue Ronald Reagan, quien se describió a sí mismo, tan campante, como líder de «una ciudad resplandeciente en un monte», mientras orquestaba algunos de los crímenes más siniestros de sus años en el poder, sobre todo en Centroamérica, pero no solo allí.

El Gran Sello fue una prematura proclamación de la «intervención humanitaria», por usar la expresión actualmente en boga. Como ha sido frecuente desde entonces, la «intervención humanitaria» fue una catástrofe para los supuestos auxiliados. El primer secretario de Guerra de Estados Unidos, el general Henry Knox, describió la «absoluta eliminación de todos los indios en las partes más pobladas de la Unión» por medios «más destructivos para los indios nativos que la conducta de los conquistadores en México y Perú».[6]

Mucho después de que su notable contribución al proceso fuera pasado, John Quincy Adams lamentó el destino de «esa raza desventurada de nativos americanos, que estamos exterminando con una crueldad tan pérfida y despiadada que está entre los pecados más abyectos de esta nación, por lo cual creo que un día Dios la castigará».[7] La «crueldad pérfida y despiadada» continuó hasta que «se conquistó el Oeste». En vez del castigo de Dios, esos pecados abyectos hoy solo reciben loas por el cumplimiento de la «idea estadounidense».[8]

Hubo, claro está, una versión más conveniente y convencional del relato, expresada, por ejemplo, por Joseph Story, jurista del Tribunal Supremo. Story dijo que «la sabiduría de la Providencia» causó que los nativos desaparecieran como «las hojas marchitas del otoño», aunque los colonos «siempre los respetaron».[9]

La conquista y la colonización del Oeste reflejaron «individualismo e iniciativa»; los proyectos de los colonos, la forma más común de imperialismo, suelen reflejarlos. El respetado e influyente senador Henry Cabot Lodge alabó los resultados en 1898. Para llamar a una intervención en Cuba, Lodge ensalzó nuestra historia «de conquista, colonización y expansión territorial sin parangón en ningún otro pueblo del siglo XIX» e instó a que «no se frene ahora», porque los cubanos también estaban rogándonos, en palabras del Gran Sello, que fuéramos y los ayudáramos.[10] Su petición tuvo respuesta. Estados Unidos envió tropas, lo que impidió que Cuba se liberara de España y convirtió, en la práctica, la isla en una colonia estadounidense, y así continuó hasta 1959.

Todavía quedó más patente la «idea estadounidense» en la destacable campaña, iniciada por el Gobierno de Eisenhower casi de inmediato, para devolver Cuba al lugar que le correspondía: guerra económica (con el objetivo claramente articulado de castigar a la población cubana para que derrocara al desobediente Gobierno de Castro), invasión, la dedicación de los hermanos

Kennedy a llevar «el terror de la Tierra» a Cuba (frase del historiador Arthur M. Schlesinger Jr. en su biografía de Robert Kennedy, quien consideró esa labor una de sus principales prioridades) y otros crímenes que desafiaban la opinión casi unánime del mundo.[11]

Se suele ubicar el principio del imperialismo estadounidense en la toma de Cuba, Puerto Rico y Hawái en 1898, pero eso es sucumbir a lo que el historiador del imperialismo Bernard Porter llama «la falacia del agua salada», la idea de que la conquista solo se convierte en imperialismo cuando cruza agua salada. Por lo tanto, si el río Misisipí se hubiera parecido al mar de Irlanda, la expansión hacia el oeste habría sido imperialismo. De George Washington a Henry Cabot Lodge, los que participaron en la empresa comprendían mejor la verdad.

Después del éxito de la intervención humanitaria en Cuba en 1898, el siguiente paso en la misión asignada por la Providencia consistía en conceder «las bendiciones de la libertad y la civilización a todos los pueblos rescatados» de las Filipinas (en palabras de la plataforma del Partido Republicano de Lodge), al menos a aquellos que sobrevivieron a la carnicería asesina y el extendido uso de la tortura y otras atrocidades que la acompañaron.[12] Aquellas almas afortunadas quedaron a merced de la policía filipina, establecida por Estados Unidos en el marco de un recientemente concebido modelo de dominio colonial, que dependía de fuerzas de seguridad preparadas y equipadas para sofisticados modos de vigilancia, intimidación y violencia.[13] En muchas otras zonas donde Estados Unidos impuso guardias nacionales brutales y otras fuerzas clientelares se adoptarían modelos similares, con consecuencias que deberían ser bien conocidas.

EL PARADIGMA DE LA TORTURA

Durante los sesenta años últimos, ha habido víctimas de todo el mundo que han soportado el «paradigma de la tortura» de la CIA, desarrollado a un coste que alcanzó los mil millones de dólares anuales, según el historiador Alfred McCoy en su libro *A Question of Torture*. McCoy muestra que los métodos de tortura de la CIA desarrollados en la década de 1950 salieron a la superficie con escasos cambios en las infames fotos de la prisión iraquí de Abu Ghraib. No hay ninguna hipérbole en el título del acerado estudio de Jennifer Harbury sobre la historia de la tortura de Estados Unidos: *Truth, Torture, and the American Way*.[14] Es sumamente engañoso, como mínimo, que algunos investigadores del descenso a las alcantarillas globales de la banda de Bush lamenten que «al librar la guerra contra el terrorismo Estados Unidos ha perdido su rumbo».[15]

Nada de eso quiere decir que el tándem Bush-Cheney-Rumsfeld y otros no introdujeran innovaciones importantes. En la práctica común de Washington es frecuente que la tortura no sea aplicada directamente por estadounidenses en sus propias cámaras de tortura establecidas por el Gobierno, sino que se haya derivado a sucursales. Como señala Allan Nairn, que ha realizado algunas de las investigaciones más reveladoras y valerosas sobre la tortura: «Lo que [la prohibición de la tortura de] Obama liquida de manera ostensible es ese pequeño porcentaje de tortura que ahora llevan a cabo los estadounidenses, mientras que conserva el volumen abrumador de la tortura del sistema, que llevan a cabo extranjeros bajo el mecenazgo de Estados Unidos. Obama podría dejar de respaldar fuerzas extranjeras que torturan, pero ha elegido no hacerlo.»[16]

Obama no eliminó la práctica de la tortura, observa Nairn, sino que «simplemente la reubicó», ajustándola a la norma estadounidense, lo que a las víctimas les resulta indiferente. Desde Vietnam, «Estados Unidos ha torturado, sobre todo, por delegación: pagando, armando, entrenando y orientando a extranjeros para que torturaran, pero, por lo general, teniendo cuidado de que los estadounidenses se quedaran un paso, por lo menos, más atrás». La prohibición de Obama «ni siquiera impide la tortura directa por estadounidenses fuera de entornos de "conflicto armado", que es donde se producen muchas de las torturas porque muchos regímenes represivos no están en un conflicto armado [...], el suyo es un retorno al *statu quo ante*, el régimen de tortura desde Ford hasta Clinton, que, año tras año, a menudo produjo más sufrimiento con el respaldo y las cadenas de Estados Unidos que el ocasionado durante los años de Bush y Cheney».[17]

En algunos casos la implicación estadounidense en la tortura fue incluso más indirecta. En un estudio de 1980, el latinoamericanista Lars Schoultz descubrió que la ayuda de Estados Unidos «ha tendido a fluir de manera desproporcionada hacia Gobiernos latinoamericanos que torturan a sus ciudadanos [...] a los atroces violadores de derechos humanos fundamentales del hemisferio».[18] Esa tendencia llevó a proporcionar ayuda militar, fue independiente de la necesidad y transcurrió durante los años de Carter. En estudios más amplios, Edward Herman halla la misma correlación y encuentra una explicación. No es sorprendente que la ayuda de Estados Unidos tienda a relacionarse con un clima favorable a operaciones comerciales, por lo general mejoradas por el asesinato de líderes obreros y campesinos y activistas por los derechos humanos, así como otras acciones semejantes, que producen una asociación secundaria entre la ayuda y la atroz violación de derechos humanos.[19] Dichos estudios se llevaron a cabo antes de los años de Reagan, cuando el asunto dejó de ser digno de estudio porque las correlaciones quedaron muy claras.

No es de extrañar que el presidente Obama nos aconseje mirar adelante y no atrás; una doctrina conveniente para aquellos que tienen los palos. Los que son golpeados por ellos tienden a ver el mundo de forma diferente, aunque nos disguste.

ADOPTAR LAS POSICIONES DE BUSH

Puede argumentarse que la puesta en marcha del «paradigma de la tortura» de la CIA nunca violó la Convención contra la Tortura de Naciones Unidas de 1984, al menos como la interpretó Washington. McCoy señala que el altamente elaborado paradigma de la CIA, desarrollado a un coste enorme en las décadas de 1950 y 1960, y basado en «la técnica de tortura más devastadora del KGB», se ciñó sobre todo a la tortura psicológica, no a la cruda tortura física, que se consideraba menos eficaz para convertir a las personas en vegetales obedientes.

McCoy escribe que la Administración Reagan revisó con atención la convención internacional contra la tortura «con cuatro detalladas reservas diplomáticas concentradas en solo una palabra en las veintiséis páginas impresas de la convención»: la palabra *psicológica*. McCoy continúa: «Estas reservas diplomáticas intrincadamente construidas redefinieron la tortura, tal como la interpretó Estados Unidos, para que no se consideraran dentro de ella la privación sensorial y el dolor autoinfligido, las mismas técnicas que la CIA ha refinado a tan elevado precio.»

Cuando Clinton envió la convención de la ONU al Congreso para su ratificación en 1994, incorporó las reservas de Reagan. Por consiguiente, en la interpretación estadounidense de la convención de la tortura, el presidente y el Congreso eliminaron el núcleo del paradigma de la tortura de la CIA; y esas reservas, observa McCoy, «se reprodujeron literalmente en la legislación nacional, promulgada para dar fuerza legal a la Convención de la ONU».[20] Esa es la «mina terrestre política» que «detonó con fuerza tan fenomenal» en el escándalo de Abu Ghraib y en la vergonzosa Ley de Comisiones Militares, que se aprobó con apoyó de los dos grandes partidos en 2006.

Bush, por supuesto, fue más allá de sus predecesores al autorizar *prima facie* que se violara la legislación internacional, hasta el punto de que varias de sus innovaciones extremistas fueron derogadas por los tribunales. Obama, como Bush, al tiempo que afirma con elocuencia nuestro compromiso inquebrantable con la ley internacional parece decidido a reinstaurar sustancialmente las medidas extremistas de Bush.

En junio de 2008, al tratar el importante caso Bumedian contra Bush, el Tribunal Supremo rechazó por inconstitucional la afirmación del Gobierno de Bush de que los prisioneros de Guantánamo no tienen derecho al hábeas corpus.[21] Glenn Greenwald revisó las secuelas del caso en *Salon*. Buscando «preservar el poder de secuestrar personas en todo el mundo» y encarcelarlas sin el debido juicio, el Gobierno de Bush decidió enviarlas a la prisión estadounidense del aeródromo de Bagram, en Afganistán, tratando «el fallo del caso Bumedian, basado en nuestras garantías constitucionales más básicas, como si fuera un juego estúpido: metes en un avión hacia Guantánamo prisioneros secuestrados y tendrán derechos constitucionales, pero, en cambio, los envías a Bagram y puedes hacerlos desaparecer para siempre sin ningún proceso judicial». Obama adoptó la posición de Bush: «Se presentó un escrito en el tribunal federal que, en dos puntos, declaraba que adoptaba la teoría más extremista de Bush sobre la cuestión», con el argumento de que los prisioneros enviados a Bagram desde cualquier parte del mundo (en el caso en cuestión, yemeníes y tunecinos capturados en Tailandia y en los Emiratos Árabes Unidos) «pueden ser encarcelados de manera indefinida sin derechos de ninguna clase, siempre que se los tenga en Bagram y no en Guantánamo».[22]

Poco después, un juez federal nombrado por Bush «rechazó la posición de Bush-Obama y dictó que la lógica del caso Bumedian se aplica hasta sus últimas consecuencias, tanto en Bagram como en Guantánamo». El Gobierno anunció que apelaría el fallo, lo que situaba el Departamento de Justicia de Obama, concluye Greenwald, «a la derecha de un juez propoder ejecutivo y extremadamente conservador, nombrado por George W. Bush, en cuestiones de poder ejecutivo y detenciones sin proceso legal», lo que se contradice radicalmente con las promesas de campaña y las anteriores posiciones del presidente.[23]

El caso Rasul contra Rumsfeld parece seguir una trayectoria similar. Los demandantes acusaron a Rumsfeld y otros altos cargos de ser responsables de su tortura en Guantánamo, adonde los llevaron tras ser capturados por el señor de la guerra uzbeko Abdul Rashid Dostum. Los demandantes aseguraron que habían viajado a Afganistán para ofrecer ayuda humanitaria. Dostum, un notorio matón, era entonces dirigente de la Alianza del Norte, la facción afgana apoyada por Rusia, Irán, India, Turquía, los estados de Asia central y Estados Unidos cuando atacaron Afganistán en octubre de 2001.

Dostum los entregó a la custodia de Estados Unidos, supuestamente a cambio de una cuantiosa suma. El Gobierno Bush intentó que se sobreseyera el caso. El Departamento de Justicia de Obama presentó un escrito apoyando la posición de Bush, según la cual los funcionarios del Gobierno no debían ser considerados responsables de tortura y otras violaciones procesales en Guantánamo porque los tribunales todavía no habían establecido con claridad los derechos de que gozaban allí los presos.[24]

También se informó de que el Gobierno de Obama sopesaba recuperar las comisiones militares, una de las más severas violaciones del imperio de la ley durante los años de Bush. Hay una razón, según William Glaberson de *The New York Times*: «Los funcionarios que trabajan en la cuestión de Guantánamo dicen que a los abogados del Gobierno les preocupa enfrentarse a grandes obstáculos para juzgar a algunos sospechosos de terrorismo en los tribunales federales. Los jueces podrían complicar el juicio de detenidos que hayan sido sometidos a un trato brutal y los fiscales podrían usar pruebas o testimonios recogidos por agencias de inteligencia.»[25] Un serio error en el sistema penal, parece.

ASÍ SE CREAN TERRORISTAS

El debate sobre si la tortura ha sido eficaz para obtener información sigue siendo intenso; parece que la idea de partida es que si es eficaz está justificada. Según este argumento, cuando Nicaragua capturó al piloto de Estados Unidos Eugene Hasenfus en 1986 —tras derribar su avión cuando estaba entregando ayuda a las fuerzas de la Contra apoyadas por Washington—, no debería haberlo juzgado, declararlo culpable y luego devolverlo a Estados Unidos como hicieron, sino que deberían haber aplicado el paradigma de la tortura de la CIA para tratar de ob-

tener información sobre otras atrocidades terroristas planifica-
das y llevadas a cabo desde Washington, no poca cosa para un
país pequeño y empobrecido bajo la agresión terrorista de la
superpotencia global.

Siguiendo el mismo criterio, si los nicaragüenses hubieran
podido capturar al principal coordinador del terrorismo —John
Negroponte, entonces embajador de Estados Unidos en Honduras (después nombrado primer director de Inteligencia Nacional, en esencia un pope del contraterrorismo, sin provocar ni un
murmullo)— deberían haber hecho lo mismo. Cuba habría tenido justificación para actuar de manera similar si el Gobierno
de Castro hubiera podido hacerse con los hermanos Kennedy.
No hay ninguna necesidad de sacar a relucir lo que sus víctimas
deberían haberles hecho a Henry Kissinger, Ronald Reagan y
otros destacados comandantes terroristas, cuyas hazañas hacen
palidecer a al-Qaeda y que sin duda tenían amplia información
que podría haber impedido posteriores «ataques inminentes».

Esos ejemplos nunca surgen en el debate, lo que lleva a una
evaluación clara de la excusa de la información valiosa.

Hay, a buen seguro, una respuesta: nuestro terrorismo, aunque sin duda es terrorismo, es beneficioso, lo que se deriva de la
idea de la ciudad en un monte. Quizá la exposición más elo-
cuente de esta tesis la presentó el director de *New Republic*, Michael Kinsley, respetado portavoz de «la izquierda». La organización Americas Watch (parte de Human Rights Watch) había
protestado cuando el Departamento de Estado confirmó que las
fuerzas terroristas de Washington recibieron órdenes oficiales
de atacar «blancos fáciles» —objetivos civiles indefensos— y
evitar al ejército nicaragüense, lo cual podían hacer gracias al
control de la CIA del espacio aéreo de Nicaragua y a los sofisticados sistemas de comunicaciones proporcionados a la Contra. En respuesta, Kinsley explicó que los ataques terroristas de
Estados Unidos sobre objetivos civiles están justificados si
cumplen algunos criterios pragmáticos: una «política sensata
[debería] resistir un análisis coste-beneficio», un análisis de «la
cantidad de sangre y sufrimiento que se provocaran y la proba-

bilidad de que emerja la democracia en el otro extremo»;[26] «democracia» según los moldes determinados por las elites de Estados Unidos.

Las ideas de Kinsley no suscitaron quejas públicas, que yo sepa; por lo visto se consideraron aceptables. Parecería derivarse, pues, que los líderes de Estados Unidos y sus agentes no son culpables por llevar a cabo esas políticas sensatas de buena fe, ni siquiera si su juicio en ocasiones estuviera errado.

Quizá la culpa sería mayor, según los criterios morales imperantes, si se descubriera que la tortura del Gobierno Bush costó vidas estadounidenses. Esta es, de hecho, la conclusión a la que llegó el comandante Matthew Alexander (seudónimo), uno de los más experimentados interrogadores de Estados Unidos en Irak, que obtuvo «la información que condujo a los militares estadounidenses a localizar a Abu Musab al-Zarqawi, el jefe de al-Qaeda en Irak», según informa el corresponsal Patrick Cockburn.

Alexander solo expresa desprecio por los duros interrogatorios del Gobierno de Bush. Cree que «el uso de tortura» no solo no proporciona ninguna información útil, sino que «se ha revelado tan contraproducente que podría haber conducido a la muerte de tantos soldados estadounidenses como civiles murieron el 11-S». A través de centenares de interrogatorios, Alexander descubrió que los combatientes extranjeros llegaban a Irak como respuesta a los abusos en Guantánamo y Abu Ghraib, y que ellos y sus aliados locales pensaban en los ataques suicidas y otras acciones terroristas por las mismas razones.[27]

También hay cada vez más pruebas de que los métodos de tortura que alentaron Dick Cheney y Donald Rumsfeld crearon terroristas. Un caso estudiado cuidadosamente es el de Abdallah al-Ajmi, encerrado en Guantánamo bajo la acusación de «participar en dos o tres escaramuzas con la Alianza del Norte». Terminó en Afganistán porque no pudo llegar a Chechenia para combatir contra los rusos. Después de cuatro años de trato brutal en Guantánamo fue devuelto a Kuwait. Más tarde logró llegar a Irak y, en marzo de 2008, estrelló un camión cargado de explosivos en un complejo militar iraquí. Trece soldados iraquíes y él mismo murieron en «el acto de violencia más atroz cometido por un ex preso de Guantánamo», según *The Washington Post*. Su abogado dijo que era el resultado directo de su encarcelamiento abusivo.[28]

Como esperaría una persona razonable.

ESTADOUNIDENSES NO EXCEPCIONALES

Otro pretexto habitual para ejercer la tortura es el contexto: la «guerra contra el terrorismo» que Bush declaró después del 11-S. Un crimen que convirtió el derecho internacional tradicional en «pintoresco» y «obsoleto»; eso le aseguró a George W. Bush su asesor legal, Alberto Gonzales, que después fue fiscal general. La doctrina fue ampliamente reiterada de una forma o de otra en debates y análisis.[29]

Sin duda, el atentado del 11-S fue único en muchos aspectos. Uno es adónde apuntaban las armas: por lo general apuntan hacia el otro sentido. De hecho, fue el primer ataque con consecuencias en el territorio de Estados Unidos desde que los británicos incendiaron Washington, D. C. en 1814.

La doctrina imperante del país se denomina en ocasiones «excepcionalismo estadounidense». No es nada de eso; probablemente se trata de algo casi universal entre las potencias imperiales. Francia reivindicó su «misión civilizadora» en sus colonias cuando el ministro de la Guerra llamaba a «exterminar la población indígena» de Argelia. La nobleza británica era «una novedad en el mundo», declaró John Stuart Mill al instar a que ese poder angélico no se retrasara más y acabara la liberación de la India. El ensayo clásico de Mill sobre la intervención humanitaria se escribió poco después de que se revelaran públicamente las atrocidades británicas cometidas durante la represión de la rebelión india de 1857. La conquista del resto de la India fue, en gran medida, un intento de obtener el monopolio del comercio del opio para la colosal empresa de narcotráfico del Reino Unido, de lejos la mayor en la historia del mundo y concebida principalmente para obligar a China a aceptar los productos manufacturados británicos.[30]

De manera similar, no hay razón para dudar de la sinceridad de los militaristas japoneses en la década de 1930, que estaban llevando un «paraíso terrenal» a China bajo su beneficiosa tutela al perpetrar la masacre de Nanking y sus campañas de «quema todo, saquea todo, mata todo» en el norte rural de China. La historia está repleta de episodios gloriosos similares.[31]

No obstante, mientras tales tesis excepcionalistas siguen estando firmemente implantadas, las revelaciones ocasionales del «abuso de realidad» pueden resultar contraproducentes, ya que solo sirven para ocultar crímenes terribles. En Vietnam del Sur, por ejemplo, la masacre de My Lai fue una simple nota al pie de las enormes atrocidades de las acciones de pacificación de Washington que siguieron a la ofensiva del Tet; tales atrocidades pasaron desapercibidas ya que la indignación en ese país se concentró en gran medida en ese único crimen.

El Watergate fue sin duda criminal, pero el furor que generó desplazó crímenes incomparablemente peores en el país y en el extranjero, incluido el asesinato organizado por el FBI del militante negro Fred Hampton como parte de la infame represión del COINTELPRO, así como el bombardeo de Camboya, por mencionar solo dos ejemplos atroces. La tortura ya es bastante horrible; la invasión de Irak fue un crimen mucho peor. A menudo las atrocidades selectivas cumplen esa función.

La amnesia histórica es un fenómeno peligroso, no solo porque mina la integridad moral e intelectual, sino porque también siembra el terreno para crímenes subsiguientes.

4

La mano invisible del poder

El levantamiento democrático en el mundo árabe ha sido una espectacular muestra de valor, dedicación y compromiso de las fuerzas populares, que ha coincidido, de manera fortuita, con un notorio levantamiento de decenas de miles de personas en apoyo de los trabajadores y la democracia en Madison (Wisconsin) y otras ciudades de Estados Unidos. No obstante, si las trayectorias de las revueltas en El Cairo y Madison se cruzaran, se dirigirían en direcciones opuestas: en El Cairo hacia la conquista de derechos fundamentales negados por la dictadura egipcia, en Madison hacia defender derechos que se habían ganado en luchas largas y duras y que ahora se atacan gravemente.

Cada una de estas revueltas es un microcosmos de tendencias en la sociedad global, que sigue caminos variados. Sin duda habrá consecuencias de largo alcance de lo que está ocurriendo tanto en el corazón industrial en decadencia del país más rico y más poderoso en la historia de la humanidad como en el lugar que el presidente Dwight Eisenhower llamó «la zona estratégicamente más importante del mundo»; «una fuente estupenda de poder estratégico» y «probablemente el premio económico más cuantioso del mundo en el campo de la inversión extranjera», en palabras del Departamento de Estado en la década de 1940, un premio que Estados Unidos pretendía mantener para sí y sus aliados en el nuevo orden mundial que se desplegaba entonces.[1]

A pesar de todos los cambios ocurridos desde esa fecha, hay muchas razones para suponer que los responsables políticos de hoy suscriben el juicio del influyente asesor del presidente Franklin Delano Roosevelt, Adolf A. Berle, quien defendía que controlar las incomparables reservas de energía de Oriente Próximo proporcionaría «un control sustancial del mundo».[2] En la misma medida, creen que la pérdida de control amenazaría el proyecto de dominación global de Estados Unidos, que se articuló claramente durante la Segunda Guerra Mundial y que desde entonces se ha mantenido ante los cambios fundamentales en el orden mundial.

Al estallar la guerra en 1939, Washington anticipó que cuando acabara Estados Unidos tendría una posición de poder apabullante. Durante los años de la guerra se reunieron autoridades del Departamento de Estado y especialistas en política exterior para diseñar los planos del mundo de posguerra. Delinearon el «Área Grande», el territorio que Estados Unidos debía dominar y que abarcaba el hemisferio oeste, el Lejano Oriente y el antiguo Imperio británico, con sus recursos energéticos de Oriente Próximo. Cuando Rusia empezó a destruir el ejército nazi después de Stalingrado, los objetivos del Área Grande se extendieron a la mayor parte posible de Eurasia, al menos su núcleo económico de Europa occidental. Con el Área Grande, Estados Unidos mantendría un «poder indiscutido» con «supremacía militar y económica», al tiempo que garantizaba la «limitación de cualquier ejercicio de soberanía» por parte de Estados que podrían interferir con sus planes globales.[3]

Pronto se pusieron en práctica estos cuidadosos planes de guerra.

Siempre se fue consciente de que Europa podría seguir un camino independiente y la Organización del Tratado del Atlántico Norte (OTAN) se concibió en parte para contrarrestar esta amenaza. En cuanto el pretexto oficial para la OTAN se disolvió en 1989, la organización se expandió hacia el este, rompiendo las promesas que se le habían hecho verbalmente al dirigente soviético Mijail Gorbachov. Desde entonces, la OTAN se ha convertido en una fuerza de intervención dirigida por Estados Unidos con un ámbito más amplio, como explicó el secretario general de la alianza, Jaap de Hoop Scheffer, quien en una conferencia de la organización manifestó que «las tropas de la OTAN tienen que proteger los oleoductos y gasoductos que se dirigen a Occidente» y proteger las rutas marítimas usadas por los petroleros y otras «infraestructuras cruciales» del sistema de energía.[4]

La doctrina del Área Grande autoriza la intervención militar a voluntad. Esa conclusión la formuló con claridad el Gobierno de Clinton, que declaró que Estados Unidos tiene derecho a usar la fuerza militar para proteger el «acceso sin restricciones a mercados, suministros de energía y recursos estratégicos clave» y debe mantener enormes fuerzas militares «desplegadas en avanzada» en Europa y Asia «para moldear la opinión de la gente sobre nosotros y los sucesos que afecten a nuestra subsistencia y seguridad».[5]

Esos mismos principios rigieron la invasión de Irak. Cuando empezó a ser indudable que Estados Unidos había fracasado en el intento de imponer su voluntad en Irak, los objetivos de la invasión ya no pudieron ocultarse detrás de una bonita retórica. En noviembre de 2007, la Casa Blanca hizo pública una «declaración de principios» que exigía la permanencia indefinida de fuerzas estadounidenses en Irak y el compromiso de ese país de privilegiar a los inversores estadounidenses.[6] Dos meses después, el presidente Bush informó al Congreso de que rechazaría la legislación que pudiera limitar el estacionamiento permanente de fuerzas estadounidenses en Irak o que «Estados Unidos controlara los recursos petrolíferos de Irak»; exigencias que Estados Unidos tuvo que abandonar poco después ante la resistencia iraquí.[7]

En Túnez y Egipto, los levantamientos populares de 2011 tuvieron un éxito impresionante, pero, como informó el Carnegie Endowment, aunque los nombres han cambiado, los regímenes permanecen: «El cambio de las elites gobernantes y del sistema de gobierno sigue siendo un objetivo lejano.»[8] El informe aborda las barreras internas para la democracia, pero pasa por alto las externas, que, como siempre, son significativas.

Estados Unidos y sus aliados occidentales harán lo posible por impedir la auténtica democracia en el mundo árabe. Para comprender la razón solo es necesario examinar los estudios de la opinión árabe llevados a cabo por empresas demoscópicas de Estados Unidos; aunque apenas se informa de ellos, sin duda son bien conocidos por los estrategas. Dichos estudios revelan que, por abrumadora mayoría, los árabes piensan que Estados Unidos e Israel son las amenazas principales a las que se enfrentan: Estados Unidos es considerado así por el 90 % de los egipcios y por más del 75 % de los habitantes de la región. Contrasta con ello que solo el 10 % de los árabes ven a Irán como una amenaza. La oposición a la política de Washington es tan fuerte que la mayoría de los árabes creen que la seguridad del mundo mejoraría si Irán dispusiera de armas nucleares; en Egipto lo piensa el 80 %[9] y las cifras de otros países son similares. Si la opinión pública influyera en la política, Estados Unidos y sus aliados no solo no controlarían la región, sino que serían expulsados de ella, con lo cual se minarían principios fundamentales del dominio global.

LA DOCTRINA MUASHER

El apoyo de la democracia es territorio de ideólogos y propagandistas. En el mundo real, el desprecio de la elite por la democracia es la norma. Son abrumadoras las pruebas de que solo se apoya la democracia en la medida en que contribuye a objetivos sociales y económicos, una conclusión que los investigadores más serios reconocen a regañadientes.

La reacción a las filtraciones de Wikileaks puso de manifiesto de manera contundente el desprecio de la elite por la democracia. Las filtraciones que recibieron la máxima atención, con reacciones eufóricas, informaban de que los árabes apoyaban la posición de Estados Unidos en Irán; en realidad se hacía referencia al apoyo de los dictadores gobernantes de las naciones árabes; la posición de la opinión pública no se mencionó.

El principio operativo lo describió Marwan Muasher, ex ministro jordano y director de investigación de Oriente Próximo para el Carnegie Endowment: «El argumento tradicional propuesto dentro y fuera del mundo árabe es que no hay nada que esté mal, todo está bajo control. Con esta línea de pensamiento, las fuerzas atrincheradas argumentan que los opositores y extranjeros que piden reformas están exagerando las condiciones reales.»[10] Adoptando ese principio, si los dictadores nos apoyan, ¿qué más puede importar?

La doctrina Muasher es razonable y llena de sentido. Por mencionar solo un caso altamente relevante, en 1958, en discusiones internas, el presidente Eisenhower expresó preocupación por «la campaña del odio» contra nosotros en el mundo árabe, no por parte de los Gobiernos, sino por parte del pueblo. El Consejo de Seguridad Nacional (CSN) le explicó a Eisenhower que en el mundo árabe existe la percepción de que Estados Unidos apoya dictaduras y bloquea la democracia y el desarrollo para asegurarse el control de los recursos de la región. Además, la percepción es, en esencia, precisa, concluyó el CSN, y eso es exactamente lo que deberíamos estar haciendo, confiar en la doctrina Muasher. Los estudios del Pentágono llevados a cabo después del 11-S confirmaron que esa percepción sigue vigente.[11]

Es normal que los vencedores tiren la historia a la papelera y que las víctimas se la tomen en serio. Quizá resulten útiles algunas observaciones someras sobre esta cuestión tan importante. No es la primera vez que Egipto y Estados Unidos se enfrentan a problemas similares y se mueven en direcciones opuestas. Ya ocurrió en el siglo XIX. Algunos historiadores de la economía han argumentado que entonces Egipto estaba bien situado para emprender un rápido desarrollo económico, al mismo tiempo que lo hacía Estados Unidos.[12] Ambos poseían una rica agricultura, con mucho algodón —el combustible de la primera revolución industrial—, aunque, a diferencia de Egipto, Estados Unidos tuvo que desarrollar la producción de algodón y su mano de obra mediante la conquista, la exterminación y la esclavitud, con consecuencias que son evidentes ahora en las cárceles y en las reservas para los supervivientes, que se han expandido con rapidez desde los años de Reagan para albergar a la población superflua abandonada por la desindustrialización.

Una diferencia fundamental entre las dos naciones era que Estados Unidos había obtenido la independencia y, por consiguiente, gozaba de libertad para no hacer caso de las prescripciones de la teoría económica enunciada en su momento por Adam Smith en términos similares a los que se predican hoy para las sociedades desarrolladas. Smith instaba a las colonias liberadas a producir materias primas para exportar y a importar artículos manufacturados británicos, y, por supuesto, a no intentar monopolizar bienes cruciales, sobre todo algodón. Cualquier otro camino, advirtió Smith, «retrasaría, en vez de acelerarlo, el aumento del valor de su producción anual y obstruiría, en vez de fomentarlo, el progreso de su país hacia la riqueza y la grandeza reales».[13]

Habiendo conseguido la independencia, las colonias despreciaron ese consejo y siguieron un desarrollo guiado por el Estado similar al de Inglaterra, con elevados aranceles para proteger la industria de exportaciones británicas (primero textiles, después acero y otras), y adoptaron numerosos mecanismos para acelerar el desarrollo industrial. La república independiente también buscaba el monopolio del algodón para «colocar todas las naciones a nuestros pies», sobre todo al enemigo británico, como anunciaron los presidentes jacksonianos al conquistar Tejas y la mitad de México.[14]

En cuanto a Egipto, el poder británico frenó un rumbo del mismo estilo. Lord Palmerston declaró que «ninguna idea de justicia [hacia Egipto] debería interponerse en el camino de intereses tan grandes y fundamentales» del Reino Unido como preservar su hegemonía económica y política, y expresó su «odio» por el «bárbaro ignorante» Muhammad Ali, que se atrevió a buscar un camino independiente; así que desplegaron la flota y el poder económico británicos para poner fin a la búsqueda de independencia y desarrollo económico de Egipto.[15]

Después de la Segunda Guerra Mundial, cuando Estados Unidos desplazó al Reino Unido como potencia hegemónica global, Washington adoptó la misma posición, dejando claro que Estados Unidos no proporcionaría ninguna ayuda a Egipto a menos que asumiera las reglas habituales para el débil; reglas que Estados Unidos continuó infringiendo, ya que impuso altos aranceles para vetar el algodón egipcio y hacer que, al no disponer de dólares, Egipto se viera debilitado, según la habitual interpretación de los principios del mercado.

No es de extrañar que la «campaña de odio» contra Estados Unidos que preocupaba a Eisenhower se basara en el reconocimiento de que Washington apoya a dictadores y bloquea democracia y desarrollo, como hacen sus aliados.

En defensa de Adam Smith hay que decir que reconoció lo que ocurriría si el Reino Unido seguía las reglas de economía saneada, ahora llamada «neoliberalismo». Advirtió que los fabricantes, comerciantes e inversores británicos podrían sacar provecho si se volvían hacia el extranjero, pero en ese caso Inglaterra sufriría. Smith sentía que los poderosos serían guiados por una preferencia por lo nacional que, como una «mano invisible», salvaría Inglaterra de los estragos de la racionalidad económica.

Es difícil pasar por alto ese pasaje, la única mención de la famosa expresión «mano invisible» en *La riqueza de las naciones*. El otro destacado fundador de la economía clásica, David Ricardo, llegó a conclusiones similares, esperando que la llamada «preferencia por lo nacional» guiaría a los hombres ricos a «contentarse con menores beneficios en su propio país antes que buscar que su riqueza rindiera más en naciones extranjeras»; y añadió que «lamentaría ver debilitado» ese sentimiento.[16] Predicciones aparte, el instinto de los economistas clásicos era sensato.

LAS «AMENAZAS» IRANÍ Y CHINA

El levantamiento democrático en el mundo árabe se compara en ocasiones con la Europa oriental en 1989, pero con poco fundamento. En 1989, el levantamiento democrático fue tolerado por los soviéticos y apoyado por las potencias occidentales, que aplicaron la doctrina habitual: se ajustaba claramente a los objetivos económicos y estratégicos, y era, por lo tanto, un logro noble, muy digno, a diferencia de las luchas coetáneas «para defender los derechos humanos fundamentales» en Centroamérica, en palabras del arzobispo asesinado de El Salvador, una más de los cientos de miles de víctimas caídas a manos de fuerzas militares armadas y preparadas por Washington.[17] No hubo ningún Mijail Gorbachov en Occidente en aquellos años terribles y no hay ninguno hoy. Y el poder occidental sigue siendo hostil a la democracia en el mundo árabe por buenas razones.

La doctrina del Área Grande continúa aplicándose a crisis y confrontaciones contemporáneas. En los círculos de los responsables políticos y los líderes de opinión, la amenaza iraní se considera la mayor amenaza para el orden mundial y, por consiguiente, debe ser el principal foco de la política exterior de Washington, cuyos pasos sigue Europa educadamente.

Años atrás, el historiador militar israelí Martin van Creveld escribió que «el mundo ha sido testigo de que Estados Unidos atacó a Irak sin ninguna razón, como se demostró. Si los iraníes no hubieran tratado de construir armas nucleares estarían locos», sobre todo teniendo en cuenta que se hallan bajo constante amenaza de ataque, lo que viola la Carta de las Naciones Unidas.[18]

Estados Unidos y Europa se unen para castigar a Irán por su amenaza a la «estabilidad» —en el sentido técnico del término, que significa conformidad con las exigencias de Washington—, pero es útil recordar lo aislados que están; los países no alineados han apoyado con firmeza el derecho de Irán a enriquecer uranio. La mayor potencia regional, Turquía, votó contra una moción para imponerle sanciones a Irán planteada por Estados

Unidos en el Consejo de Seguridad; también se opuso Brasil, el país más admirado del sur global. La desobediencia de estos dos países condujo a una feroz crítica, y no era la primera vez: Turquía había sido amargamente condenada en 2003 cuando el Gobierno, siguiendo la voluntad del 95 % de su población, rechazó participar en la invasión de Irak, lo que demostraba que no comprendía la democracia al estilo occidental.

Si bien Estados Unidos puede tolerar la desobediencia de Turquía —aunque con disgusto—, China es más difícil de pasar por alto. La prensa advierte que «los inversores y comerciantes de China están ahora llenando un vacío en Irán en un momento en el que empresas de otras muchas naciones, sobre todo de Europa, se retiran» y, en particular, que China está expandiendo su papel dominante en las industrias de energía de Irán.[19] Washington está reaccionando con un punto de desesperación. El Departamento de Estado advirtió a China que si quiere ser aceptada en la «comunidad internacional» —un término técnico para referirse a Estados Unidos y quien esté de acuerdo con él— no debe «esquivar y evadir las responsabilidades internacionales, [que] son claras», a saber: seguir las órdenes de Estados Unidos.[20] Es poco probable que eso impresione mucho a China.

También hay una gran preocupación por el crecimiento de la amenaza militar china. Un reciente estudio del Pentágono advirtió que el presupuesto militar de China se acerca a «una quinta parte de lo que el Pentágono gastó para llevar a cabo las guerras en Irak y Afganistán»; aunque sigue siendo una fracción del presupuesto militar de Estados Unidos, por supuesto. La expansión de las fuerzas militares chinas podría «impedir que los buques de guerra de Estados Unidos pudieran operar en aguas internacionales cerca de su costa», añadió *The New York Times*.[21] Querían decir cerca de la costa de China, claro. Sin embargo, nadie ha dicho que Estados Unidos debería retirar las fuerzas militares que impiden que los buques de guerra chinos naveguen en el Caribe. La falta de comprensión por parte de China de las leyes de cortesía internacional queda mejor ilustrada por sus objeciones a planes para que el avanzado portaviones nuclear *George Washington* participe en ejercicios navales a unas millas de la costa de China, lo cual le proporcionaría la supuesta capacidad de atacar Pekín.

En contraste, Occidente comprende que hay que llevar a cabo tales operaciones de Estados Unidos para defender la «estabilidad» y su propia seguridad. El liberal *New Republic* expresa su preocupación por el hecho de que «China envió diez buques de guerra a través de aguas internacionales hasta cerca de la isla japonesa de Okinawa».[22] Eso es una provocación; a diferencia del hecho, no mencionado, de que Washington ha convertido la isla en una base militar fundamental, desafiando las protestas vehementes de la población de Okinawa. Eso no es una provocación, según el principio básico de que somos dueños del mundo.

Dejando de lado la profundamente asentada doctrina imperial, hay una poderosa razón para que los vecinos de China estuvieran preocupados con su creciente poder militar y comercial.

Aunque la doctrina del Área Grande todavía es la predominante, la capacidad de ponerla en marcha se ha reducido. Estados Unidos alcanzó la cumbre de su poder después de la Segunda Guerra Mundial, cuando poseía, literalmente, la mitad de la riqueza del mundo. Pero esa proporción descendió cuando otras economías industriales se recuperaron de la devastación de la guerra y la descolonización tomó su doloroso rumbo. A principios de la década de 1970, la porción estadounidense de la riqueza global había descendido a alrededor del 25 % y el mundo industrial se había vuelto tripolar: Norteamérica, Europa y Asia oriental (que entonces giraba en torno a Japón).

Hubo también un cambio brusco en la economía de Estados Unidos en la década de 1970, hacia la financiarización y la exportación de la producción. Se dieron varios factores que dieron lugar a un círculo vicioso de concentración radical de la riqueza, para ser precisos, en el 1 % de la población, sobre todo directores ejecutivos, gestores de fondos de cobertura y similares. Eso conduce a la concentración del poder político, de ahí las políticas para incrementar la concentración económica: políticas fiscales, normas de gobierno corporativo, desregulación y mucho más. Entretanto, los costes de las campañas electorales se dispararon, lo que puso a los partidos en el bolsillo del capital concentrado, cada vez más financiero: los republicanos en primer lugar, y no mucho después, los demócratas —los que antes eran republicanos moderados.

Las elecciones se han convertido en una charada dirigida por la industria de las relaciones públicas. Tras su victoria en 2008, Obama ganó un premio de la industria a la mejor campaña de márketing del año. Los ejecutivos estaban eufóricos. En la prensa económica explicaron que se habían estado haciendo estudios de mercado de los candidatos como de otros artículos desde Ronald Reagan, pero que 2008 fue su mayor éxito y cambiaría el estilo de las salas de juntas de las empresas. Las elecciones de 2012 costaron más de dos mil millones de dólares, sobre todo de financiación corporativa, y se espera que las de 2016 cuesten el doble.[23] No es de extrañar que Obama eligiera directivos de empresas para puestos destacados de su Gobierno. La ciudadanía está enfadada y frustrada, pero, mientras prevalezca la doctrina Muasher, no importa.

Al tiempo que la riqueza y el poder se han concentrado cada vez más, los ingresos reales de la mayor parte de la población se han estancado y la gente se las ha apañado aumentando las horas de trabajo y su endeudamiento, y con una inflación de activos, regularmente destruidos por las crisis financieras que empezaron cuando se desmanteló el aparato regulador, a partir de la década de 1980.

Nada de esto es problemático para los más ricos, que se benefician de la política del «demasiado grande para caer». Ese seguro gubernamental no es poca cosa. Teniendo en cuenta solo la capacidad de los bancos de prestar a tipos de interés más bajos, gracias al subsidio implícito del contribuyente, *Bloomberg News*, citando un documento de trabajo del Fondo Monetario Internacional, calcula que «los contribuyentes les dan a los grandes bancos ochenta y tres mil millones de dólares al año»; o sea, casi todos sus beneficios, una cuestión que es «crucial para comprender por qué los grandes bancos representan semejante amenaza para la economía global».[24] Además, los bancos y las sociedades de inversión pueden hacer transacciones de riesgo, con pingües beneficios y, cuando el sistema se derrumba sin remisión, pueden correr al Estado niñera y pedir el rescate económico de los contribuyentes, bien aferrados a sus ejemplares de F. A. Hayek y Milton Friedman.

Ese ha sido el proceso habitual desde los años de Reagan: cada crisis más extrema que la anterior; para la población, claro está. El empleo real se encuentra en niveles de la época de la depresión para gran parte de la población, mientras que Goldman Sachs, uno de los principales arquitectos de la crisis actual, es más rica que nunca. El grupo anunció en voz baja 17.500 millones de dólares en remuneraciones para 2010, y el director general Lloyd Blankfein recibió un bono de 12.600 millones, al tiempo que su salario base se triplicaba con creces.[25]

No es conveniente que ese tipo de hechos acaparen mucha atención. En consecuencia, la propaganda ha de buscar otros culpables, como los trabajadores del sector público, con sus abultados salarios y sus exorbitantes pensiones: todo fantasía sobre el modelo del imaginario reaganita de madres negras que van en sus limusinas a recoger el cheque del subsidio y otros modelos que no es preciso mencionar. Todos debemos de ajustarnos el cinturón; casi todos.

Los profesores son un objetivo particularmente bueno en el deliberado intento de destruir el sistema educativo desde el jardín de infancia hasta las universidades mediante la privatización; una vez más, una política que es buena para los ricos, pero un desastre para la población, así como para la salud a largo plazo de la economía, aunque esta es una de las externalidades que hay que dejar de lado siempre que prevalezcan los principios del mercado.

Los inmigrantes siempre son otro buen objetivo. Esto ha sido cierto a lo largo de la historia de Estados Unidos, más todavía en momentos de crisis económica, y se ha exacerbado ahora por una sensación de que nos quitan nuestro país: la población blanca pronto se convertirá en una minoría. Se puede comprender la rabia de los individuos perjudicados, pero la crueldad de la política es asombrosa.

¿Quiénes son los inmigrantes objetivo? En el este de Massachusetts, donde vivo, muchos son mayas que huyeron de las secuelas del genocidio en las tierras altas de Guatemala llevado a cabo por los asesinos favoritos de Reagan. Otros son víctimas mexicanas del Tratado de Libre Comercio de América del Norte (NAFTA), uno de esos extraños acuerdos gubernamentales que lograron hacer daño a la población obrera de los tres países participantes. Cuando el NAFTA se impuso en el Congreso por encima de la objeción popular en 1994, Clinton también inició la militarización de la frontera entre Estados Unidos y México, antes bastante permeable. Se da por sentado que los campesinos mexicanos no podían competir con las empresas agrícolas altamente subvencionadas de Estados Unidos y que los negocios mexicanos no sobrevivirían a la competencia con las multinacionales de Estados Unidos, a las que hay que garantizarse un «trato nacional» bajo los mal llamados acuerdos de «libre comercio»; un privilegio solo concedido a personas jurídicas, no a las de carne y hueso. No sorprende que aquellas medidas ocasionaran una marea de refugiados desesperados y un aumento de la histeria contra los inmigrantes por parte de las víctimas de las políticas corporativistas del Estado.

Más de lo mismo parece estar ocurriendo en Europa, donde el racismo probablemente es más galopante que en Estados Unidos. Solo es posible asombrarse al observar que Italia se queja del flujo de refugiados de Libia, el escenario del primer genocidio posterior a la Primera Guerra Mundial, en el este recién liberado, a manos del Gobierno fascista italiano; o cuando se ve que Francia, todavía hoy principal protector de dictaduras brutales en sus antiguas colonias, logra omitir sus horribles atrocidades en África, al tiempo que el presidente francés Nicolas Sarkozy advierte con severidad de la «marea de inmigrantes» y Marine Le Pen objeta que no está haciendo nada para impedirla. No hace falta que mencione Bélgica, que podría ganar el premio de lo que Adam Smith llamó «la injusticia salvaje de los europeos».

El ascenso de los partidos neofascistas en gran parte de Europa sería un fenómeno aterrador aunque no tuviéramos que recordar lo que ocurrió en el continente en su pasado reciente. Basta con imaginar la reacción si los judíos estuvieran siendo expulsados de Francia hacia la miseria y la opresión; luego podemos reparar en la ausencia de reacción cuando eso mismo está ocurriéndole al pueblo romaní, también víctima del Holocausto y la población más maltratada de Europa.

En Hungría, el partido neofascista Jobbik obtuvo el 21 % de los votos en las elecciones nacionales, quizá de forma no sorprendente cuando las tres cuartas partes de la población siente que está peor que bajo el gobierno comunista.[26] Podríamos sentirnos aliviados de que en Austria el ultraderechista Jörg Haider consiguiera solo el 10 % de los votos en 2008, si no fuera por el hecho de que el Partido de la Libertad, que lo superó por la derecha, logró más del 17 %.[27] (Es escalofriante recordar que, en 1928, los nazis obtuvieron menos del 3 % de los votos en Alemania).[28] En el Reino Unido, el Partido Nacional Británico y la Liga de Defensa Inglesa, de la derecha ultrarracista, son fuerzas con bastantes apoyos.

En Alemania, el lamento en forma de libro de Thilo Sarrazin, que defiende que los inmigrantes están destruyendo el país, fue un éxito de ventas continuado y la canciller Angela Merkel, aunque condenó el libro, declaró que el multiculturalismo había «fracasado por completo»: los turcos importados para hacer los peores trabajos en Alemania no son capaces de convertirse en auténticos arios rubios y de ojos azules.[29]

Con cierta ironía se puede recordar que Benjamin Franklin, una de las principales figuras de la Ilustración, advirtió que las colonias recién liberadas deberían ser precavidas y no permitir la inmigración de alemanes, porque eran demasiado morenos, así como de suecos. En el siglo XX, los ridículos mitos de la pureza anglosajona eran comunes en Estados Unidos, incluso entre presidentes y otras figuras destacadas. El racismo en nuestra cultura literaria ha sido de una obscenidad repugnante. Ha costado mucho menos erradicar la polio que esa plaga horrible, que periódicamente reaparece y más virulenta en tiempos de dificultades económicas.

No quiero terminar sin mencionar otra externalidad que no se tiene en cuenta en los sistemas de mercado: el destino de la especie. El riesgo sistémico del sistema financiero puede ser cubierto por el contribuyente, pero nadie va a venir al rescate si se destruye el medio ambiente. Que debe destruirse es casi un imperativo institucional. Los dirigentes de las empresas que impulsan campañas de propaganda para convencer a la población de que el calentamiento global de origen humano es un fraude liberal comprenden muy bien la gravedad de la amenaza, pero deben maximizar el beneficio a corto plazo y la cuota de mercado. Si no lo hacen ellos, otros lo harán.

Este círculo vicioso bien podría convertirse en letal. Para ver la gravedad del peligro, basta con echar un vistazo a los miembros del Congreso de Estados Unidos, propulsados al poder por la financiación privada y la propaganda. Casi todos los republicanos son negacionistas del cambio climático. Ya han comenzado a recortar los fondos para las medidas que podrían mitigar la catástrofe ambiental. Peor aún, algunos son verdaderos creyentes; tomemos como ejemplo al nuevo director de un subcomité sobre el medio ambiente que explicó que el calentamiento global no puede ser un problema porque Dios le prometió a Noé que no habría otro diluvio.[30]

Si tales cosas estuvieran sucediendo en algún país pequeño y remoto, podríamos reírnos, pero no cuando ocurren en el país más rico y poderoso del mundo. Y antes de que nos riamos, también podríamos tener en cuenta que la actual crisis económica es atribuible, en no menor medida, a la fe fanática en dogmas tales como la hipótesis del mercado eficiente y, en general, a lo que el premio Nobel Joseph Stiglitz llamó, hace quince años, la «religión» que mejor conocen los mercados; todo ello es lo que impidió que el banco central y los economistas profesionales, con algunas excepciones honorables, tomaran nota de una burbuja inmobiliaria de ocho billones de dólares que no tenía ninguna base en los fundamentos económicos y que destrozó la economía cuando estalló.[31]

Todo esto, y mucho más, puede ocurrir mientras prevalezca la doctrina Muasher. Mientras la población general permanezca pasiva, apática y desviada hacia el consumismo o el odio a los vulnerables, los poderosos pueden hacer lo que les plazca; y los que sobrevivan podrán contemplar el resultado.

5

Causas y consecuencias del declive estadounidense

«Es bien sabido» que Estados Unidos, al que «hace solo unos años se le pedía que tomara las riendas del mundo como un coloso de poder y atractivo sin parangón [...] está en declive y se enfrenta a la inquietante perspectiva de su decadencia final».[1] En esa idea, presentada en el número del verano de 2011 de la revista de la Academia de Ciencias Políticas, hay bastante acuerdo, y con cierta razón, aunque conviene hacer algunas puntualizaciones. De hecho, el declive empezó cuando el poder de Estados Unidos era máximo, poco después de la Segunda Guerra Mundial, y la retórica de la década de triunfalismo tras el derrumbe de la Unión Soviética fue, más que nada, una ilusión. Además, el corolario más común —que el poder se desplazará a China y la India— es altamente dudoso, ya que son países pobres con graves problemas internos. El mundo se está tornando más diverso, pero en el futuro próximo no hay ningún competidor para el poder global hegemónico, de Estados Unidos, a pesar de su declive.

Por recordar una parte relevante de la historia, durante la Segunda Guerra Mundial los estrategas de Estados Unidos reconocieron que el país emergería de la guerra en una posición de poder aplastante. Queda muy claro por el registro documental que «el presidente Roosevelt estaba apuntando a la hegemonía de Estados Unidos en el mundo de la posguerra», por citar la valoración del historiador y diplomático Geoffrey Warner, uno de los especialistas más destacados en la materia.[2] Partiendo de esa idea, se desarrollaron planes para que Estados Unidos controlara el «Área Grande», una distribución geográfica que se extendía a casi todo el mundo. Estas doctrinas todavía imperan, si bien su alcance es menor.

Los planes realizados en tiempo de guerra, para ponerlos en marcha de inmediato, no eran impracticables. Estados Unidos había sido de lejos el país más rico del mundo. La guerra terminó con la Gran Depresión y la capacidad industrial estadounidense casi se cuadruplicó, mientras que los rivales quedaron diezmados. Al final de la guerra, Estados Unidos poseía la mitad de la riqueza del mundo y no tenía rival en seguridad.[3] A cada región del Área Grande se le asignó su función dentro del sistema global. La posterior guerra fría consistió, básicamente, en los intentos de las dos superpotencias de imponer orden en sus propios dominios: en el caso de la Unión Soviética, Europa del Este; en el caso de Estados Unidos, la mayor parte del mundo.

En 1949, el Área Grande que Estados Unidos planeaba controlar ya estaba erosionándose seriamente con «la pérdida de China», como se suele denominar.[4] La expresión es interesante: solo se puede «perder» lo que posee, de manera que se da por sentado que Estados Unidos posee la mayor parte del mundo por derecho. Poco después, el sureste asiático empezó a escapar del control de Washington y sufrió guerras horrendas en Indochina e inmensas masacres en Indonesia en 1965 cuando se restauró el dominio de Estados Unidos. Entretanto, la subversión y la violencia masiva continuaron en otros lugares en un esfuerzo por mantener lo que se denominó «estabilidad».

Sin embargo, cuando el mundo industrializado se reconstruyó y la descolonización siguió su doloroso curso, el declive ya era inevitable. En 1970, la porción de la riqueza del mundo en manos de Estados Unidos había disminuido hasta alrededor del 25 %.[5] El mundo industrializado estaba haciéndose «tripolar», con los polos en Estados Unidos, Europa y Asia; este último continente estaba convirtiéndose ya en la región más dinámica del globo y su centro era Japón.

Veinte años después, la URSS se derrumbó. La reacción de Washington nos enseña mucho sobre la realidad de la guerra fría. La primera Administración Bush, a la sazón presidente de Estados Unidos, declaró inmediatamente que no habría cambios en su política y para ello se emplearon varios pretextos; la enorme institución militar no se mantendría como defensa contra los rusos, sino para enfrentarse a la «sofisticación tecnológica» de las potencias del Tercer Mundo. De forma similar, sería necesario mantener «la base industrial de defensa», un eufemismo para referirse a la avanzada industria que depende en gran medida del subsidio y de la iniciativa del Gobierno. Las fuerzas de intervención todavía tenían que dirigirse a Oriente Próximo, donde los problemas serios «no podían dejarse a las puertas del Kremlin», al contrario de lo expuesto en medio siglo de engaño. Se reconoció, en voz baja, que el problema siempre había sido el «nacionalismo radical», es decir, el intento de los países de buscar un camino independiente sin seguir los principios del Área Grande.[6] Esos principios no se modificaron en lo fundamental, como la doctrina Clinton (por la que Estados Unidos podía usar unilateralmente el poder militar para impulsar sus intereses económicos) y la expansión global de la OTAN pronto dejarían claro.

Hubo un período de euforia después del derrumbe de la superpotencia enemiga, repleto de eufóricos cuentos sobre «el final de la historia» y la sorprendente aclamación de la política exterior del presidente Bill Clinton, que había entrado en una «fase noble» con un «brillo de santidad», porque por primera vez en la historia una nación estaría guiada por el «altruismo» y consagrada a «principios y valores». Ya nada se interponía en el camino de un «Nuevo Mundo idealista dispuesto a poner fin a la inhumanidad», que por fin podría aplicar, sin trabas, normas internacionales derivadas de la intervención humanitaria. Y eso son solo unas pocas muestras de los fervientes elogios de destacados intelectuales del momento.[7]

No todos estaban tan embelesados. Las víctimas habituales, el sur global, condenaron con vehemencia «el llamado "derecho" de intervención humanitaria», ya que se daban cuenta de que no se trataba de nada más que el viejo «derecho» del dominio imperial vestido con ropas nuevas.[8] Al mismo tiempo, algunas voces serias entre la elite política nacional vieron que, para gran parte del mundo, Estados Unidos «estaba convirtiéndose en la superpotencia canalla», «la mayor amenaza externa a sus sociedades» y que «el primer estado canalla es hoy Estados Unidos», por citar a Samuel P. Huntington, profesor de Ciencias Políticas en Harvard, y Robert Jervis, presidente de la Asociación Americana de Ciencias Políticas.[9] Tras la presidencia de George W. Bush, la creciente hostilidad de la opinión pública mundial ya no se podía pasar por alto; en el mundo árabe en particular, la valoración de Bush cayó en picado. Obama ha logrado la impresionante hazaña de hundir todavía más esa valoración, por debajo del 5 % de aprobación en Egipto y no mucho más alta en otras partes de la región.[10]

Mientras tanto, el declive seguía. En la última década, Sudamérica también se ha «perdido». Eso es bastante grave; cuando la Administración Nixon estaba planeando la destrucción de la democracia chilena —el golpe militar respaldado por Estados Unidos, el primer 11-S, que instaló la dictadura del general Augusto Pinochet—, el Consejo de Seguridad Nacional advirtió con inquietud que si Estados Unidos no podía controlar Latinoamérica no cabía esperar «un orden próspero en ningún otro lugar del mundo».[11] No obstante, mucho más serios iban a ser los movimientos hacia la independencia en Oriente Próximo, por razones reconocidas sin ambages en los planes inmediatos tras la Segunda Guerra Mundial.

Un peligro más: podría haber movimientos significativos hacia la democracia. El director ejecutivo de *The New York Times*, Bill Keller, escribió unas conmovedoras palabras sobre el «anhelo [de Washington] por abrazar a los esperanzados demócratas en el norte de África y Oriente Próximo».[12] Sin embargo, los sondeos sobre la opinión de los árabes revelaron con mucha claridad que sería un desastre para Washington dar pasos hacia la creación de democracias que funcionaran, en las que la opinión pública influiría en la política: como hemos visto, la población árabe considera a Estados Unidos una amenaza fundamental y lo expulsaría de la región junto con sus aliados si les dieran la oportunidad.

Si bien las políticas de larga duración de Estados Unidos son, en gran medida, estables, con ajustes tácticos, Obama ha aportado algunos cambios significativos. El analista militar Yochi Dreazen y sus coautores observaron en *Atlantic* que mientras que la política de Bush consistía en capturar (y torturar) sospechosos, Obama simplemente los asesina, mediante el rápido aumento del uso de armas terroríficas (drones) y del personal de las Fuerzas Especiales, muchos de ellos equipos de asesinos.[13] Se han desplegado unidades de las Fuerzas Especiales en ciento cuarenta y siete países.[14] Esos soldados, ya tan numerosos como todo el ejército de Canadá, son, en efecto, un ejército privado del presidente, una cuestión debatida en detalle por el periodista de investigación Nick Turse en la web *TomDispatch*.[15] El equipo que Obama envió para asesinar a Osama bin Laden ya había llevado a cabo, quizás, una docena de misiones similares en Pakistán. Como ilustran este y otros hechos, aunque la hegemonía de Estados Unidos ha disminuido, su ambición no lo ha hecho.

Otro asunto del que se suele hablar, al menos entre aquellos que no se obstinan en estar ciegos, es que el declive estadounidense es autoinfligido en buena parte. La ópera cómica representada en Washington sobre el posible «cierre» del Gobierno, que asquea al país (una gran mayoría de los ciudadanos piensan que habría que desmantelar el Congreso) y desconcierta al mundo, tiene pocos antecedentes en los anales de la democracia parlamentaria. El espectáculo ha llegado a atemorizar incluso a los patrocinadores de la charada. A los poderes empresariales les preocupa ahora que los extremistas a los que ayudaron a poner en el Gobierno decidan derribar el edificio en el que se basa su riqueza y sus privilegios, el poderoso «Estado niñera» que sirve a sus intereses.

El eminente filósofo social John Dewey describió en cierta ocasión la política como «la sombra proyectada en la sociedad por grandes empresas» y advirtió de que «atenuar la sombra no cambiará su sustancia».[16] Desde la década de 1970, esa sombra se ha convertido en una nube oscura que envuelve a la sociedad y el sistema político. El poder de las empresas, a estas alturas formado en gran medida por el capital financiero, ha alcanzado un punto donde ambas organizaciones políticas —que ya apenas se parecen a partidos tradicionales— están mucho más a la derecha que la población en las cuestiones fundamentales que se debaten.

En cuanto a la ciudadanía, la principal preocupación es la profunda crisis del empleo. En las circunstancias actuales, ese problema crítico solo podría haberse superado mediante un significativo estímulo del Gobierno, mucho más allá del que inició Obama en 2009, que apenas compensó la reducción del gasto a escala estatal y local, aunque probablemente todavía salvó millones de empleos. En cuanto a las instituciones financieras, la preocupación principal es el déficit. Por consiguiente, solo se discute el déficit. Una inmensa mayoría de la población (72 %) está a favor de abordar el déficit con impuestos a los muy ricos.[17] Una abrumadora mayoría se opone a los recortes en programas de salud (69 % en el caso de Medicaid, 78 % en el de Medicare).[18] El resultado más probable es, por lo tanto, el opuesto.

En el informe que presenta los resultados de un estudio sobre cómo eliminaría la ciudadanía el déficit, Steven Kull, director del Programa de Consulta Pública, que llevó a cabo el estudio, escribe que «claramente tanto el Gobierno como la Cámara de Representantes dirigida por republicanos llevan el paso cambiado con los valores de la ciudadanía y las prioridades en relación con el presupuesto [...]. La mayor diferencia en gasto es que la ciudadanía prefería grandes recortes en gastos de defensa, mientras que el Gobierno y la Cámara de Representantes preferían incrementos modestos [...]. La opinión pública también prefería gastar más en formación laboral, educación y control ambiental que el Gobierno y la Cámara».[19]

Los costes de las guerras de Bush-Obama en Irak y Afganistán se calculan ahora en 4,4 billones de dólares; una gran victoria para Osama bin Laden, cuyo objetivo anunciado era llevar a Estados Unidos a la bancarrota metiéndolo en una trampa.[20] El presupuesto militar de Estados Unidos para 2011 —casi equivalente al del resto del mundo combinado— era más alto en términos reales (con ajustes según la inflación) que en cualquier otro momento desde la Segunda Guerra Mundial, y tendía a elevarse todavía más. Se habla mucho de recortes proyectados, pero esos informes no mencionan que, si se producen, serán respecto a los índices de crecimiento proyectados por el Pentágono para el futuro.

La crisis del déficit ha sido en gran medida fabricada como arma para destruir odiados programas sociales de los cuales depende buena parte de la población. El muy respetado corresponsal económico Martin Wolf, de *The Financial Times*, escribe: «No es que abordar la posición fiscal sea urgente [...]. Estados Unidos puede conseguir préstamos en condiciones favorables, con un interés en bonos a diez años próximo al 3 %, como predijeron los pocos que no se pusieron histéricos. El reto fiscal lo es a largo plazo, no inmediato.» Y es significativo lo que añade: «Lo más sorprendente de la posición fiscal federal es que se prevé que los ingresos públicos sean solo el 14,4 % del PIB en 2011, muy por debajo del promedio de la posguerra, cuando estaban en torno al 18 %. La previsión de ingresos por impuestos sobre las personas fue de solo el 6,3 % del PIB en 2011. Este no estadounidense no puede entender a qué viene el alboroto: en 1988, al final del período de Ronald Reagan, la recaudación era de un 18,2 % del PIB. Los ingresos fiscales tienen que aumentar sustancialmente para frenar el déficit.» Asombroso, ciertamente, pero la reducción del déficit es la exigencia de las instituciones financieras y los superricos, y en una democracia en rápido declive eso es lo que cuenta.[21]

Aunque la crisis de déficit se ha fabricado pensando en la salvaje guerra de clases, la crisis de la deuda a largo plazo es grave y lo ha sido desde que la irresponsabilidad fiscal de Ronald Reagan convirtió a Estados Unidos de principal acreedor en principal deudor del mundo, triplicando la deuda nacional y elevando las amenazas a la economía, que aumentaron con rapidez con George W. Bush. Por ahora, no obstante, la principal preocupación es la crisis del desempleo.

El «compromiso» final sobre la crisis —o, de manera más precisa, la capitulación ante la extrema derecha— era lo contrario de lo que deseaba la ciudadanía. Pocos economistas serios estarían en desacuerdo con el economista de Harvard Lawrence Summers en que «el problema actual de Estados Unidos es mucho más el déficit de empleo y crecimiento que un excesivo déficit presupuestario» y en que el acuerdo alcanzado en Washington para elevar el límite de deuda, aunque preferible a un (altamente improbable) *default*, es probable que cause más daños a una economía ya deteriorada.[22]

Ni siquiera se menciona la posibilidad, discutida por el economista Dean Baker, de acabar con el déficit si se cambia la privatización disfuncional del sistema de salud por un sistema similar a los de otras sociedades industrializadas cuyo coste por persona es la mitad y con resultados sanitarios, cuando menos, comparables.[23] Pero las instituciones financieras y la industria farmacéutica son demasiado poderosas para que tales opciones se consideren siquiera, aunque la idea no parezca nada utópica. Tampoco se discuten, por razones similares, otras opciones económicamente sensatas, tales como una pequeña tasa sobre las transacciones financieras.

Mientras tanto, se prodigan nuevos regalos a Wall Street. El Comité de Consignaciones de la Cámara de Representante recortó la solicitud de presupuesto para la Comisión de Bolsa y Valores, la principal barrera contra el fraude financiero, y el Congreso blande otras armas en su batalla contra generaciones futuras. Ante la oposición republicana a la protección ambiental, «una gran compañía eléctrica está posponiendo el esfuerzo más destacado de la nación para capturar dióxido de carbono de una central térmica de carbón, lo que representa un duro golpe al intento de controlar las emisiones responsables del calentamiento global», informa *The New York Times*.[24]

Tales golpes autoinfligidos, aunque cada vez más poderosos, no son nuevos. Se remontan a la década de 1970, cuando la economía política pasó por transformaciones fundamentales, lo que acabó con la comúnmente denominada «edad dorada del capitalismo [de Estado]». Dos elementos fundamentales de este cambio fueron la financiarización y la deslocalización de la producción, ambos relacionados con la reducción de los beneficios en la fabricación y con el desmantelamiento del sistema de posguerra Bretton Woods de control de capitales y regulación de divisas. El triunfo ideológico de las «doctrinas de libre mercado», como siempre altamente selectivas, asestó nuevos golpes cuando se tradujeron en desregulación y normas empresariales que concedían enormes recompensas a los ejecutivos si conseguían beneficios a corto plazo, entre otras decisiones políticas semejantes. La concentración de riqueza que resultó de todo ello conllevó un mayor poder político y aceleró un círculo vicioso que ha proporcionado una riqueza extraordinaria a una minúscula minoría, mientras que los ingresos reales de la gran mayoría de las personas prácticamente se han estancado.

Al mismo tiempo, el coste de las elecciones se disparó, metiendo a los dos grandes partidos más todavía en los bolsillos de las empresas. Lo que queda de la democracia política se ha debilitado aún más cuando ambos partidos han empezado a subastar las posiciones de liderazgo en el Congreso. El economista político Thomas Ferguson observa que «en un caso único entre las asambleas legislativas del mundo desarrollado, los partidos del Congreso de Estados Unidos ahora ponen precio a puestos clave en el proceso legislativo». Los legisladores que financian el partido consiguen los puestos y eso los obliga a convertirse en servidores del capital privado incluso por encima de las normas. El resultado, añade Ferguson, es que los debates «se reducen, en gran medida, a la repetición interminable de unos cuantos eslóganes, que se han probado en la batalla a fin de ver si sirven para atraer a inversores nacionales y grupos de interés de los que dependen los recursos de los líderes políticos».[25]

La era económica que sigue a la época dorada está siendo

una pesadilla imaginada por los economistas clásicos Adam Smith y David Ricardo. En los treinta años últimos, los «amos de la humanidad», como los llamó Smith, han abandonado cualquier preocupación sentimental por el bienestar de su propia sociedad para concentrarse en los beneficios a corto plazo y en las enormes gratificaciones que les corresponden, ¡y al cuerno el país!

Mientras escribo esto, aparece una primera página de *The New York Times* muy ilustrativa. Se publican dos grandes artículos uno junto al otro. Uno trata de cómo los republicanos se oponen fervientemente a cualquier acuerdo «que implique un aumento de ingresos», un eufemismo de impuestos a los ricos.[26] El otro lleva por título «Incluso subiendo los precios, los artículos de lujo vuelan de los estantes».[27]

Esa dinámica queda bien descrita en un folleto para inversores producido por Citigroup, el formidable banco que una vez más está alimentándose del comedero público, como ha hecho de manera regular durante treinta años en un ciclo de préstamos arriesgados, enormes beneficios, caída financiera y rescate. Los analistas del banco describen un mundo que se divide en dos bloques, la plutonomía y el resto, de manera que se crea una sociedad global en la cual los pocos ricos impulsan el crecimiento y, en gran medida, lo consumen. Fuera de los beneficios de la plutonomía están los «no ricos», la inmensa mayoría, a la que a veces se denomina «precariado global», la fuerza laboral que vive una existencia inestable que se acerca cada vez más a la penuria. En Estados Unidos, están sujetos a la «creciente inseguridad del obrero», la base para una economía sana, como explicó al Congreso el director de la Reserva Federal, Alan Greenspan, al tiempo que alababa su talento para controlar la economía.[28] Este es el verdadero desplazamiento de poder en la sociedad global.

Los analistas del Citigroup aconsejan a los inversores que se concentren en los muy ricos, donde está la acción. Su «Cesta de Valores Plutonómicos», como la llaman, ha superado de largo el índice mundial de los mercados desarrollados desde 1985, cuando estaban despegando los programas económicos Reagan-Thatcher para enriquecer a los más ricos.[29]

Antes de la crisis de 2008, de la cual fueron responsables en gran medida, las nuevas instituciones pos-edad dorada habían obtenido un desconcertante poder económico, hasta el punto de triplicar con creces sus beneficios empresariales. Después del crac, algunos economistas empezaron a preguntarse por su función en el desarrollo de la economía. Robert Solow, premio Nobel en Economía, concluyó que puede que su impacto general sea negativo, porque «los éxitos probablemente añaden poco o nada a la eficiencia de la economía real, mientras que los desastres hacen que la riqueza pase de los contribuyentes a los financieros».[30] Al hacer añicos los restos de la democracia política, las instituciones financieras sientan las bases para llevar adelante el proceso letal y sus víctimas están dispuestas a sufrir en silencio.

Regresando al asunto ya comentado de que Estados Unidos «está en declive, y se enfrenta de modo inquietante a la perspectiva de su descomposición final», aunque se exageran los lamentos, contienen elementos de verdad. De hecho, el poder de Estados Unidos en el mundo ha ido en declive desde el pico que siguió a la Segunda Guerra Mundial. Si bien sigue siendo el estado más poderoso del mundo, el poder global continúa diversificándose y cada vez es menos capaz de imponer su voluntad. Pero el declive tiene muchas dimensiones y complejidades. La sociedad nacional también está en declive en aspectos significativos, y lo que está en declive para muchos podría ser riqueza inimaginable y privilegios para otros. Para la plutonomía —o, más concretamente, una minúscula fracción de ella en el extremo superior—, el privilegio y la riqueza abundan, mientras que para la gran mayoría de la población las perspectivas suelen ser sombrías y muchas personas incluso se enfrentan a problemas de supervivencia en un país que tiene beneficios sin parangón.

6

¿Está acabado Estados Unidos?

Algunos aniversarios significativos se conmemoran con solemnidad: el ataque de Japón a la base naval de Estados Unidos en Pearl Harbor, por ejemplo. Otros se pasan por alto, y por lo general de estos podemos aprender valiosas lecciones sobre lo que nos depara el futuro.

No hubo ninguna conmemoración del quincuagésimo aniversario de la decisión del presidente John F. Kennedy de lanzar el acto de agresión más destructivo y asesino de después del período posterior a la Segunda Guerra Mundial: la invasión de Vietnam del Sur y, después, de toda Indochina, que dejó millones de muertos y cuatro países devastados, un número de víctimas que todavía aumenta por los efectos de larga duración de inundar Vietnam del Sur con algunos de los cancerígenos más letales conocidos, utilizados para destruir la vegetación y las cosechas.

El primer objetivo fue Vietnam del Sur. La agresión se extendió después a Vietnam del Norte, luego a la remota sociedad campesina del norte de Laos y, al final, a la rural Camboya; los bombardeos de este último país equivalieron a todas las operaciones aéreas aliadas en la región del Pacífico durante la Segunda Guerra Mundial, incluidas las dos bombas atómicas lanzadas sobre Hiroshima y Nagasaki. En este caso, las órdenes de Henry Kissinger, que era consejero de Seguridad Nacional, se cumplieron: «Todo lo que vuela contra todo lo que se mueva», una llamada abierta al genocidio que rara vez aparece en el registro histórico.[1] Poco de esto se recuerda. La mayor parte apenas se conoce más allá de los estrechos círculos de activistas.

Cuando se lanzó la invasión hace cincuenta años, el interés fue tan escaso que casi no hubo intentos de justificación; poco más que la ferviente declaración del presidente de que «nos enfrentamos en todo el mundo a una conspiración monolítica y despiadada que depende, básicamente, de medios encubiertos para expandir su esfera de influencia», y si esa conspiración lograba sus fines en Laos y Vietnam, «las puertas se abrirán de par en par».[2]

En otra ocasión, volvió a advertir de que «las sociedades complacientes, caprichosas, blandas, están a punto de ser barridas con los escombros de la historia [y] solo los fuertes [...] pueden sobrevivir», en este caso reflexionando sobre el fracaso de la agresión y el terror estadounidenses para aplastar la independencia de Cuba.[3]

En el momento en que las protestas empezaron a aumentar, unos seis años más tarde, el respetado especialista en Vietnam e historiador militar Bernard Fall, que no era pacifista, pronosticó que «Vietnam como entidad cultural e histórica [...] está en peligro de extinción [porque] el campo muere bajo los golpes de la maquinaria militar más grande que jamás se ha desatado en una zona de ese tamaño».[4] Otra vez estaba refiriéndose a Vietnam del Sur.

Cuando terminó la guerra, ocho horrendos años después, la opinión convencional estaba dividida entre aquellos que describían la guerra como una «causa noble» que podría haberse ganado con más dedicación y, en el extremo opuesto, los críticos, para quienes fue «un error» que costó muy caro. En 1977, al presidente Carter le hicieron poco caso cuando dijo que no teníamos «ninguna deuda» con Vietnam porque «la destrucción fue mutua».[5]

De todo eso podemos sacar importantes lecciones para el

momento actual, además de corroborar que solo a los débiles y a los derrotados se les piden cuentas de sus crímenes. Una lección es que para comprender lo que está ocurriendo no solo deberíamos ocuparnos de hechos críticos del mundo real, a menudo desestimados por la historia, sino también de lo que los líderes y la opinión de la elite cree, aunque esté teñido de fantasía. Otra lección es que junto con los castillos en el aire erigidos para aterrorizar y movilizar a la opinión pública (y quizá creídos por algunas personas atrapadas en su propia retórica), también hay una planificación geoestratégica basada en principios racionales y que perduran durante mucho tiempo porque están arraigados en instituciones estables y en sus intereses. Regresaré a ese punto y solo haré hincapié aquí en que los factores persistentes en la acción del Estado suelen estar bien ocultados.

La guerra de Irak es un caso muy claro. Se le vendía a una ciudadanía aterrorizada con los motivos habituales de que había que defenderse de una brutal amenaza para la supervivencia: la «única pregunta», declararon George W. Bush y Tony Blair, era si Sadam Husein abandonaría su programa de desarrollo de armas de destrucción masiva. Cuando la única pregunta recibió la respuesta errónea, la retórica gubernamental se desplazó, sin ningún esfuerzo, a nuestro «anhelo de democracia» y la opinión ilustrada siguió el camino marcado.

Después, cuando se hacía difícil no hacer caso de la progresiva derrota de Estados Unidos en Irak, el Gobierno reconoció en voz baja lo que había estado claro todo el tiempo; en 2007 anunció oficialmente que un acuerdo final debía aceptar las bases militares estadounidenses y el derecho de organizar operaciones de combate, y debía privilegiar a los inversores de Estados Unidos en el rico sistema energético del país; tales exigencias se abandonaron a regañadientes ante la resistencia iraquí y con todo bien escondido a la población.[6]

Con tales lecciones en mente, es útil examinar lo que se destaca en los principales periódicos de política y opinión. Ciñámonos a la más prestigiosa de las revistas del sistema, *Foreign Affairs*. El titular en la cubierta del número de noviembre-diciembre de 2011 reza en negrita: «¿Está acabado Estados Unidos?»

El ensayo que motivó ese titular llama a una «racionalización» de las «misiones humanitarias» en el extranjero, que estaban consumiendo la riqueza del país, para detener el declive estadounidense, un asunto fundamental del discurso sobre cuestiones internacionales, normalmente acompañado por el corolario de que el poder está desplazándose hacia el este, a China y (quizá) la India.[7]

Los dos primeros textos son sobre Israel-Palestina. El primero, obra de dos altos mandatarios israelíes, se titula «El problema es el negacionismo palestino». Afirma que el conflicto no puede resolverse porque los palestinos se niegan a reconocer Israel como Estado judío; por lo tanto, conforme a la práctica diplomática estándar: los Estados son reconocidos, pero no sectores privilegiados dentro de ellos.[8] Exigir a Palestina el reconocimiento es poco más que un nuevo mecanismo para detener la amenaza de una solución política que debilitaría los objetivos expansionistas de Israel.

La posición contraria, defendida por un profesor estadounidense, queda resumida por su titular: «El problema es la ocupación.»[9] El subtítulo del artículo es «Cómo la ocupación está destruyendo la nación». ¿Qué nación? Israel, por supuesto. La pareja de artículos apareció en la cubierta bajo el encabezamiento «Israel bajo asedio».

El número de enero-febrero de 2012 presenta otro llamamiento más a bombardear Irán antes de que sea demasiado tarde. Advirtiendo de «los peligros de la disuasión», el autor sugiere que «los escépticos ante una acción militar no logran apreciar el verdadero peligro que un Irán con armas nucleares plantearía a los intereses de Estados Unidos en Oriente Próximo y más allá. Y sus grises pronósticos suponen que el remedio sería peor que la enfermedad; esto es, que las consecuencias de un asalto de Estados Unidos en Irán serían tan malas o peores que si Irán cumpliera con sus ambiciones nucleares. Pero esa es una hipótesis incorrecta. La verdad es que un ataque militar con el objetivo de destruir el programa nuclear iraní, si se controla con cuidado, podría salvar la región y el mundo de una amenaza muy real y mejorar drásticamente la seguridad nacional a largo plazo de Estados Unidos».[10] Otros argumentan que los costes serían demasiado altos y los más opuestos señalan que un ataque así violaría la ley internacional, que es lo que hace la posición de los moderados, que regularmente lanzan amenazas violentas, lo que infringe la Carta de las Naciones Unidas.

Revisemos estas preocupaciones, que eran las principales en su momento.

El declive estadounidense es real, aunque la versión apocalíptica refleja la conocida percepción de la clase gobernante, según la cual cualquier cosa que no sea el control total equivale a un desastre total. A pesar de las quejas lastimeras, Estados Unidos sigue siendo la potencia dominante en el mundo, con mucha diferencia y sin ningún competidor a la vista, y no solo en la dimensión militar, en la cual, por supuesto, su supremacía es enorme.

China y la India han registrado un rápido crecimiento (aunque muy desigual), pero siguen siendo países muy pobres, con enormes problemas internos a los que no se enfrenta Occidente. China es el mayor centro de fabricación del mundo, pero en gran medida como planta de ensamblaje de las potencias industrializadas avanzadas de su periferia y de las multinacionales occidentales. No obstante, es probable que eso cambie con el tiempo. Dedicarse a la fabricación proporciona la base para la innovación, incluso para grandes avances, como sucede ahora a veces en China. Un ejemplo que ha impresionado a los especialistas occidentales es la entrada de ese país en el creciente mercado mundial de los paneles solares, no gracias a la mano de obra barata, sino mediante la planificación bien organizada y la creciente innovación.

Sin embargo, los problemas a los que se enfrenta China son graves. Algunos son demográficos, como los examinados por *Science*, el principal semanario de ciencia de Estados Unidos. Su estudio muestra que la mortalidad se redujo drásticamente en China durante los años del maoísmo, «sobre todo a consecuencia del desarrollo económico y de las mejoras en los servicios de educación y salud, en especial el movimiento de higiene pública que propició una fuerte disminución de la mortalidad por enfermedades infecciosas». Sin embargo, ese progreso terminó con el inicio de las reformas capitalistas hace treinta años y la tasa de mortalidad ha aumentado desde entonces.

Por otra parte, el reciente crecimiento económico de China se ha basado sustancialmente en la «ventaja demográfica», una enorme población en edad de trabajar. «Pero el tiempo de aprovechar esa ventaja puede acabar pronto», lo que provocará un «profundo impacto en el desarrollo [...]. Ya no habrá exceso de mano de obra barata, que es uno de los principales factores que impulsan el milagro económico de China».[11] La demografía es solo uno de los muchos problemas serios que va a tener China. Para la India, los problemas son aún más graves.

No todas las voces prominentes prevén el declive estadounidense. Entre los medios internacionales, no hay ninguno más serio y responsable que *The Financial Times*, que no hace mucho le dedicó una página completa a la optimista expectativa de que la nueva tecnología para extraer combustibles fósiles en América del Norte podría proporcionarle a Estados Unidos la autosuficiencia energética y, por lo tanto, le permitiría conservar su hegemonía global durante un siglo.[12]

No se dice nada del mundo que Estados Unidos gobernaría en esa feliz situación, pero no por falta de pruebas. Casi al mismo tiempo, la Agencia Internacional de la Energía (AIE) informó de que, con el rápido aumento de las emisiones de carbono por el uso de combustibles fósiles, el límite de seguridad por lo que respecta al cambio climático se alcanzará en 2017 si el mundo continúa el rumbo actual. «La puerta se está cerrando y muy pronto se cerrará para siempre», manifestó el principal economista de la AIE.[13]

Poco antes, el Departamento de Energía de Estados Unidos dio las cifras de emisión anual de dióxido de carbono, que «registró el mayor aumento de la historia», a una concentración más alta que la peor de las estimadas por el Grupo Intergubernamental de Expertos sobre el Cambio Climático (IPCC).[14] No fue una sorpresa para muchos científicos, entre ellos los del programa sobre el cambio climático del Instituto Tecnológico de Massachusetts (MIT), que durante años han advertido que las predicciones del IPCC son demasiado cautas.

La crítica a las previsiones del IPCC apenas recibe atención pública, a diferencia de lo que ocurre con los radicales negacionistas del cambio climático, que son apoyados por el sector empresarial y cuentan con enormes campañas de propaganda, las cuales han llevado a muchos estadounidenses a tomar una postura al margen de la comunidad internacional y desdeñar las amenazas del cambio climático. El apoyo empresarial se traduce directamente en poder político. El negacionismo forma parte de las consignas que deben entonar los candidatos republicanos en las ridículas campañas electorales, ahora permanentes. Por su parte, en el Congreso los negacionistas son lo bastante fuertes para frenar los intentos de investigar el efecto del calentamiento global, ni que decir de tomar medidas serias al respecto.

En resumen, tal vez se puede contener el declive de Estados Unidos si abandonamos la esperanza de una supervivencia digna, lo cual es una perspectiva muy plausible teniendo en cuenta el equilibrio de fuerzas en el mundo.

LA «PÉRDIDA» DE CHINA Y VIETNAM

Dejando de lado esa descorazonadora posibilidad, una mirada atenta al declive de Estados Unidos muestra que China, de hecho, desempeña un papel importante, como ha venido haciéndolo durante los sesenta últimos años. El declive, que ahora suscita tanta preocupación, no es un fenómeno reciente. Se remonta al final de la Segunda Guerra Mundial, cuando Estados Unidos contaba con la mitad de la riqueza del mundo y un incomparable poder en la seguridad global. Los estrategas, por supuesto, eran bien conscientes de la enorme desigualdad de poder y pretendían mantenerla.

El punto de vista fundamental fue subrayado con admirable franqueza en un documento oficial de 1948, cuyo autor era uno de los arquitectos del nuevo orden mundial de entonces: el jefe de planificación política del Departamento de Estado, el respetado estadista e investigador George Kennan, un moderado dentro de las personas que se dedican a la planificación política. Observó que el objetivo político central de Estados Unidos debería ser buscar el mantenimiento de la «posición de desigualdad» que separaba nuestra enorme riqueza de la pobreza de otros. Para lograr ese objetivo su consejo fue el siguiente: «Deberíamos dejar de hablar sobre objetivos vagos e [...] irreales, tales como los derechos humanos, el aumento del nivel de vida y la democratización [y en cambio] ocuparnos de conceptos de poder [sin vernos] obstaculizados por eslóganes idealistas [sobre] altruismo y beneficencia mundial.»[15]

Kennan se refería específicamente a la situación en Asia, pero sus observaciones pueden generalizarse, con excepciones, a otros participantes en el sistema global dirigido por Estados Unidos. No obstante, quedó claro que los «eslóganes idealistas» tenían que exhibirse de manera prominente al dirigirse a otros, como las clases intelectuales, de las que se esperaba que los difundieran.

Los planes que Kennan ayudó a formular y poner en marcha daban por sentado que Estados Unidos controlaría el hemisferio oeste y el Lejano Oriente, el antiguo Imperio británico (incluidas las incomparables fuentes de recursos de energía de Oriente Próximo) y la mayor parte posible de Eurasia, fundamentalmente sus centros comerciales e industriales. Los objetivos no eran poco realistas, dada la distribución de poder en aquel momento. Sin embargo, el declive comenzó enseguida.

En 1949, China declaró su independencia, lo cual provocó en Estados Unidos amargas recriminaciones y conflictos sobre quién era responsable de esa «pérdida». Se suponía tácitamente que Estados Unidos «poseía» China por derecho, así como la mayoría del resto del mundo, tal y como dieron por sentado los planificadores de la posguerra. Por tanto, la «pérdida de China» fue el primer paso significativo en el «declive de Estados Unidos» y tuvo consecuencias políticas graves. Una fue la decisión inmediata de apoyar a Francia en el intento de reconquistar su antigua colonia de Indochina, para que no se «perdiera» también. Indochina en sí no constituía una preocupación fundamental, a pesar de las afirmaciones sobre sus ricos recursos del presidente Eisenhower y otros. La preocupación era más bien la «teoría del efecto dominó». A menudo ridiculizada cuando las fichas no caen, la teoría del efecto dominó sigue siendo un principio político básico porque es muy racional. Por adoptar la versión de Henry Kissinger, una región que cae fuera del control de Estados Unidos puede convertirse en un «virus que extenderá el contagio» e inducirá a otras a seguir el mismo camino.

En el caso de Vietnam el temor era que el virus del desarrollo independiente infectara Indonesia, que sí es rica en recursos. Y eso podría conducir a Japón —el superdominó, como lo llamó el destacado historiador de Asia John Dower— a «adaptarse» a un Asia independiente, lo que haría de su centro tecnológico e industrial un sistema que escaparía del alcance del poder de Washington.[16] Eso habría significado, en la práctica, que Estados Unidos perdiera el episodio del Pacífico de la Segunda Guerra Mundial, acometido para impedir el intento de Japón de imponer un nuevo orden de esas características en Asia.

La manera de tratar con un problema así está clara: destruir el virus y «vacunar» a aquellos que podrían infectarse. En el caso de Vietnam, la elección racional consistía en destruir cualquier esperanza de desarrollo independiente e imponer dictaduras brutales en las regiones circundantes. Esas labores se llevaron a cabo con éxito; aunque la historia tiene su propia astucia y algo similar a lo que se temía ha estado desarrollándose de todos modos en el este de Asia para consternación de Washington.

La victoria más importante de las guerras de Indochina se produjo en 1965, cuando un golpe del general Suharto, respaldado por Estados Unidos, en Indonesia inició una época de terribles crímenes que la CIA comparó con los de Hitler, Stalin y Mao. Los medios del sistema informaron con precisión y euforia irrefrenada de la «impresionante carnicería de masas», como lo describió *The New York Times*.[17]

Era un «destello de luz en Asia», como el célebre periodista liberal James Reston escribió en *The Times*.[18] El golpe acabó con la amenaza de democracia, destruyó el partido político que agrupaba a las masas pobres e impuso una dictadura responsable de uno de los peores historiales contra los derechos humanos en el mundo; además, dejó las riquezas del país en manos de inversores occidentales. No es de extrañar que, después de muchos horrores, entre ellos la casi genocida invasión de Timor Oriental, Suharto fuera recibido por la Administración Clinton en 1995 como «uno de los nuestros».[19]

Años después de los grandes acontecimientos de 1965, McGeorge Bundy, consejero de Seguridad Nacional de Kennedy y Johnson, concluyó que habría sido sensato terminar con la guerra de Vietnam en aquel momento, con el «virus» casi destruido y el dominó principal bien colocado, reforzado por otras dictaduras respaldadas por Estados Unidos en toda la región. Ha sido habitual aplicar procedimientos similares en otros lugares; Kissinger se refería, concretamente, a la amenaza de la democracia socialista de Chile; una amenaza que terminó con «el primer 11-S» y la consiguiente dictadura brutal del general Pinochet en el país. Los virus habían despertado profundo interés también en otros sitios, entre ellos Oriente Próximo, donde la amenaza de nacionalismo secular ha preocupado a menudo a los estrategas británicos y estadounidenses, y nos ha llevado a apoyar el fundamentalismo islámico para contrarrestar el nacionalismo.

LA CONCENTRACIÓN DE RIQUEZA Y EL DECLIVE DE ESTADOS UNIDOS

A pesar de tales victorias, el declive estadounidense continúa. Durante la década de 1970, entró en una nueva fase: el declive autoinfligido de manera deliberada, cuando los planificadores tanto privados como públicos desplazaron la economía de Estados Unidos hacia la financiarización y la deslocalización de la producción, movidos en parte por la reducción de los beneficios en la producción nacional. Esas decisiones iniciaron un círculo vicioso en el cual la riqueza se concentró extraordinariamente (de manera drástica en el 0,1 % de la población), lo que provocó una concentración del poder político y, por lo tanto, nueva legislación para llevar más lejos el ciclo: revisión de los impuestos y otras políticas fiscales, desregulación, así como cambios en las reglas que regían la empresas y que permitían enormes beneficios para los ejecutivos, entre otras novedades.

Entretanto, para la mayoría de la población, los sueldos reales se estancaron en gran medida y la gente solo pudo salir adelante mediante un gran aumento de la carga de trabajo (muy superior a la de Europa), endeudamiento insostenible y, desde los años Reagan, burbujas repetidas que crearon riqueza ficticia, la cual desapareció, sin remedio, cuando estallaron; tras ese estallido de la burbuja, a menudo sus responsables fueron rescatados por el contribuyente. En paralelo, el sistema político se ha ido destruyendo progresivamente y ha metido cada vez más a los dos partidos hegemónicos en los bolsillos de las grandes empresas, con una escalada de costes electorales; los republicanos hasta un nivel de farsa, los demócratas, no muy por detrás.

Un extenso estudio reciente del Instituto de Política Económica, que ha sido la principal fuente de datos fiables en estas cuestiones durante años, se titula *Failure by Design* (Fracaso prediseñado). El término *prediseñado* es preciso; desde luego, había otras opciones y, como señala el estudio, el «fracaso» es una cuestión de clase. No hay fracaso de los diseñadores, ni mucho menos. Las políticas solo son un fracaso para la población

—el 99 % en la imaginería de los movimientos Occupy—y para el país, que se ha deteriorado y continuará haciéndolo con estas políticas.

Un factor es la deslocalización de la fabricación. Como ilustra el ejemplo ya mencionado de los paneles solares chinos, la capacidad productiva proporciona la base y el estímulo para la innovación, y conduce a altas fases de sofisticación en producción, diseño e invención. Esos beneficios también se están externalizando; no es un problema para los «mandarines del dinero», que cada vez más diseñan la política, pero sí un problema serio para la población obrera y de clase media y un auténtico desastre para los más oprimidos: afroamericanos, que nunca han escapado al legado de la esclavitud y sus espantosas consecuencias, y cuya exigua riqueza casi desapareció cuando estalló la burbuja inmobiliaria en 2008 y disparó la crisis económica más reciente, la peor hasta el momento.

ESTÍMULOS EN EL EXTRANJERO

Mientras el declive consciente y autoinfligido continuaba en casa, siguieron acumulándose «pérdidas» de otros lugares. En la última década, por primera vez en quinientos años, Sudamérica ha dado pasos para liberarse con éxito del dominio occidental. La región se ha desplazado hacia la integración y ha empezado a corregir algunos de los terribles problemas internos de sociedades gobernadas, básicamente, por elites europeizadas, pequeñas islas de riqueza extrema en un mar de miseria. Esas naciones también se han desembarazado de las bases militares de Estados Unidos y de los controles del Fondo Monetario Internacional. Una organización recién formada, la Comunidad de Estados Latinoamericanos y Caribeños (CELAC), reúne a todos los países del continente salvo Estados Unidos y Canadá. Si consigue funcionar será un paso más en el declive de Estados Unidos y se dará, en este caso, en lo que siempre se ha considerado «el patio trasero».

Todavía más grave sería la pérdida de los países MENA (las siglas en inglés de Oriente Próximo y norte de África), que los planificadores han considerado, desde la década de 1940, «una fuente formidable de poder estratégico y una de las mayores recompensas materiales en la historia del mundo».[20] Si fuera realista la estimación de que Estados Unidos puede gozar de un siglo de autosuficiencia energética, basada en los recursos energéticos de América del Norte, disminuiría un poco la importancia de controlar la zona MENA, aunque probablemente no mucho. La principal preocupación siempre ha sido el control más que el acceso. No obstante, las consecuencias probables para el equilibrio del planeta son tan inquietantes que la discusión podría ser, en gran medida, un mero ejercicio académico.

La Primavera Árabe, otro proceso de importancia histórica, podría presagiar una «pérdida» al menos parcial de países MENA. Estados Unidos y sus aliados se han esforzado mucho en impedir ese resultado, hasta el momento con considerable éxito. Su política hacia los levantamientos populares se ha ceñido a las directrices estándar: apoyar a las fuerzas más dóciles respecto a la influencia y el control de Estados Unidos.

Hay que apoyar a los dictadores preferidos siempre que puedan mantener el control (como en la mayoría de los Estados que tienen petróleo). Cuando eso ya no es posible, hay que deshacerse de ellos y tratar de restaurar el antiguo régimen de la manera más fiel posible (como se ha hecho en Túnez y Egipto). El patrón general es bien conocido en otras partes del mundo: Somoza, Marcos, Duvalier, Mobutu, Suharto y muchos otros. En el caso de Libia, las tres potencias imperiales tradicionales, infringiendo la resolución del Consejo de Seguridad de la ONU que acababan de apoyar, se convirtieron en la fuerza aérea de los rebeldes, lo que incrementó bruscamente las bajas civiles y dio lugar a un desastre humanitario y al caos político cuando el país se hundió en una guerra civil, después de la cual las armas llegaron a los yihadistas en África occidental y otros lugares.[21]

Similares consideraciones son válidas para la segunda preocupación fundamental abordada en el número de noviembre-
diciembre de 2011 de *Foreign Affairs*, citado con anterioridad: el
conflicto Israel-Palestina, en el que el temor de Estados Unidos
a la democracia difícilmente puede aparecer con más claridad.
En enero de 2006, se celebraron elecciones en Palestina y los
observadores internacionales dijeron que habían sido libres y
justas. La reacción instantánea de Estados Unidos fue imponer
duras sanciones a los palestinos por equivocarse con su voto;
por supuesto, fue también la postura de Israel y Europa siguió
los mismos pasos.

No es una novedad. Es coherente con el principio general
reconocido por los académicos de la corriente principal: Washington apoya la democracia si, y solo si, los resultados concuer-
dan con sus objetivos estratégicos y económicos; esa fue la triste
conclusión del neoreaganita Thomas Carothers, el más prudente y académicamente respetado analista de iniciativas de «fomento de la democracia».

Contemplando el asunto con más perspectiva, durante cuarenta años Estados Unidos ha encabezado el bando negacionista
respecto al asunto Israel-Palestina y ha bloqueado el consenso
internacional que exigía un acuerdo político con condiciones
tan bien conocidas que no hace falta reproducirlas. El mantra
occidental es que Israel busca negociaciones sin poner requisi-
tos, mientras que los palestinos rechazan negociar así. Lo contrario es más preciso: Estados Unidos e Israel exigen condiciones estrictas, que, además, están pensadas para garantizar que las
negociaciones conducirán o bien a la capitulación de Palestina
en cuestiones clave o a ninguna parte.

El primer requisito es que las negociaciones deben ser supervisadas por Washington, lo cual tiene tanto sentido como
exigir que Irán supervise la negociación de los conflictos entre
suníes y chiíes en Irak. La negociación debería celebrarse bajo
los auspicios de una parte neutral, preferiblemente alguien que

tenga el respeto internacional, tal vez Brasil. Esas negociaciones buscarían resolver los conflictos entre los dos antagonistas: Estados Unidos e Israel por un lado, la mayor parte del mundo, por otro.

El segundo requisito es que Israel debe tener libertad para expandir sus asentamientos ilegales en Cisjordania. En teoría, Estados Unidos se opone a esas acciones, pero lo hace sin firmeza alguna, mientras continúa proporcionando apoyo económico, diplomático y militar a Israel. Cuando Estados Unidos tiene alguna objeción, bloquea con suma facilidad las acciones de Israel, como en el caso del proyecto E1 de vincular el Gran Jerusalén con la ciudad de Maale Adumim, que, en la práctica partiría en dos Cisjordania, lo que representa una prioridad para los planificadores de Israel, de todo el espectro político; sin embargo, Washington planteó algunas objeciones, de manera que Israel ha tenido que recurrir a medidas taimadas para seguir con el proyecto.[22]

El simulacro de oposición alcanzó el nivel de farsa en febrero de 2011, cuando Obama vetó una resolución del Consejo de Seguridad de Naciones Unidas que pedía poner en marcha la política oficial de Estados Unidos; y añadió también la observación que nadie discute de que no solo la expansión es ilegal, sino que lo son los asentamientos en sí. Desde ese momento se ha hablado muy poco de terminar con la expansión de las colonias, que continúa con estudiada provocación.

Por lo tanto, cuando los representantes de Israel y Palestina se prepararon para reunirse en Jordania en enero de 2011, Israel anunció nuevas construcciones en Pisgat Zeev y Har Homa, zonas de Cisjordania que ha declarado pertenecientes a la muy ampliada zona de Jerusalén, ya anexionado, colonizado y urbanizado como capital de Israel, todo lo cual viola las órdenes directas del Consejo de Seguridad.[23] Además, se han producido otros movimientos que conducen hacia el gran proyecto de separar los enclaves de Cisjordania que sigan en manos de la Administración palestina del centro cultural, comercial y político de la vida palestina en el antiguo Jerusalén.

Es comprensible que los derechos de los palestinos se marginen en la política y el discurso de Estados Unidos. Los palestinos no tienen riqueza ni poder. No ofrecen casi nada que favorezca los intereses políticos de Estados Unidos; de hecho, tienen valor negativo, como una molestia que agita las «calles árabes».

Israel, por el contrario, es una sociedad rica con una industria sofisticada y de alta tecnología, militarizada en gran medida. Durante décadas, ha sido un aliado militar y estratégico altamente valorado, sobre todo desde 1967, cuando llevó a cabo un gran servicio a Estados Unidos y a su aliado Arabia Saudí al destruir el «virus» nasserita y estableció su «relación especial» con Washington en la forma que ha tenido desde entonces.[24] Es también cada vez más un centro para la inversión de alta tecnología de Estados Unidos. De hecho, las industrias de alta tecnología, en particular las militares, de los dos países están estrechamente relacionadas.[25]

Aparte de estas consideraciones elementales de política de gran potencia, hay factores culturales que no deberían pasarse por alto. El sionismo cristiano en el Reino Unido y Estados Unidos precedieron, en mucho, al sionismo judío, y ha sido un fenómeno significativo entre las elites y con claras implicaciones políticas (entre otras, la Declaración Balfour, que surgió de él). Cuando el general Edmund Allenby conquistó Jerusalén durante la Primera Guerra Mundial, fue alabado en la prensa estadounidense como un Ricardo Corazón de León que había ganado la cruzada y había expulsado a los paganos de Tierra Santa.

El siguiente paso fue que el Pueblo Elegido regresara a la tierra que Dios le prometió. Reflejando un punto de vista común entre la elite, Harold Ickes, secretario de Interior del presidente Franklin Roosevelt, describió la colonización judía de Palestina como un éxito «sin parangón en la historia de la raza humana».[26] Tales actitudes encuentran fácilmente su lugar dentro de las doctrinas providencialistas, que han sido un elemento clave en la cultura tanto popular como de la elite desde los orígenes del país, la creencia de que Dios tiene un plan para el mundo y Estados Unidos está llevándolo a cabo con la orientación divina, como ha señalado una larga lista de figuras destacadas.

Por otra parte, el cristianismo evangélico es una de las mayores fuerzas en Estados Unidos. Dentro de él, la Iglesia del Final de los Tiempos tiene un enorme alcance popular, estimulado por la creación de Israel en 1948 y revitalizado todavía más por la conquista del resto de Palestina en 1967; todos signos, en esta visión, de que el Final de los Tiempos y la Segunda Venida se acercan. Estas fuerzas han cobrado vitalidad desde los años de Reagan, a medida que los republicanos han dejado de hacer como que son un partido político en el sentido tradicional para consagrarse a servir, casi al pie de la letra, al minúsculo porcentaje de los superricos y a las empresas privadas; pero como esos dos sectores constituyen una porción muy pequeña del electorado y no puede proporcionar votos, el partido reconstruido se ha dirigido hacia otros lugares. La única opción consiste en movilizar tendencias sociales que siempre han existido, aunque rara vez como una fuerza política organizada: en primer lugar los nativistas, que tiemblan de miedo y odio, así como elementos religiosos que se consideran extremistas en todo el mundo, pero no en Estados Unidos; como resultado, se reverencian las profecías bíblicas. Por lo tanto, no solo se apoya a Israel y sus conquistas y su expansión, sino que se le profesa un amor apasionado; es otra parte central del catecismo que deben recitar los candidatos republicanos (con los demócratas a poca distancia, de nuevo).

Dejando de lado esos factores, no hay que olvidar que la «anglosfera» —el Reino Unido y sus descendientes— está formada por sociedades de colonos que se alzan sobre las cenizas de poblaciones indígenas eliminadas o, en realidad, exterminadas. Las prácticas pasadas tienen que haber sido básicamente correctas, en el caso de Estados Unidos incluso ordenadas por la Divina Providencia. Por lo tanto, suele haber una simpatía visceral por los hijos de Israel cuando siguen un camino semejante. Pero lo que pasa por delante de todo son los intereses geoestratégicos y económicos, y la política no está grabada en piedra.

Volvámonos por fin a la tercera de las cuestiones principales abordadas en las revistas del sistema citadas, la «amenaza de Irán». Entre las elites y la clase política se considera la amenaza principal para el orden mundial, aunque no es así entre las poblaciones. En Europa, las encuestas muestran que Israel se ve como la principal amenaza para la paz.[27] En los países MENA se comparte esa posición con Estados Unidos, hasta el punto de que la población siente que la región estaría más segura si Irán poseyera armas nucleares.[28] Las mismas encuestas revelaron que solo el 10 % de los egipcios consideran a Irán una amenaza; a diferencia de sus dictadores gobernantes, que tienen sus propios intereses.[29]

En Estados Unidos, antes de las campañas de propaganda masivas de los últimos años, una mayoría de la población estaba de acuerdo con la mayor parte del mundo en que, como signatario del Tratado de No Proliferación Nuclear (TNPN), Irán tiene derecho a enriquecer uranio. Incluso hoy, una mayoría significativa prefiere los medios pacíficos para tratar con Irán. La oposición a una participación militar si Irán e Israel están en guerra es todavía mayor: solo una cuarta parte de los estadounidenses creen que Irán es una preocupación importante para Estados Unidos;[30] pero no es inusual que haya una brecha —con frecuencia un abismo— que divide la opinión pública de la política.

¿Por qué, exactamente, se considera que Irán es una amenaza tan colosal? La cuestión casi nunca se discute, pero no es difícil encontrar una respuesta seria, aunque no, como de costumbre, en los enfebrecidos pronunciamientos de la elite política. La respuesta más autorizada la proporcionan el Pentágono y los servicios de inteligencia en los informes que le presentan regularmente al Congreso sobre seguridad global, en los que señalan que «el programa nuclear de Irán y su disposición a mantener abierta la posibilidad de desarrollar armas nucleares es una parte central de su estrategia disuasoria».[31]

Esta encuesta no llega a ser exhaustiva, huelga decirlo. Entre los temas fundamentales que no se abordan está el giro de la política militar de Estados Unidos hacia la región de Asia-Pacífico, donde se añaden nuevas bases militares al enorme entramado en marcha en la isla de Jeju, cercana a Corea del Sur, y en el noroeste de Australia, todos ellos elementos de la política de «contención de China». Un asunto relacionado es el de la base de Estados Unidos en Okinawa, vehementemente combatida por la población durante muchos años y una crisis continua en las relaciones Estados Unidos-Tokio-Okinawa.[32]

Como muestra de lo poco que han cambiado las hipótesis fundamentales, los analistas estratégicos de Estados Unidos describen el resultado de los planes militares de China como un «"dilema de seguridad clásico", en el cual los programas militares y las estrategias nacionales considerados defensivos por sus planificadores son vistos como amenazas por el otro bando», escribe Paul Godwin del Instituto de Investigación de Política Exterior.[33] El dilema de seguridad surge sobre el control de las aguas de la costa china. Controlar esas aguas es para Estados Unidos un hecho «defensivo», mientras que China lo considera amenazador; y al revés: China considera «defensivas» sus acciones en zonas vecinas, mientras que Estados Unidos las considera amenazadoras. Un debate de estas características alrededor de las aguas costeras de Estados Unidos no es ni siquiera imaginable. Este «dilema de seguridad clásico» solo tiene sentido partiendo de la base de que Estados Unidos tiene derecho a controlar a la mayoría del mundo y de que la seguridad de Estados Unidos requiere algo que se acerca al control global absoluto.

Mientras que los principios de dominación imperial han sufrido pocos cambios, nuestra capacidad de ponerlos en práctica se ha reducido a medida que el poder se ha distribuido más ampliamente en un mundo que se diversifica. Las consecuencias son numerosas. No obstante, es importante tener en cuenta que, por desgracia, ninguna de ellas disipa las dos nubes oscuras que se ciernen sobre toda consideración de orden global: guerra nuclear y catástrofe ambiental, que, literalmente, amenazan la supervivencia digna de la especie. Por el contrario: las dos amenazas son inquietantes y crecen.

7

Carta Magna, su destino y el nuestro

Dentro de solo unas pocas generaciones, la Carta Magna cumplirá mil años, uno de los grandes hitos en el establecimiento de derechos civiles y humanos. No está claro si se celebrará, se lamentará o se pasará por alto.

Debería ser un asunto serio, una preocupación inmediata. Lo que hagamos ahora, o lo que no hagamos, determinará qué clase de mundo recibirá ese acontecimiento. La perspectiva no es atractiva si persisten las tendencias actuales, para empezar porque la Carta Magna se desgarra ante nuestros ojos.

La primera edición académica de la Carta Magna la publicó el destacado jurista William Blackstone. No fue tarea fácil; no había un buen texto disponible. Como escribió, «desafortunadamente, las ratas han ido mordisqueando el cuerpo de la carta»; un comentario que contiene un gris simbolismo cuando hoy tomamos la tarea que las ratas dejaron inacabada.[1]

La edición de Blackstone, titulada *The Great Charter and the Charter of the Forest*, incluye, de hecho, dos cartas. La primera, la Carta Magna de las Libertades, se reconoce ampliamente como la fundación de los derechos fundamentales de los pueblos de habla inglesa o, como dijo Winston Churchill, de un modo más extenso, «la Carta de todo hombre que se respeta a sí mismo en cualquier momento y en cualquier país».[2] Churchill estaba refiriéndose a la reafirmación de la Carta por parte del Parlamento en la Petición de Derechos, en la que se imploraba al rey Carlos I que reconociera que la que es soberana es la ley y no el rey. Carlos accedió por poco tiempo, pues enseguida rompió su promesa y estableció el escenario para la letal guerra civil inglesa.

Después de un conflicto enconado entre el rey y el Parlamento, el poder de la realeza se restauró en la persona de Carlos II. En la derrota, la Carta Magna no se olvidó. Henry Vane, el Joven, uno de los adalides del Parlamento, fue decapitado; en el patíbulo trató de leer un discurso denunciando la sentencia como una violación de la Carta Magna, pero las trompetas ahogaron su voz para garantizar que las masas que vitoreaban no oyeran palabras tan escandalosas. Su crimen fundamental había sido esbozar una petición llamando al pueblo «el originario de todo poder justo» en la sociedad civil; ni el rey, ni siquiera Dios.[3] Esa era la posición que había defendido con tenacidad Roger Williams, fundador de la primera sociedad libre en lo que es ahora el estado de Rhode Island. Sus puntos de vista heréticos influyeron en Milton y Locke, aunque Williams fue mucho más lejos al fundar la doctrina moderna de separación entre Iglesia y Estado, todavía muy protestada incluso en las democracias liberales.

Como ocurre con frecuencia, lo que parecía una derrota impulsó, de todos modos, la lucha por la libertad y los derechos. Poco después de la ejecución de Vane, el rey Carlos II concedió una carta real para las plantaciones de Rhode Island, en la que declaraba que «la forma de gobierno es democrática» y también que el Gobierno podía garantizar la libertad de conciencia para papistas, ateos, judíos, turcos e, incluso, cuáqueros, uno de las más temidas y maltratadas de las muchas sectas que aparecían en aquellos días turbulentos.[4] Todo eso era extraordinario en el clima de aquellos tiempos.

Unos años después, se enriqueció la Carta de las Libertades con la Ley de Hábeas Corpus de 1679, titulada formalmente «Ley para garantizar mejor la libertad del sujeto y para impedir el encarcelamiento allende los mares». La Constitución de Estados Unidos toma partes del derecho anglosajón y afirma que «el mandato de hábeas corpus no se suspenderá» salvo en el caso de rebelión o invasión. En una decisión unánime, el Tribunal Supremo de Estados Unidos dictó que los derechos garantizados por esa ley eran «considerados por los fundadores [de la república americana] la salvaguarda más alta de la libertad». Todos estos mundos deberían resonar hoy.

LA SEGUNDA CARTA Y LOS COMUNES

El significado de la carta acompañante, la Carta de Foresta, no es menos profundo y puede que hoy en día resulte incluso más pertinente, como exploró a fondo Peter Linebaugh en su bien documentada y estimulante historia de la Carta Magna y su trayectoria posterior.[5] La Carta de Foresta exigía la protección de los comunes frente al poder externo. Los bienes comunes eran la fuente de sustento de la población general: combustible, comida, materiales de construcción, lo que fuera esencial para la vida. El bosque no era un páramo salvaje; se había usado cuidadosamente a lo largo de generaciones, se había mantenido en común, con su riqueza a disposición de todos y preservándolo para generaciones futuras. Ese tipo de prácticas hoy se encuentran, sobre todo, en sociedades tradicionales que están amenazadas en todo el mundo.

La Carta de Foresta impuso límites a la privatización. Los mitos de Robin Hood captan la esencia de sus preocupaciones (no es de extrañar que la popular serie de televisión de la década de 1950 *Las aventuras de Robin Hood* la escribieran anónimamente guionistas de Hollywood que estaban en la lista negra por su ideología de izquierdas).[6] No obstante, en el siglo XVII, esa ley era víctima del desarrollo de la economía de productos básicos y de la práctica y la moral capitalistas.

En cuanto los bienes comunes dejaron de estar reservados para alimentar a todos y mediante el uso cooperativo, los derechos de la gente común quedaron restringidos a lo que no podía privatizarse, una categoría que continúa encogiéndose hasta hacerse casi invisible. En Bolivia, el intento de privatizar el agua lo frenó, en última instancia, un levantamiento que llevó al poder a la mayoría indígena por primera vez en la historia.[7] El Banco Mundial ha dictado que la multinacional minera Pacific Rim puede seguir adelante con una demanda contra El Salvador por intentar preservar las tierras y las comunidades de la minería del oro, que resulta muy destructiva. Las limitaciones medioambientales amenazan con privar a la compañía de beneficios, un delito que puede ser castigado según las reglas del régimen de derechos del inversor, mal llamado «libre comercio».[8] Y esto es solo una pequeña muestra de las luchas que están en marcha en gran parte del mundo, algunas de las cuales desencadenan una violencia extrema, como ocurre en el este del Congo, donde ha habido millones de muertos en los últimos años a causa de querer asegurar el suministro de minerales para teléfonos móviles y otros usos, y, por supuesto, con enormes beneficios.[9]

El aumento de las prácticas y la moral capitalistas comportó una revisión radical del trato que se dispensa a los comunes y también de cómo se conciben. El punto de vista imperante hoy queda reflejado en el influyente argumento de Garrett Hardin: «La libertad en el común nos lleva a la ruina a todos», la famosa «tragedia de los comunes»: lo que no es poseído será destruido por la avaricia individual.[10]

Una equivalente internacional fue el concepto de *terra nullius*, empleado para justificar la expulsión de poblaciones indígenas en las sociedades de asentamientos-colonos de la anglosfera, o su «exterminio», como describieron los padres fundadores de la república de Estados Unidos, en ocasiones con remordimiento, *a posteriori*. Según esta útil doctrina, los indios no tenían derechos de propiedad porque eran nómadas en una tierra salvaje. Por consiguiente, los esforzados colonos podían conferirle valor a lo que no lo tenía al darle a la tierra salvaje un uso comercial.

En realidad, los colonos sabían lo que les convenía, y la Corona y el Parlamento llevaron a cabo elaborados procedimientos de compra y ratificación, después anulados por la fuerza cuando las criaturas malvadas se resistieron al exterminio. La doctrina de *terra nullius* suele atribuirse a John Locke, aunque es dudoso. Como administrador colonial, Locke comprendía lo que estaba ocurriendo y en sus escritos no hay base para atribuírsela, como se ha mostrado convincentemente en estudios contemporáneos, sobre todo en el trabajo del australiano Paul Corcoran. (Fue en Australia, de hecho, donde la doctrina se empleó con más virulencia.)[11]

Los grises pronósticos de la tragedia de los comunes tienen quien los cuestione. La difunta Elinor Ostrom ganó el Premio Nobel de Economía en 2009 por un trabajo en el que mostraba que las reservas de pesca, los pastos, los bosques, los lagos y las aguas subterráneas están mejor gestionados cuando hay un uso compartido. Pero la doctrina convencional se impone si aceptamos su premisa tácita: que los humanos están ciegamente impulsados por lo que los trabajadores norteamericanos, al alba de la revolución industrial, llamaron amargamente «el Nuevo Espíritu de la Época: ganar riqueza olvidando todo menos el yo».[12]

Como los campesinos y los obreros ingleses antes que ellos, los obreros norteamericanos denunciaron ese nuevo espíritu que se les imponía y que consideraban degradante y destructivo, un ataque a la naturaleza de hombres y mujeres libres. Y destaco *mujeres*: entre los más activos y vehementes en condenar la destrucción de los derechos y la dignidad de las personas libres por el sistema industrial capitalista estaban las *factory girls*, mujeres jóvenes procedentes de las granjas. A ellas también las empujaron al régimen de mano de obra controlada, que en su momento solo se diferenciaba de la esclavitud en que era temporal. Esta posición se consideraba tan natural que se convirtió en el eslogan del Partido Republicano y el estandarte bajo el cual los trabajadores del norte tomaron las armas durante la guerra de Secesión.[13]

Todo eso ocurrió hace ciento cincuenta años; en Inglaterra, antes. Se han dedicado esfuerzos enormes a inculcar el Nuevo Espíritu de la Época y hay industrias fundamentales consagradas a la labor: relaciones públicas, publicidad y márketing en general, todo lo cual suma una parte enorme del producto interior bruto. Esas industrias se aplican en lo que el gran economista político Thorstein Veblen llamó «fabricación de deseos».[14] En palabras de los propios empresarios, la labor consiste en dirigir a la gente hacia «cosas superficiales» de la vida, como el «consumo en moda». De esa forma la gente puede atomizarse, se pueden separar unos de otros, ya que solo se busca el beneficio personal, y se aleja a las personas del peligroso esfuerzo de pensar por sí mismas y enfrentarse a la autoridad.

Edward Bernays, uno de los fundadores de la industria moderna de las relaciones públicas, denominó «ingeniería del consentimiento» al proceso de modelar opiniones, actitudes y percepciones. Bernays era un respetado progresista, al estilo de Wilson, Roosevelt y Kennedy, igual que su coetáneo, el periodista Walter Lippmann, el intelectual público más destacado de Estados Unidos en el siglo XX y alabó «la ingeniería del consentimiento» como «un nuevo arte» en la práctica de la democracia.

Ambos reconocieron que la ciudadanía debe ser «puesta en su lugar», marginada y controlada; por su propio interés, por supuesto. La gente era demasiado «estúpida e ignorante» para que se le permita gobernar sus propios asuntos. Esa tarea tenía que dejarse a una «minoría inteligente», a la que hay que proteger «de las trampas y el rugido [del] rebaño desorientado» los «independientes ignorantes y entrometidos»; la «multitud traviesa», como la llaman sus predecesores del siglo XVII. El papel de la población general en una sociedad democrática que funcionara como es debido consistía en ser «espectadores» no «participantes en la acción».[15]

Y a los espectadores no se les debe permitir ver demasiado. El presidente Obama ha impuesto nuevos criterios para salvaguardar este principio. De hecho, Obama ha castigado a más gente que tira de la manta que todos los presidentes anteriores juntos, todo un éxito para un gobierno que llegó al poder prometiendo transparencia.

Entre los muchos temas que no son asunto del rebaño desorientado están las relaciones exteriores. Cualquiera que haya estudiado documentos secretos desclasificados habrá descubierto que, en gran medida, su clasificación se concibió para proteger a las autoridades del escrutinio público. A escala nacional, la plebe no tenía que oír el consejo de los tribunales a grandes empresas: que deberían consagrar algunos esfuerzos muy visibles a buenas obras, de manera que una «opinión pública excitada» no descubriera los enormes beneficios que el Estado niñera les proporcionaba.[16]

En un plano más general, la ciudadanía de Estados Unidos no tenía que averiguar que las «políticas estatales son inmensamente regresivas y que, por lo tanto, refuerzan y expanden la desigualdad social», aunque estén diseñadas de forma que inducen a la gente «a pensar que el Gobierno ayuda solo al pobre que no lo merece, permitiendo que los políticos movilicen y exploten una retórica y unos valores antigubernamentales al tiempo que continúan dando apoyo a sus electores ricos»; estoy citando aquí de la principal publicación del *establishment*, *Foreign Affairs*, no de ningún panfleto radical.[17]

Con el tiempo, a medida que las sociedades se hicieron más libres y el recurso a la violencia de Estado más limitada, la urgencia de concebir métodos sofisticados de control y actitudes y opinión no ha hecho más que crecer. Es natural que la inmensa industria de las relaciones públicas se creara en las sociedades más libres: Estados Unidos y el Reino Unido. La primera agencia de propaganda moderna fue el Departamento de Información británico durante la Primera Guerra Mundial. Su homólogo en Estados Unidos, el Comité de Información Pública, fue creado por Woodrow Wilson para inducir, con notable éxito, en una población pacifista el odio violento contra todo lo alemán. La publicidad comercial estadounidense impresionó profundamente a otros; Joseph Goebbels la admiró y la adaptó a la propaganda nazi con lamentable éxito.[18] Los dirigentes bolcheviques también lo intentaron, pero sus esfuerzos fueron torpes e ineficaces.

Una tarea fundamental a escala nacional siempre ha sido «evitar que [los ciudadanos] se nos tiren al cuello», como el ensayista Ralph Waldo Emerson describió los intereses de los líderes políticos cuando la amenaza de la democracia se estaba haciendo más difícil de eliminar a mediados del siglo XIX.[19] En tiempos más recientes, el activismo de la década de 1960 suscitó preocupaciones en la elite por la «excesiva democracia» y provocó un llamamiento a imponer medidas de «más moderación» en democracia.

Una de las preocupaciones era la de introducir mejores controles sobre las instituciones «responsables del adoctrinamiento de los jóvenes»: las escuelas, las universidades y las iglesias, que se consideraron fracasadas en esa labor esencial. Estoy citando reacciones situadas en la izquierda liberal del espectro ideológico de la corriente central, los internacionalistas liberales que después poblaron la Administración Carter y sus homólogos en otras sociedades industriales.[20] El ala derecha fue mucho más dura. Una de las muchas manifestaciones de este deseo ha sido el brusco aumento en el precio de las matrículas universitarias; no por razones económicas, como se muestra con facilidad; el dispositivo atrapa y controla a los jóvenes mediante la deuda, a menudo durante el resto de su vida, lo cual contribuye a un adoctrinamiento más eficaz.

TRES QUINTAS PARTES DE PERSONA

Continuando con estas cuestiones fundamentales, vemos que la destrucción de la Carta de Foresta y su eliminación de la memoria están muy estrechamente relacionadas con los esfuerzos continuados de limitar la promesa de la Carta de las Libertades. El Nuevo Espíritu de la Época no puede tolerar la concepción precapitalista del bosque como legado compartido por la comunidad, cuidado de forma conjunta para uso propio y el de generaciones futuras, y protegido de la privatización y de la transferencia a manos de poderes privados a fin de que genere riqueza y no sirva a las necesidades. Inculcar el nuevo espíritu es un requisito esencial para lograr este objetivo e impedir que se abuse de la Carta de las Libertades con el objetivo último de permitir que los ciudadanos sean libres y determinen su propio destino.

Las luchas populares para conseguir una sociedad más libre y más justa se han encontrado con una resistencia violenta, con represión y con inmensos esfuerzos para controlar la opinión y las acciones. Con el tiempo, no obstante, han obtenido un éxito considerable, aunque queda un largo camino por recorrer y a menudo se produce un retroceso.

La parte más famosa de la Carta de las Libertades es el artículo 39, que declara que «ningún hombre libre» debe ser castigado en modo alguno «ni procederemos contra él ni lo acusaremos, salvo mediante el juicio lícito de sus iguales y según la ley del país».

A lo largo de muchos años de lucha, el principio se ha impuesto de un modo más amplio. La Constitución de Estados Unidos garantiza que ninguna «persona [será] privada de su vida, libertad o propiedad sin el debido proceso legal [y] un juicio rápido y público» por sus iguales. El principio básico es la «presunción de inocencia» —lo que los historiadores del derecho describen como «la semilla de la libertad angloamericana contemporánea», refiriéndose al artículo 39 de la Carta de las Libertades y, con el tribunal de Núremberg en mente, una «marca particularmente estadounidense de legalismo: castigar solo a aquellos cuya culpabilidad se ha demostrado en un juicio justo con una amplia variedad de garantías procesales»—, incluso si no hay duda de que se está juzgando al culpable de uno de los peores crímenes de la historia.[21]

Los fundadores, por supuesto, no pretendían que el término «persona» se aplicara a todas las personas: los nativos americanos no eran personas. Sus derechos eran prácticamente nulos. Las mujeres apenas eran personas; se entendía que las esposas estaban «cubiertas» bajo la identidad civil de sus maridos, del mismo modo que los niños estaban sujetos a sus padres. Los principios de Blackstone sostenían que «la propia identidad de la mujer o su existencia legal queda suspendida durante el matrimonio o, al menos, queda incorporada y consolidada con la del marido: bajo cuya ala, protección y cobijo, ella actúa».[22] La mujer es, por tanto, propiedad de su padre o de su marido. Este principio estuvo en vigor hasta fechas muy recientes; hasta una decisión del Tribunal Supremo de 1975, las mujeres ni siquiera tenían el derecho legal de actuar como miembros de un jurado. No eran iguales.

Los esclavos, por supuesto, no eran personas. Eran tres quintas partes de persona según la Constitución, para garantizar a sus propietarios mayor poder de voto. La protección de la esclavitud carecía de interés para los fundadores: fue un factor que condujo a la revolución americana. En el caso Somerset de 1772, lord Mansfield determinó que la esclavitud es tan «odiosa» que no podía tolerarse en Inglaterra, aunque continuó existiendo en las posesiones británicas durante muchos años.[23] Los norteamericanos propietarios de esclavos vieron el desastre inminente si las colonias permanecían bajo el Gobierno británico. Y hay que recordar que los estados esclavistas, entre ellos, Virginia, tenían el máximo poder y la mayor influencia en las colonias. Es fácil apreciar la famosa ocurrencia de Samuel Johnson: «Los gritos más altos que claman por la libertad se oyen entre los traficantes de esclavos negros.»[24]

Las enmiendas de la Constitución que siguieron a la guerra de Secesión extendieron el concepto de persona a los afroamericanos y acabaron con la esclavitud; al menos en teoría. Después de alrededor de un decenio de relativa libertad, se reintrodujo una condición semejante a la esclavitud mediante un acuerdo norte-sur que permitió la efectiva criminalización de la vida de los negros. Un varón negro que estuviera en una esquina podía ser detenido por vagabundeo o por intento de violación si lo acusaban de mirar mal a una mujer blanca; y una vez encarcelado, tenía pocas oportunidades de escapar del sistema de «esclavitud con otro nombre», el término usado por Douglas Blackmon, a la sazón redactor jefe de *The Wall Street Journal*, en un impresionante estudio.[25]

Esta nueva versión de la «peculiar institución» proporcionó gran parte de la base para la revolución industrial de Estados Unidos, ya que dio lugar a una mano de obra perfecta para la industria del acero y la minería, junto con la producción agraria de las famosas cadenas de presidiarios: dóciles, obedientes, poco proclives a hacer huelga y sin ninguna demanda para que los patrones pagaran siquiera el sustento de los trabajadores, una mejora sobre el sistema de esclavitud. El nuevo sistema duró en gran medida hasta la Segunda Guerra Mundial, cuando se necesitó mano de obra libre para la producción de guerra.

La explosión de la posguerra produjo una gran oferta de trabajo; un hombre negro podía conseguir un empleo en una planta de automóviles sindicalizada, ganar un salario digno, comprarse una casa y, quizás, enviar a sus hijos a la universidad. Eso duró unos veinte años, hasta la década de 1970, cuando la economía fue radicalmente rediseñada según los nuevos principios neoliberales imperantes, con un rápido crecimiento de la financiarización y la deslocalización de la producción. La población negra, de repente superflua en gran medida, ha sido recriminalizada.

Hasta la presidencia de Ronald Reagan, la población carcelaria de Estados Unidos estaba dentro del rango de otras sociedades industrializadas. Ahora es muy superior. La mayor parte son varones negros, pero cada vez abundan más las mujeres negras y los latinos, sobre todo por delitos sin víctimas en las fraudulentas «guerras de drogas». Al mismo tiempo, las últimas crisis prácticamente han destruido la riqueza de las familias afroamericanas, en buena parte por la conducta criminal de las instituciones financieras, perpetrada con impunidad por los culpables, ahora más ricos que nunca.

Examinando la historia de los afroamericanos desde la primera llegada de esclavos, hace cuatrocientos años, hasta el presente, se ve que solo han disfrutado del estatus de personas auténticas durante unos pocos decenios. Queda un largo camino por recorrer para cumplir con la promesa de la Carta Magna.

PERSONAS SAGRADAS Y PROCESO INACABADO

Después de la guerra de Secesión, la Decimocuarta Enmienda garantizó a los antiguos esclavos plenos derechos de persona, sobre todo en teoría. Al mismo tiempo, se creó una nueva categoría de personas con derechos: las corporaciones. De hecho, casi todos los casos que luego se llevaron ante los tribunales bajo la Decimocuarta Enmienda guardaban relación con los derechos corporativos. Hace un siglo, los tribunales determinaron que esas ficciones legales colectivas, establecidas y sostenidas por el poder del Estado, tienen los derechos plenos de personas de carne y hueso; en realidad, muchos más derechos, gracias a su escala, su inmortalidad y la protección que supone la limitación de responsabilidad. Ahora, los derechos de las corporaciones superan, con mucho, los de los humanos. Acogiéndose a los «acuerdos de libre comercio», la compañía minera Pacific Rim puede, por ejemplo, demandar a El Salvador por tratar de proteger su medio ambiente; los individuos no pueden hacer lo mismo. General Motors puede exigir derechos nacionales en México. No hay necesidad de entretenerse en pensar lo que habría ocurrido si una empresa mexicana exigiera derechos nacionales en Estados Unidos.

En Estados Unidos, los fallos recientes del Tribunal Supremo potencian en gran medida el ya enorme poder político de las empresas y los enormemente ricos, lo que asesta nuevos golpes a las frágiles reliquias de la democracia política funcional.

Entretanto, la Carta Magna sufre más ataques directos. Recordemos la Ley de Hábeas Corpus de 1679, que prohibió «el encarcelamiento allende los mares» y, por supuesto, el mucho más brutal proceso de encarcelamiento en el extranjero con la intención de torturar; lo que ahora se llama de forma más educada «interpretación extraordinaria», como cuando Tony Blair entregó al disidente libio Abdel Hakim Belhach a la merced de Muammar al-Gaddafi; o cuando las autoridades de Estados Unidos deportaron al ciudadano canadiense Maher Arar a su Siria natal para que lo encarcelaran y lo torturaran, aunque luego reconocieron que nunca hubo ninguna causa contra él.[26] Lo mismo les ha ocurrido a muchas otras personas, que con frecuencia se trasladaban desde el aeropuerto Shannon, lo que provocó valientes protestas en Irlanda.

El concepto de juicio justo se ha extendido durante la campaña de asesinatos con drones de la Administración Obama, de forma que este elemento central de la Carta de las Libertades (y de la Constitución) se hace nulo y vacío. El Departamento de Justicia explicó que la garantía constitucional del juicio justo, que se remonta a la Carta Magna, ahora queda satisfecha por las deliberaciones internas del poder ejecutivo.[27] El abogado constitucionalista de la Casa Blanca estuvo de acuerdo. El rey Juan habría asentido con satisfacción.

La cuestión surgió después de que la presidencia ordenara asesinar mediante un dron a Anwar al-Awlaki, acusado de incitar a la yihad, por escrito en discursos y en acciones no especificadas. Un titular de *The New York Times* reflejaba la reacción general de la elite cuando junto a los habituales «daños colaterales» del ataque de un dron se produjo el asesinato; parte de él decía: «Occidente celebra la muerte de un clérigo.»[28] Pero hubo quien se sorprendió, porque Awlaki era ciudadano estadounidense y eso suscitó preguntas respecto al juicio justo que debería haber tenido; esas preguntas se consideran irrelevantes cuando se asesina por capricho a alguien que no es ciudadano estadounidense y ahora también son irrelevantes cuando se trata de ciudadanos, gracias a las innovaciones legales de la Administración Obama sobre el juicio justo.

A la presunción de inocencia también se le ha dado una interpretación nueva y útil. Como informó después *The New York Times*, «Obama adoptó un discutido método para contar bajas civiles que no contribuía en nada a impedírselo. El método, según varias autoridades de la Administración, consiste en que en una zona atacada todos los varones en edad militar se cuentan como combatientes a menos que haya información explícita de inteligencia que demuestre póstumamente su inocencia».[29] Así pues, la determinación de inocencia posterior al asesinato mantiene el principio sagrado de la presunción de inocencia.

Sería grosero recordar (como evita hacer *Times* en su informe) las Convenciones de Ginebra, el fundamento de la ley humanitaria moderna, que prohíben «ejecuciones sin juicio previo ante un tribunal legítimamente constituido, con garantías judiciales reconocidas como indispensables por los pueblos civilizados».[30]

Entre los casos recientes de asesinato ejecutivo, el más famoso fue el de Osama bin Laden, asesinado después de ser aprehendido por setenta y nueve miembros de los SEAL de la Marina, indefenso y acompañado solo por su mujer. Al margen de lo que uno opine de él, era sospechoso y nada más que eso; hasta el FBI lo reconoció.

Las celebraciones en Estados Unidos se desbordaron, pero también se plantearon unas pocas preguntas sobre el rechazo del principio de presunción de inocencia, particularmente cuando el juicio no era imposible. Las preguntas sufrieron agrias críticas. La más interesante fue la de un respetado periodista liberal de izquierdas, Matthew Yglesias, quien explicó que «una de las funciones principales del orden institucional internacional consiste, precisamente, en legitimar el uso de la fuerza militar letal por parte de potencias occidentales», así que es «asombrosamente ingenuo» sugerir que Estados Unidos debería obedecer la ley internacional u otras condiciones que justamente le exigimos al débil.[31]

Parece que solo pueden plantearse objeciones tácticas a la agresión, asesinato, ciberguerra u otras acciones que el Estado Santo lleva a cabo al servicio de la humanidad. Si las víctimas tradicionales lo ven de un modo diferente, eso revela su trasfondo moral e intelectual. Y el ocasional crítico occidental que no logra comprender estas verdades fundamentales puede ser repudiado como «tonto», explica Yglesias; por cierto, se refiere a mí y yo estoy contento de confesar mi culpa.

LISTAS DE EJECUTIVOS TERRORISTAS

Quizás el asalto más asombroso a los fundamentos de las libertades tradicionales sea un caso poco conocido que llevó ante el Tribunal Supremo la Administración Obama: Holder contra el proyecto de Ley Humanitaria. El proyecto fue condenado por proporcionar «ayuda material» a la organización guerrillera Partido de los Trabajadores del Kurdistán (PKK), que ha luchado por los derechos kurdos en Turquía durante muchos años y está en la lista de grupos terroristas elaborada por el Ejecutivo. La «ayuda material» era un asesoramiento legal. El texto del fallo parece aplicarse de manera muy amplia, por ejemplo, a discusiones e investigaciones, incluso para aconsejar al PKK que se ciñera a medios no violentos. Una vez más, hubo unas pocas críticas, pero incluso estas aceptaban la legitimidad de la lista de terroristas; es decir, aceptaban las decisiones arbitrarias del ejecutivo sin recurso legal.[32]

El registro de la lista de terroristas es de cierto interés. Uno de los ejemplos más desagradables del uso de esa lista tiene que ver con el torturado pueblo de Somalia. Inmediatamente después del 11-S, Estados Unidos suspendió la red de asistencia somalí al-Barakaat alegando que estaba financiando el terrorismo,[33] acción que fue aclamada como uno de los grandes éxitos en la «guerra contra el terrorismo». Por el contrario, cuando un año después Washington retiró los cargos por falta de base, la noticia suscitó poco interés.

Al-Barakaat era responsable de alrededor de la mitad de los quinientos millones de dólares que se mandaban anualmente a Somalia, «más de lo que [Somalia] obtiene de cualquier otro sector económico y diez veces la cantidad de ayuda extranjera que recibe», según determinó un estudio de la ONU.[34] La organización también dirigía importantes negocios en Somalia y todos fueron destruidos. El destacado experto en la «guerra financiera contra el terrorismo de Bush», Ibrahim Warde, concluye que aparte de destrozar la economía, este ataque frívolo contra una sociedad muy frágil «puede haber influido en el aumento [...] del fundamentalismo islámico», otra consecuencia habitual de la «guerra contra el terrorismo».[35]

La idea misma de que el Estado debería tener la autoridad de emitir esos juicios libremente es una grave ofensa contra la Carta de las Libertades, como lo es el hecho de que no se considere objeto de debate. Si la caída en desgracia de la Carta continúa por el camino de los últimos años, el futuro de los derechos y las libertades parece oscuro.

¿QUIÉN REIRÁ EL ÚLTIMO?

Unas pocas palabras finales sobre el destino de la Carta de Foresta. Su objetivo consistía en proteger la fuente de sustento para la población, los bienes comunes; protegerlos del poder externo; en los primeros tiempos, de la realeza; y, con el paso de los años, de los cercados y otras formas de privatización a manos de corporaciones depredadoras y las autoridades del Estado que cooperan con ellas, que no han hecho más que aumentar y que reciben por ello recompensa. El daño es muy amplio.

Si escuchamos voces del sur global descubriremos que hoy «la conversión de bienes públicos en propiedad privada a través de la privatización de nuestro entorno natural común es una forma con la que las instituciones neoliberales eliminan los frágiles hilos que sostienen las naciones africanas. Hoy la política se ha reducido a una aventura lucrativa en la que se busca, sobre todo, que las inversiones sean rentables más que contribuir a la reconstrucción de un entorno, una comunidad o una nación muy degradados. Ese es uno de los beneficios que los planes de ajuste estructural le ha impuesto al continente: la entronización de la corrupción». Estoy citando al poeta y activista nigeriano Nnimmo Bassey, presidente de Amigos de la Tierra Internacional, en su desgarradora exposición del expolio de la riqueza de África *To Cook a Continent*, que examina la última fase de la tortura occidental de África.[36]

Esa tortura siempre se ha planificado al más alto nivel y debería reconocerse como tal. Al final de la Segunda Guerra Mundial, Estados Unidos consiguió una posición sin precedentes en el poder global. No es de sorprender que se desarrollaran cuidadosos y sofisticados planes para organizar el mundo. Los planificadores del Departamento de Estado, dirigidos por el distinguido diplomático George Kennan, asignaron una función a cada región. Kennan determinó que Estados Unidos no tenía ningún interés especial en África, así que entregarían ese continente a Europa para que «explotara» (sic) su reconstrucción.[37] A la luz de la historia, se podría haber imaginado una relación diferente entre Europa y África, pero no hay indicios de que ni siquiera se haya contemplado esa posibilidad.

Más recientemente, Estados Unidos ha reconocido que tiene que sumarse al juego de explotar África, junto con nuevos participantes, como China, que está muy ocupada acumulando uno de los peores expedientes de destrucción del medio ambiente y de opresión de víctimas desventuradas.

Debería ser innecesario insistir en los enormes peligros planteados por un elemento central de las obsesiones depredadoras que están produciendo calamidades en todo el mundo: la dependencia de los combustibles fósiles, que invita al desastre global, quizás en un futuro no tan lejano. Podrían debatirse los detalles, pero hay pocas dudas de que el problema es grave, incluso terrible, y que cuanto más tardemos en abordarlo, más espantoso será el legado que dejemos a las generaciones venideras. Se están llevando a cabo algunos esfuerzos para afrontar la realidad, pero son mínimos.

Entretanto, la concentración de poder opera en la dirección opuesta, dirigida por el país más rico y más poderoso de la historia del mundo. Los republicanos están desmantelando las limitadas protecciones ambientales iniciadas por Richard Nixon, que sería casi un radical peligroso en la escena política actual.[38] Los grandes grupos de presión empresariales lanzan abiertamente sus campañas de propaganda para convencer a la opinión pública de que no hay necesidad de preocuparse, con cierta efectividad, como muestran las encuestas.[39]

Al apenas informar de los cada vez más nefastos pronósticos de cambio climático que emiten las agencias internacionales e incluso del Departamento de Energía de Estados Unidos, los medios de comunicación cooperan con el poder. Por lo general se presenta el asunto como un debate entre alarmistas y escépticos: en un lado casi todos los científicos cualificados; en el otro, unos pocos resistentes. No se suele contar para el debate con los numerosos expertos, entre ellos los del programa sobre el cambio climático del MIT, que critican el consenso científico por ser demasiado prudente y cauto, y que explican que la verdad sobre el cambio climático es mucho más funesta. No es sorprendente que la ciudadanía esté confundida.

En su discurso del Estado de la Unión de 2012, el presidente Obama alabó las perspectivas brillantes de un siglo de autosuficiencia energética, alcanzable gracias a nuevas tecnologías que permiten la extracción de hidrocarburos de arenas petrolíferas canadienses, esquisto bituminoso y otras fuentes que antes no se sabía cómo explotar.[40] Hay quien está de acuerdo; *The Financial Times* pronostica un siglo de autosuficiencia energética para Estados Unidos.[41] En estas optimistas previsiones no se plantea la cuestión de qué clase de mundo sobrevivirá a tal rapiña.

A la cabeza de los que se enfrentan a la crisis en todo el mundo están las comunidades indígenas, las que siempre han defendido la Carta de Foresta. La posición más fuerte en pro de dichas comunidades la ha tomado Bolivia, la nación más pobre de Sudamérica y, durante siglos, víctima de la destrucción occidental de los ricos recursos de una de las sociedades más avanzadas y desarrolladas del hemisferio antes de la llegada de Colón.

Tras el ignominioso colapso de la Conferencia Internacional

sobre el Cambio Climático de la ONU, celebrada en Copenhague en 2009, Bolivia organizó una Conferencia Mundial de los Pueblos sobre el Cambio Climático, con treinta y cinco mil participantes de ciento cuarenta países, no solo representantes de Gobiernos, sino también miembros de la sociedad civil y activistas. Se alcanzó un Acuerdo del Pueblo, en el que se pedían reducciones drásticas en las emisiones y una Declaración Universal de los Derechos de la Madre Tierra.[42] Establecer los derechos del planeta es una demanda clave de las comunidades indígenas de todo el mundo. Los sofisticados occidentales ridiculizan esta demanda, pero, a menos que adquiramos algo de la sensibilidad indígena, es probable que ellos rían los últimos, una risa de funesta desesperación.

8

La semana en la que el mundo contuvo la respiración

El mundo se quedó paralizado hace unos cincuenta años durante la última semana de octubre, desde el momento en que supimos que la Unión Soviética había instalado misiles nucleares en Cuba hasta que la crisis terminó oficialmente; aunque, y es un hecho desconocido por la opinión pública, solo oficialmente.

La imagen del mundo paralizado es de Sheldon Stern, antiguo historiador en la Biblioteca Presidencial John F. Kennedy, que publicó la versión autorizada de las cintas de las reuniones del Comité Ejecutivo del Consejo de Seguridad Nacional (ExComm) en las que Kennedy y un reducido círculo de consejeros debatieron cómo responder a la crisis. El presidente grabó esas reuniones en secreto, lo cual podría influir en el hecho de que su posición a lo largo de las sesiones grabadas es relativamente moderada en comparación con las de otros participantes, que no eran conscientes de que estaban hablando para la historia.

Stern ha publicado un análisis preciso, que está al alcance del público, de ese crucial registro documental que fue desclasificado a finales de la década de 1990. Aquí me ceñiré a esa versión. «Nunca antes ni después —concluye— la supervivencia de la civilización humana ha estado en juego en unas pocas semanas de peligrosas deliberaciones como entonces», que culminaron en «la semana en la que el mundo contuvo la respiración».[1]

Existía una buena razón para la preocupación generalizada. Era inminente una guerra nuclear, que podría «destruir el hemisferio norte», como había advertido el presidente Dwight Eisenhower.[2] Según el juicio del propio Kennedy, la probabilidad de entrar en guerra llegó al 50 %.[3] Los cálculos llegaron a ser más pesimistas cuando la confrontación alcanzó su punto máximo y el «plan secreto apocalíptico para garantizar la supervivencia del Gobierno se puso en marcha» en Washington, según describió el periodista Michael Dobbs en su bien documentado éxito de ventas sobre la crisis (aunque no explica qué sentido tendría ponerlo en marcha habida cuenta el riesgo de desencadenar una guerra nuclear).[4]

Dobbs cita a Dino Brugioni, «miembro clave del equipo de la CIA que controlaba la acumulación de misiles soviéticos», que no vio ninguna salida salvo «guerra y destrucción completa» cuando el reloj marcaba que faltaba «un minuto para la medianoche», el título del libro de Dobbs.[5] Arthur M. Schlesinger Jr., historiador muy ligado a Kennedy, describió los hechos como «el momento más peligroso en la historia humana».[6] El secretario de Defensa Robert McNamara se preguntó en voz alta si «viviría para ver otra noche de sábado» y después reconoció: «Hemos tenido suerte»; por poco.[7]

«EL MOMENTO MÁS PELIGROSO»

Una mirada atenta a lo ocurrido añade tonos grises a estos juicios, con reverberaciones que alcanzan el momento presente.

Hay varios candidatos más al título de «momento más peligroso». Uno es el 27 de octubre de 1962, cuando los destructores de Estados Unidos que imponían el bloqueo de Cuba soltaron cargas de profundidad contra submarinos soviéticos. Según los relatos soviéticos, de los que informa el Archivo de Seguridad Nacional, los comandantes de los submarinos estaban «tan agitados como para hablar de disparar torpedos nucleares, cuyas cargas explosivas de quince kilotones equivalen aproximadamente a la bomba que arrasó Hiroshima en agosto de 1945».[8]

En un caso, la decisión de preparar un torpedo nuclear listo para la acción fue cancelada en el último momento por el comandante adjunto Vasili Arjípov, que podría haber salvado al mundo del desastre nuclear.[9] Hay pocas dudas de cuál habría sido la reacción de Estados Unidos si se hubiera disparado el torpedo y de cómo habrían respondido los rusos mientras su país se convertía en humo.

Kennedy ya había declarado la alerta nuclear más alta antes del lanzamiento, DEFCON 2, que autorizaba a «aviones de la OTAN con pilotos turcos [...], [u otros] [...], a despegar, volar a Moscú y arrojar una bomba», según escribió el bien informado analista estratégico de la Universidad de Harvard Graham Allison, en *Foreign Affairs*.[10]

Otro candidato es el 26 de octubre. Ese día fue seleccionado como «el momento más peligroso» por el comandante Don Clawson, que pilotó un B-52 de la OTAN e hizo un relato de los detalles de las misiones Chrome Dome (CD) durante la crisis que pone los pelos de punta: «B-52 en alerta en el aire» con armas nucleares «a bordo y listas para usar».

El 26 de octubre fue el día en que «la nación estuvo más cerca de una guerra nuclear», escribe en sus «anécdotas irreverentes de un piloto de la fuerza aérea». Ese día, el propio Clawson se hallaba en buena posición para desencadenar un cataclismo probablemente definitivo. Concluye: «Fuimos muy afortunados de no hacer estallar el mundo; y no fue gracias a los dirigentes políticos o militares de este país.»

Los errores, las confusiones, casi accidentales, y la mala comprensión del liderazgo de los que informa Clawson resultan bastante desconcertantes, pero no son nada en comparación con las normas (o la falta de normas) del operativo de mando y control. Según relata Clawson sus experiencias durante las quince misiones CD de veinticuatro horas, el máximo posible, los oficiales al mando «no poseían la capacidad de impedir que una tripulación o un miembro actuara por libre y cargara y disparara sus armas termonucleares», ni siquiera de informar que estaba en marcha una misión que podía mandar «toda la fuerza en alerta aérea sin posible vuelta atrás». Una vez que la tripulación estaba en el aire con sus armas termonucleares, escribe, «habría sido posible cargar y dispararlas todas sin ninguna orden posterior de tierra. No había nada que pudiera bloquear ninguno de los sistemas».[11]

Alrededor de un tercio de la fuerza total estaba en el aire, según el general David Burchinal, director de planificación en los cuarteles generales de la fuerza aérea. Al parecer, el Mando Aéreo Estratégico (SAC, por sus siglas en inglés), que técnicamente dirigía la operación, tenía muy poco control y, según el relato de Clawson, el SAC mantenía desinformada a la Autoridad de Mando Nacional civil, lo cual significa que los que tomaban decisiones en el ExComm y decidían el destino del mundo sabían menos todavía. El relato oral del general Burchinal no es menos inquietante y revela más todavía el desprecio por el mando civil. Según él, la capitulación soviética nunca estuvo en duda. Las operaciones CD estaban concebidas para dejar muy claro a los soviéticos que apenas eran rivales en la confrontación militar y que podrían ser destruidos con facilidad.[12]

De los registros del ExComm, Sheldon Stern concluye que, el 26 de octubre, el presidente Kennedy se «inclinaba hacia la acción militar para eliminar los misiles» en Cuba, y seguiría con una invasión, según los planes del Pentágono.[13] Era evidente que el hecho podría haber conducido a una guerra definitiva, una conclusión reforzada cuando, mucho después, se reveló que se habían desplegado armas nucleares tácticas y que las fuerzas soviéticas eran muy superiores a lo que la inteligencia de Estados Unidos había informado.

Cuando las reuniones del ExComm estaban llegando a su fin a las seis horas del día 26, llegó una carta del primer ministro soviético Nikita Jruschov, dirigida directamente al presidente Kennedy. «Su mensaje parecía claro —escribe Stern—. Los misiles serían retirados si Estados Unidos prometía no invadir Cuba.»[14]

Al día siguiente, a las diez horas, el presidente encendió de nuevo la grabadora secreta. Leyó en voz alta un cable que acababan de pasarle: «El primer secretario Jruschov le ha dicho hoy al presidente Kennedy en un mensaje que retiraría las armas ofensivas de Cuba si Estados Unidos retiraba sus cohetes de Turquía», misiles Júpiter con cabezas nucleares.[15] El informe enseguida se autentificó.

Aunque el comité lo recibió como algo inesperado, en realidad se había previsto: «Sabíamos que esto podría ocurrir desde hace una semana», les informó Kennedy. El presidente se dio cuenta de que sería difícil rechazar el consentimiento público: eran misiles obsoletos, ya programados para su retirada, que pronto serían sustituidos por otros mucho más letales y, efectivamente, invulnerables con base en submarinos Polaris. Kennedy reconoció que estaría en una «posición insoportable si esto se convierte en una propuesta [de Jruschov]», tanto porque los misiles turcos eran inútiles e iban a retirarse de todos modos como porque cualquier hombre en las Naciones Unidas, o cualquier otro hombre racional, lo vería como «un trato muy justo».[16]

MANTENER EL PODER DE ESTADOS UNIDOS SIN RESTRICCIONES

Los estrategas, por lo tanto, se enfrentaban a un dilema grave. Tenían en sus manos dos propuestas diferentes de Jruschov para terminar con la amenaza de una guerra catastrófica, y un «hombre sensato» vería que las dos eran un trato justo, así que ¿cómo reaccionar?

Una posibilidad habría sido soltar un suspiro de alivio al comprender que la civilización podría sobrevivir y aceptar con entusiasmo ambas ofertas; anunciar que Estados Unidos acataría la ley internacional y retiraría cualquier amenaza de invadir Cuba; y llevar adelante la retirada de misiles obsoletos en Turquía, tal como estaba planeado, para que la amenaza nuclear contra la Unión Soviética fuera mucho mayor, aunque solo fuera una parte del cerco global a la URSS. Pero eso era impensable.

La razón básica por la cual no era posible contemplar una idea así la formuló el consejero de Seguridad Nacional McGeorge Bundy, ex decano de Harvard y con fama de ser la estrella más brillante del firmamento de Camelot. El mundo, insistió, tiene que comprender que «la actual amenaza para la paz no está en Turquía, sino en Cuba», donde los misiles estaban dirigidos hacia Estados Unidos.[17] Una fuerza de misiles mucho más potentes de Estados Unidos, apuntados hacia el mucho más débil y más vulnerable enemigo soviético, no podía ser considerada una amenaza a la paz, porque nosotros somos buenos, como podría testificar mucha gente en el hemisferio occidental y más allá, entre muchas otras, las víctimas de la continuada guerra terrorista que Estados Unidos estaba librando entonces contra Cuba, o las personas barridas en la «campaña de odio» en el mundo árabe que tanto desconcertaba a Eisenhower, aunque no al Consejo de Seguridad Nacional, que lo explicaba con claridad.

En un coloquio posterior, el presidente destacó que nos habríamos situado «en una mala posición» si hubiéramos elegido poner en marcha una conflagración internacional y rechazar propuestas que parecerían bastante razonables para los supervivientes (si a alguien le importaba). Esa posición «pragmática» era lo más lejos que podían llegar las consideraciones morales.[18]

En una revisión de documentos recientemente desclasificados sobre el terrorismo en la era Kennedy, el latinoamericanista de la Universidad de Harvard Jorge Domínguez observa que «solo una vez en estas casi mil páginas de documentación un funcionario de Estados Unidos planteaba algo que parecía una tenue objeción moral al terrorismo patrocinado por el Gobierno de Washington»: un miembro del personal del Consejo de Seguridad Nacional sugería que las incursiones «aleatorias que matan inocentes [...] podrían repercutir en mala prensa en algunos países amigos».[19]

Las mismas actitudes se impusieron en las discusiones internas durante la crisis de los misiles, como cuando Robert Kennedy advirtió que una invasión a gran escala de Cuba «mataría a un montón de gente y tendríamos que soportar muchas críticas».[20] Y siguen siendo la actitud predominante en el presente, con muy raras excepciones, como es fácil de documentar.

Podríamos haber estado «en una posición todavía peor» si el mundo hubiera sabido más de lo que Estados Unidos estaba haciendo en aquel momento. Solo en fechas recientes se ha descubierto que, seis meses antes, Estados Unidos había desplegado secretamente misiles en Okinawa, casi idénticos a aquellos que los rusos enviarían a Cuba.[21] Estos seguramente apuntaban a China en un momento de gran tensión en la zona. Hasta la fecha, Okinawa sigue siendo una base militar ofensiva fundamental de Estados Unidos pese a las protestas de sus habitantes.

UNA FALTA DE RESPETO INJUSTA POR EL JUICIO DE LA HUMANIDAD

Las deliberaciones que siguieron son reveladoras, pero las dejaré de lado aquí. Llegaron a una solución: Estados Unidos se comprometió a retirar los misiles obsoletos de Turquía, pero no lo haría públicamente ni pondría la oferta por escrito: era importante que se visualizara la rendición de Jruschov. Se ofreció una justificación interesante, que expertos y periodistas aceptan como razonable. Como lo plantea Michael Dobbs, «si daba la impresión de que Estados Unidos estaba desmantelando las bases de misiles de manera unilateral bajo presión de la Unión Soviética, la alianza [la OTAN] podría resquebrajarse»; o, para reformularlo de manera un poco más precisa, si Estados Unidos sustituía los misiles inútiles por una amenaza más letal, como ya estaba planeado, en un trato con la Unión Soviética que cualquier «hombre sensato» consideraría muy justo, la OTAN podría resquebrajarse.[22]

A buen seguro, cuando la URSS retirara el único elemento disuasorio de Cuba contra la agresión continuada de Estados

Unidos —con la seria amenaza de una invasión directa todavía en el aire— y se marchara en silencio de la escena, los cubanos se pondrían furiosos (como, de hecho y con toda lógica, ocurrió). Pero eso es una comparación injusta por las razones habituales: nosotros somos seres humanos dignos de consideración, mientras que ellos solo son «no-personas», por adoptar el útil término de George Orwell.

Kennedy también aceptó el compromiso informal de no invadir Cuba, pero con condiciones: no solo la retirada de los misiles, sino también la finalización o, al menos, «una gran disminución» de cualquier presencia militar rusa (a diferencia de Turquía, en las fronteras de la Unión Soviética, donde no podía contemplarse nada semejante). Si Cuba dejaba de ser un «campamento armado, probablemente no invadiremos», en palabras del presidente. Añadió que si deseaba quedar libre de la amenaza de invasión, Cuba debía terminar su «subversión política» (expresión de Sheldon Stern) en Latinoamérica.[23] La «subversión política» había sido un tema constante en la retórica de Estados Unidos durante años, invocada, por ejemplo, cuando Eisenhower derrocó el Gobierno parlamentario de Guatemala y precipitó ese país torturado a un abismo del cual todavía tiene que salir. Este tema siguió siendo candente a lo largo de las brutales guerras terroristas de Ronald Reagan en Centroamérica en la década de 1980. La «subversión política» de Cuba consistía en apoyar a aquellos que resistían los asaltos asesinos de Estados Unidos y de sus regímenes satélites, y, quizás en ocasiones, hasta —horror de horrores— proporcionar armas a las víctimas.

Aunque estas suposiciones están profundamente arraigadas en la doctrina imperante hasta resultar casi invisibles, a veces se explicitan en clave interna. En el caso de Cuba, el equipo de planificación política del Departamento de Estado explicó que «el principal peligro que afrontamos con Castro está [...] en el impacto que la existencia misma de su régimen tiene sobre el movimiento izquierdista en muchos países latinoamericanos [...]. El hecho simple es que Castro representa un exitoso desafío a Estados Unidos, una negación de toda nuestra política hemisférica de casi un siglo y medio» desde que la doctrina Monroe anunció la intención de Washington, entonces irrealizable, de dominar el hemisferio occidental.[24]

El derecho a dominar es un principio rector de la política exterior de Estados Unidos que se encuentra casi por doquier, aunque se suele camuflar en términos defensivos: durante los años de la guerra fría, invocando por costumbre la «amenaza soviética», incluso cuando los rusos no se veían por ninguna parte. En el destacado libro del académico iraní Ervand Abrahamian sobre el golpe de Estados Unidos y el Reino Unido para derrocar el régimen parlamentario de Irán en 1953 se revela un ejemplo de gran trascendencia contemporánea. Mediante un examen escrupuloso de los archivos, Abrahamian muestra de manera convincente que el relato habitual no se sostiene. La causa primera de tal intervención no fue la preocupación por la guerra fría ni la irracionalidad iraní que minó las «buenas intenciones» de Washington, ni siquiera el acceso al petróleo o sus beneficios, sino que el nacionalismo independiente amenazaba la exigencia de «control general» de Estados Unidos, con las implicaciones derivadas en cuanto al dominio global.[25]

Eso es lo que descubrimos una y otra vez al investigar casos, incluso el de Cuba (lo que no sorprende), aunque en ese caso el fanatismo se merece un examen particular. La política de Estados Unidos hacia Cuba se condena con contundencia en toda Latinoamérica y, de hecho, en la mayor parte del mundo, y se entiende que el «justo respeto al juicio de la humanidad» es una frase retórica sin sentido entonada mecánicamente el cuatro de julio. Desde que se hacen encuestas sobre este asunto, se ve que una mayoría considerable de la población de Estados Unidos preferiría la normalización de relaciones con Cuba, pero también eso es insignificante.[26]

Por supuesto, desoír a la ciudadanía es muy normal. Lo interesante en este caso es el rechazo de sectores económicamente poderosos de Estados Unidos que también prefieren la normalización y que suelen ser muy influyentes en la política: compañías energéticas, agrarias, farmacéuticas y otras. Eso sugiere que, además de los factores culturales que asoman en la histeria de los intelectuales de Camelot, hay un poderoso interés del Estado en castigar a los cubanos.

SALVAR EL MUNDO DE LA AMENAZA DE DESTRUCCIÓN NUCLEAR

La crisis de los misiles terminó oficialmente el 28 de octubre. El resultado no se escondió. Aquella noche, en un especial emitido por la CBS, Charles Collingwood informó de que el mundo había salido «de la más terrible amenaza de holocausto nuclear desde la Segunda Guerra Mundial» con una «derrota humillante para la política soviética».[27] Dobbs comentó que los soviéticos intentaron simular que el resultado era «un triunfo más de la política pacifista de Moscú sobre los imperialistas belicistas» y que «los dirigentes soviéticos, extremadamente prudentes y siempre razonables, habían salvado el mundo de la amenaza de destrucción nuclear».[28] Al margen del habitual escarnio, el hecho es que el acuerdo de Jruschov de capitular había «salvado el mundo de la amenaza de destrucción nuclear».

La crisis, no obstante, no había terminado. El 8 de noviembre, el Pentágono anunció que se habían desmantelado todas las bases de misiles conocidas de los soviéticos.[29] El mismo día, informa Stern, «un equipo de sabotaje llevó a cabo un ataque contra una fábrica cubana», aunque la campaña terrorista de Kennedy, la operación Mangosta, había sido formalmente cancelada en la cresta de la crisis.[30] El ataque terrorista del 8 de noviembre respalda la observación de McGeorge Bundy de que la amenaza para la paz era Cuba, no Turquía, donde los rusos no llevaban a cabo un asalto letal; aunque, no era en eso en lo que pensaba Bundy, que tampoco habría podido comprenderlo.

El respetado experto Raymond Garthoff, también con una gran experiencia dentro del Gobierno, añadió más detalles en su cuidadoso relato de 1987 de la crisis de los misiles. El 8 de noviembre, escribe, «un equipo de sabotaje cubano enviado desde

Estados Unidos logró hacer estallar un complejo industrial en Cuba»; mataron a cuatrocientos trabajadores, según una carta del Gobierno cubano al secretario general de la ONU.

Garthoff afirma: «Los soviéticos solo podían ver [el atentado] como un intento de dar marcha atrás en lo que era para ellos la cuestión clave que estaba sobre la mesa: las garantías estadounidenses de no atacar Cuba», sobre todo porque la agresión terrorista se lanzó desde Estados Unidos. La conclusión de Garthoff es que esa y otras «acciones de terceras partes» revelan, una vez más, que «el riesgo y el peligro para ambas partes podía haber sido extremo, sin excluir la catástrofe». El mismo autor repasa las operaciones asesinas y destructivas de la campaña terrorista de Kennedy, que desde luego consideraríamos una justificación más que suficiente para la guerra si Estados Unidos o sus aliados o satélites fueran las víctimas y no sus perpetradores.[31]

De la misma fuente descubrimos después que el 23 de agosto de 1962 el presidente había dado a conocer el Memorando de Acción de Seguridad Nacional (NSAM) número 181, «una directiva para preparar una revuelta interna a la que seguiría la intervención militar de Estados Unidos». Eso implicaba «significativos planes militares de Estados Unidos, maniobras y movimiento de fuerzas y equipo», que seguramente eran conocidos por Cuba y la URSS.[32] También en agosto se intensificaron los atentados terroristas, como ataques de lanchas rápidas armadas con metralletas sobre un hotel de la costa cubana en el que «se sabía que se reunían asesores militares soviéticos y acabó con la muerte de decenas de rusos y cubanos»; ataques sobre buques cargueros británicos y cubanos; la contaminación de remesas de azúcar, y otras atrocidades y actos de sabotaje llevados a cabo sobre todo por parte de organizaciones del exilio cubano a las que se permitía operar libremente en Florida. Poco después llegó «el momento más peligroso en la historia de la humanidad», y no surgió por ensalmo.

Kennedy renovó oficialmente las operaciones terroristas después del reflujo de la crisis. Diez días antes de su asesinato, aprobó un plan de la CIA para desarrollar «operaciones de destrucción» por parte de fuerzas delegadas de Estados Unidos «contra una gran refinería de petróleo, una gran central eléctrica, refinerías de azúcar, puentes de ferrocarril, instalaciones portuarias y la demolición submarina de muelles y barcos». Al parecer, el mismo día del asesinato de Kennedy se inició una trama para asesinar a Castro. La campaña terrorista se interrumpió en 1965, pero, según informa Garthoff, «una de los primeras acciones de Nixon al llegar a la Casa Blanca en 1969 fue ordenar a la CIA que intensificara las operaciones encubiertas contra Cuba».[33]

Podemos, por fin, oír las voces de las víctimas en *Voices from the other Side*, del historiador canadiense Keith Bolender, la primera historia oral de la campaña de terror, uno de los muchos libros que es poco probable que en Occidente reciban más que una mención efímera, a lo sumo, porque sus contenidos son demasiado reveladores.[34]

En el *Political Science Quarterly*, la publicación académica de la Asociación Americana de Ciencias Políticas, Montague Kern observa que la crisis de los misiles cubanos es una de esas «crisis poderosas [...] en las que hay una percepción universal de que un enemigo ideológico (la Unión Soviética) ataca, lo cual produce un efecto rebote que extiende en gran medida el apoyo para un presidente, que ve así aumentadas sus opciones políticas».[35]

Kern tiene razón en la «percepción universal», salvo para aquellos que han escapado lo bastante de sus grilletes ideológicos como para prestar cierta atención a los hechos; Kern es uno de ellos. Otro es Sheldon Stern, quien reconoce lo que esos pervertidos han sabido desde hace mucho; como escribe, ahora sabemos que «la explicación original de Jruschov del envío de misiles a Cuba había sido fundamentalmente cierta: el líder soviético nunca había pretendido que esas armas fueran una amenaza para la seguridad de Estados Unidos, sino que consideraba su despliegue un movimiento defensivo para proteger a sus aliados cubanos de los ataques estadounidenses y un esfuerzo desesperado de que pareciera que la URSS estaba a la par en el equilibrio de poder nuclear».[36] Dobbs también reconoce que «Castro y sus mecenas soviéticos tenían motivos reales para temer que Estados Unidos intentaba cambiar el régimen, incluso, como último recurso, invadiendo Cuba [...]. [Jruschov] también era sincero en su deseo de defender la revolución cubana del poderoso vecino del norte».[37]

«EL TERROR DE LA TIERRA»

Internamente era frecuente quitarle relevancia a los ataques estadounidenses calificándolos de bromas estúpidas o diabluras de la CIA que se les fueron de las manos, lo cual está lejos de la verdad. Las mejores y más brillantes mentes habían reaccionado al fracaso de la invasión de bahía de Cochinos casi con histeria, entre ellas el presidente, que informó solemnemente al país: «Las sociedades complacientes, caprichosas, blandas están a punto de ser barridas con los escombros de la historia. Solo los fuertes [...] pueden sobrevivir.»

Y, por supuesto, creía que solo podrían sobrevivir mediante el terror masivo; aunque esa parte se mantuvo en secreto, y sigue sin ser conocido por los lealistas, que perciben que el enemigo ideológico había «atacado primero» (la percepción casi universal, como observa Kern). Tras la derrota de la bahía de Cochinos, escribe el historiador Piero Gleijeses, Kennedy impuso un embargo aplastante para castigar a los cubanos por derrotar una invasión dirigida por Estados Unidos y «pidió a su hermano, el fiscal general Robert Kennedy, que dirigiera el comité interdepartamental de alto nivel que supervisó la operación Mangosta, un programa de operaciones paramilitares, guerra económica y sabotaje iniciado a finales de 1961 para lanzar el "terror de la Tierra" sobre Fidel Castro y, de manera más prosaica, para derrocarlo».[38]

La expresión «terror de la Tierra» es de Arthur Schlesinger, en su casi oficial biografía de Robert Kennedy, a quien se le asignó la responsabilidad de dirigir la guerra terrorista y quien informó a la CIA de que el problema cubano tenía «prioridad máxima para el Gobierno de Estados Unidos —todo lo demás es secundario—, no hay que ahorrar tiempo, esfuerzos ni recursos humanos» en el intento de derrocar el régimen de Castro.[39] La operación Mangosta fue dirigida por Edward Lansdale, que tenía amplia experiencia en «contrainsurgencia», un término acuñado para designar el terrorismo que dirigimos nosotros. Lansdale elaboró un plan que conducía a una «revuelta abierta y al derrocamiento del régimen comunista» en octubre de 1962. La «definición final» del plan reconocía que el «éxito definitivo requerirá la intervención decisiva de Estados Unidos» después de que el terrorismo y la subversión hubieran sentado las bases para ello. La consecuencia implícita era que la intervención militar de Estados Unidos se produciría en octubre de 1962, cuando estalló la crisis de los misiles. Los sucesos recién revisados ayudan a explicar por qué La Habana y Moscú tenían buenas razones para tomarse en serio esas amenazas.

Años después, Robert McNamara reconoció que Cuba tenía motivos para temer un ataque. «Si yo hubiera sido cubano o soviético, también lo habría pensado», observó en una gran conferencia sobre la crisis de los misiles en su cuadragésimo aniversario.[40]

En cuanto al «desesperado intento [de Moscú] de dar a la URSS la apariencia de igualdad», al cual se refiere Stern, hay que recordar que la muy ajustada victoria de Kennedy en las elecciones de 1960 dependió en buena medida de un «desequilibrio de misiles» inventado para aterrorizar al país y condenar la debilidad de la Administración Eisenhower en seguridad nacional.[41] Había, de hecho, un «desequilibrio de misiles», pero era claramente favorable a Estados Unidos.

La primera «declaración pública e inequívoca de la Administración» sobre los hechos, según el analista estratégico Desmond Ball en su autorizado estudio del programa de misiles de Kennedy, se produjo en octubre de 1961, cuando Roswell Gilpatric, entonces vicesecretario de Estado de Defensa, informó al Consejo de Negocios de que «después de un ataque sorpresa, a

Estados Unidos todavía le quedarían más vectores nucleares que la fuerza nuclear que la Unión Soviética emplearía en su primer golpe».[42] Los soviéticos, por supuesto, eran bien conscientes de su debilidad y su vulnerabilidad. También eran conscientes de la reacción de Kennedy cuando Jruschov ofreció reducir drásticamente la capacidad militar ofensiva y procedió a hacerlo de manera unilateral: el presidente Kennedy no respondió, sino que emprendió un enorme plan de armamento.

DUEÑOS DEL MUNDO, ENTONCES Y AHORA

Las dos preguntas más cruciales sobre la llamada «crisis de los misiles» son cómo empezó y cómo terminó. Empezó con el ataque terrorista de Kennedy contra Cuba con una amenaza de invasión en octubre de 1962. Terminó con el rechazo del presidente de las ofertas soviéticas, que le habrían parecido justas a cualquier persona «sensata», pero cuya aceptación era impensable porque habría debilitado el principio de que Estados Unidos tiene derecho a desplegar unilateralmente misiles nucleares en cualquier parte, apuntados a China, a la URSS o a cualquier otro, incluso en sus fronteras; también era un impedimento el corolario que se desprendía de ese principio: que Cuba no tenía ningún derecho a poseer misiles para defenderse contra lo que parecía una invasión inminente de Estados Unidos. Establecer esos principios con firmeza equivalía a afrontar un alto riesgo de una guerra de destrucción inimaginable, así como a rechazar una forma simple y reconocidamente justa de terminar con la amenaza.

Garthoff observa que «en Estados Unidos hubo una aprobación casi universal del modo en que el presidente Kennedy manejó la crisis».[43] Dobbs escribe: «El tono implacablemente optimista lo estableció el historiador de la corte Arthur M. Schlesinger, que escribió que Kennedy había "desconcertado al mundo" mediante una "combinación de dureza y contención, de voluntad, nervios y prudencia, brillantemente controlada e incomparablemente calibrada".»[44] De forma más sobria, Stern está de acuerdo en parte y señala que Kennedy rechazó reiteradamente el consejo militar de sus asesores, que era partidarios de la fuerza militar y rechazaban las opciones pacíficas. Los hechos de octubre de 1962 son ampliamente aclamados como el mejor momento de Kennedy. Graham Allison se une a muchos otros al presentarlos como «una guía de cómo rehuir conflictos, controlar relaciones de gran poder y tomar decisiones sensatas sobre política exterior en general».[45]

En un sentido muy estricto, ese juicio parece razonable. La grabación del ExComm revela que el presidente se sitúa al margen de los demás, en ocasiones casi de todos los demás, al rechazar la violencia prematura. No obstante, hay una pregunta más: ¿cómo debería evaluarse la relativa moderación de Kennedy en el control de la crisis teniendo en cuenta el fondo de consideraciones más amplias recién revisadas? Pero esa pregunta no surge en una cultura disciplinada desde el punto de vista intelectual y moral que acepta sin interrogarse el principio básico de que Estados Unidos posee el mundo por derecho y es por definición una fuerza del bien, a pesar de los errores y malentendidos ocasionales; por ese principio, evidentemente, es justo que Estados Unidos despliegue una fuerza ofensiva masiva en todo el mundo mientras que es indignante que otros (aliados y satélites aparte) hagan el más leve gesto en esa dirección o piensen siquiera en disuadir la amenaza del uso de la violencia por parte de la benévola potencia hegemónica del mundo.

Esa doctrina es hoy la principal acusación oficial contra Irán: podría plantear un elemento disuasorio de oposición a la fuerza estadounidense o israelí. Lo mismo se consideró durante la crisis de los misiles. En la discusión interna, los hermanos Kennedy expresaron sus temores de que los misiles cubanos podrían impedir una invasión estadounidense de Venezuela entonces en estudio. Así pues, «lo de la bahía de Cochinos estuvo realmente bien», concluyó John F. Kennedy.[46]

Estos principios todavía contribuyen al riesgo constante de guerra nuclear. No han faltado peligros graves desde la crisis

de los misiles. Diez años después, durante la guerra árabe-israelí de 1973, el consejero de Seguridad Nacional, Henry Kissinger,
anunció una alerta nuclear de alto nivel (DEFCON 3) para advertir a los soviéticos que no se inmiscuyeran; al mismo tiempo
y en secreto estaba autorizando a Israel a violar el alto el fuego
impuesto por Estados Unidos y la URSS.[47] Cuando Ronald
Reagan llegó a la presidencia unos años después, Estados Unidos lanzó operaciones para sondear las defensas rusas, simulando ataques aéreos y navales mientras instalaba en Alemania misiles Pershing que tardarían de cinco a diez minutos en volar
hasta objetivos rusos y, por tanto, proporcionaban lo que la
CIA llamó una «capacidad inmediata de primer golpe».[48] Naturalmente, eso causó gran alarma en la Unión Soviética, que a
diferencia de Estados Unidos ha sido repetidamente invadida y
casi destruida, y condujo a una gran amenaza de guerra en 1983.
También ha habido centenares de casos en los que los sistemas
automatizados han emitido falsas alarmas, y solo gracias a la intervención humana se ha abortado un golpe minutos antes del
lanzamiento. No disponemos de información rusa, pero no
cabe duda de que sus sistemas son mucho más susceptibles de
sufrir un accidente.

Entretanto, la India y Pakistán han llegado al borde de la
guerra nuclear varias veces, y las fuentes de su conflicto siguen
estando ahí. Ambos países, junto con Israel, se han negado a
firmar el TNPN y han recibido el apoyo de Estados Unidos
para desarrollar su programa de ese tipo de armamento.

En 1962, la guerra se evitó por la voluntad de Jruschov de
aceptar las demandas hegemónicas de Kennedy, pero no podemos contar con esa cordura para siempre. Es casi un milagro
que la guerra nuclear se haya evitado hasta el momento. Hay
más razones que nunca para hacer caso a la advertencia de Bertrand Russell y Albert Einstein, hace casi sesenta años, de que
tenemos que elegir y la elección es «breve, espantosa e ineludi-
ble: ¿vamos a poner fin a la raza humana, o la humanidad renun-
ciará a la guerra?».[49]

9

Contexto y consecuencias de los Acuerdos de Oslo

En septiembre de 1993, el presidente Clinton vio como se estrechaban las manos el primer ministro Yitzhak Rabin y el dirigente de la OLP Yasir Arafat en los jardines de la Casa Blanca, lo que remataba «un día impresionante», como lo describió la prensa con reverencia.[1] Estaban presentando la Declaración de Principios para la resolución del conflicto israelo-palestino, conocidos como Acuerdos de Oslo porque se gestaron en secretas reuniones celebradas en esa ciudad patrocinadas por el Gobierno noruego.

Desde noviembre de 1991, se llevaban a cabo negociaciones independientes entre Israel y Palestina, iniciadas por Estados Unidos a la luz del brillo de su victoria en la primera guerra de Irak, que estableció que «lo que decimos se hace», en las palabras triunfantes del presidente George H. W. Bush.[2] Las negociaciones se abrieron con una breve conferencia en Madrid y continuaron bajo la mano rectora de Estados Unidos; técnicamente, participaba la debilitada Unión Soviética para proporcionar la ilusión de que las negociaciones tenían auspicios internacionales. La delegación palestina, formada por palestinos de los territorios ocupados (que llamaremos «palestinos del interior»), estaba encabezada por el entregado e incorruptible nacionalista de izquierdas Haidar Abdel Shafi, probablemente la figura más respetada en Palestina. Los «palestinos del exterior» —la Organización para la Liberación de Palestina (OLP), en aquel momento con sede en Túnez y dirigida por Yasir Arafat— quedaron excluidos, aunque tenían un observador extraoficial, Faisal Huseini. La enorme cifra de refugiados palestinos quedaron totalmente excluidos de las negociaciones, sin ninguna consideración por sus derechos, ni siquiera los que les concedió la Asamblea General de Naciones Unidas.

Para apreciar la naturaleza y el significado de los Acuerdos de Oslo y las consecuencias que se derivaron de ellos, es importante comprender el trasfondo y el contexto en los que se desarrollaron las negociaciones de Madrid y Oslo. Empezaré por revisar los puntos destacados del trasfondo inmediato que estableció el contexto para las negociaciones, luego me centraré en los Acuerdos de Oslo y consecuencias, que se extienden hasta el presente, y finalmente añadiré unas palabras sobre lecciones que deberían aprenderse.

Hacía poco que la OLP, Israel y Estados Unidos habían hecho públicas sus posiciones sobre los aspectos básicos que constituyeron el tema de las negociaciones de Madrid y Oslo. La posición de la OLP se presentó en una declaración del Consejo Nacional Palestino (CNP), en noviembre de 1988, que planteaba una larga serie de iniciativas diplomáticas que se habían rechazado. La OLP pedía el establecimiento de un Estado palestino en los territorios ocupados por Israel desde 1967 y solicitaba al Consejo de Seguridad de Naciones Unidas que «formulara e hiciera cumplir disposiciones para la seguridad y la paz entre todos los Estados implicados en la región, incluido el Estado palestino», junto con Israel.[3] La declaración del CNP, que aceptó el consenso internacional para llegar a una solución diplomática, era prácticamente idéntica a la resolución de dos Estados llevada ante el Consejo de Seguridad en enero de 1976 por los «Estados árabes enfrentados» (Egipto, Siria y Jordania). Estados Unidos vetó la propuesta entonces y de nuevo en 1980. Durante cuarenta años, Estados Unidos ha bloqueado el consenso internacional y, galanterías diplomáticas aparte, sigue haciéndolo.

En 1988, la posición negacionista de Washington estaba empezando a resultar difícil de mantener. En diciembre, la saliente Administración Reagan se había convertido en el hazmerreír internacional con sus esfuerzos cada vez más desesperados de simular que eran los únicos en el mundo que no oían las propuestas serviciales de la OLP y los países árabes. A regañadientes, Washington decidió «declarar la victoria», afirmando que, por fin, la OLP se había visto obligada a pronunciar las «palabras mágicas» del secretario de Estado George Shultz y a expresar su voluntad de seguir el camino de la diplomacia.[4] Como Shultz deja claro en sus memorias, el objetivo era garantizar la humillación máxima de la OLP al tiempo que se reconocía que las ofertas de paz no podían seguir negándose. Shultz informó al presidente Reagan de que Arafat estaba «diciendo en un sitio *"unc, unc, unc"* y en otro *"cle, cle, cle"*, pero no se atrevía a decir *"uncle"*», y aceptar así una capitulación absoluta al humilde estilo que se espera de las clases bajas. Por tanto, se permitirían discusiones de nivel bajo con la OLP, pero en el buen entendido de que serían insignificantes: en concreto, se estipuló que la OLP debía abandonar su aspiración de una conferencia internacional, de manera que Estados Unidos mantendría el control.[5]

En mayo de 1989, la coalición de gobierno israelí entre el Likud y los laboristas respondió formalmente a la aceptación palestina de un acuerdo de dos Estados declarando que no podría haber ningún «Estado palestino adicional» entre Jordania e Israel (puesto que Jordania ya era un Estado palestino por dictado de Israel, al margen de lo que jordanos y palestinos pudieran pensar), y que no habría «ningún cambio en el estatus de Judea, Samaria y Gaza [Cisjordania y Gaza], salvo conforme a las directrices básicas del Gobierno [israelí]».[6] Además, Israel no llevaría a cabo ninguna negociación con la OLP, aunque permitiría «elecciones libres» bajo un gobierno militar israelí, con gran parte de los dirigentes palestinos en prisión sin cargos o expulsados de Palestina.

En el plan propuesto por el secretario de Estado James A. Baker, la nueva Administración Bush aprobó esta propuesta sin calificarla en diciembre de 1989. Esas eran las tres posiciones formales en vísperas de las negociaciones de Madrid, con Washington mediando como el «intermediario imparcial».

Cuando Arafat fue a Washington a participar en el «día impresionante» en septiembre de 1993, el artículo principal de *The New York Times* celebró el apretón de manos como una «imagen espectacular» que «hará de Arafat un estadista pacificador», que finalmente renunció a la violencia bajo la tutela de Washington.[7] Entre los críticos de la corriente principal, Anthony Lewis, columnista de *The New York Times*, escribió que hasta aquel momento los palestinos siempre habían «rechazado el compromiso», pero por fin estaban deseando «hacer posible la paz».[8] Por supuesto, eran Estados Unidos e Israel los que habían rechazado la diplomacia y la OLP la que había estado ofreciendo su compromiso durante años, pero la inversión de los hechos de Lewis era muy normal y no fue cuestionada en la corriente principal.

Hubo otros acontecimientos cruciales en los años inmediatamente anteriores a Madrid y Oslo. En diciembre de 1987, la Intifada estalló en Gaza y se extendió con rapidez por los Territorios Ocupados.[9] Ese levantamiento de amplia base social y notablemente contenido fue una sorpresa tanto para la OLP en Túnez como para las fuerzas de ocupación israelíes y su enorme sistema de fuerzas militares y paramilitares, de vigilancia y colaboradores. La Intifada no se limitó a oponerse a la ocupación. También fue una revolución social dentro de la sociedad palestina, que rompió patrones de subordinación de las mujeres, la autoridad de los notables y otras formas de jerarquía y dominación.

Pese a que el momento de la Intifada fue una sorpresa, el levantamiento en sí no lo fue, al menos para aquellos que prestaban algo de atención a las operaciones israelíes respaldadas por Estados Unidos dentro de los territorios. Algo tenía que ocurrir; la gente no puede soportarlo todo. Durante los veinte años anteriores, los palestinos bajo ocupación militar habían sido sometidos a una dura represión, a una enorme brutalidad y a la humillación cruel mientras veían desaparecer ante sus ojos lo que quedaba de su país a medida que Israel llevaba a cabo sus programas de asentamientos, ponía en marcha enormes infraestructuras diseñadas para integrar en su seno partes valiosas de los territorios, les robaba sus recursos e imponía otras medidas para impedir el desarrollo independiente; siempre con el crucial apoyo de Estados Unidos, en lo económico, en lo diplomático y con respaldo ideológico a la manera de tratar los asuntos.

Por ejemplificarlo con solo uno de los muchos casos que no fueron noticia ni suscitaron preocupación en Occidente: poco antes del estallido de la Intifada, un residente de un asentamiento judío cercano le disparó a una chica palestina, Intissar al-Atar, en el patio de una escuela de Gaza y la mató.[10] El colono era uno de los miles de israelíes que se asentaron en Gaza con sustanciales subsidios del Estado, protegidos por una enorme presencia armada cuando tomaron la mayor parte de la tierra y la escasa agua de la Franja de Gaza para vivir «lujosamente en veintidós asentamientos en medio de 1,4 millones de palestinos indigentes», como describió el crimen el experto israelí Avi Raz.[11]

El asesino de la alumna, Shimon Yifra, fue detenido, pero rápidamente lo pusieron en libertad bajo fianza, ya que el tribunal dictaminó que el caso no era «lo bastante grave» para exigir la detención. El juez comentó que al disparar su arma en un patio de escuela, Yifra solo pretendía asustar a la niña y no matarla, así que no era «el caso de un criminal que ha de ser castigado, disuadido y al que hay que darle una lección encarcelándolo». A Yifra lo condenaron a una sentencia suspendida de siete meses, y los colonos presentes en la sala empezaron a cantar y bailar. Y reinó el silencio habitual. Al fin y al cabo, era rutina.

Desde luego lo era: cuando Yifra fue puesto en libertad, la prensa israelí informó de que una patrulla del ejército disparó en el patio de una escuela de un campo de refugiados de Cisjordania e hirió a cinco niños, también con el único objetivo de «asustarlos». No hubo cargos y, una vez más, el hecho no recibió ninguna atención. Fue solo otro episodio en un plan de «analfabetismo como castigo», como lo denominó la prensa israelí; un plan que comprendía el cierre de escuelas, el uso de bombas de gas, golpear a estudiantes con la culata del rifle y no dejar que se prestara ayuda médica a las víctimas. Además de las escuelas, las órdenes del ministro de Defensa, Yitzhak Rabin, impusieron un reino de brutalidad que se hizo aún más salvaje durante la Intifada. Después de dos años de represión violenta y sádica, Rabin informó a los líderes de Paz Ahora de que «los habitantes de los territorios están sujetos a una intensa presión militar y económica». Al final, estarían «destrozados» y aceptarían los términos de Israel; como hicieron cuando Arafat restauró el control mediante el proceso de Oslo.[12]

Las negociaciones de Madrid entre Israel y los palestinos del interior continuaron sin resultados concluyentes desde 1991, sobre todo porque Abdel Shafi insistió en poner fin a la expansión de los asentamientos israelíes. Los asentamientos eran todos ilegales, como habían determinado repetidamente las autoridades internacionales, incluido el Consejo de Seguridad de Naciones Unidas (entre otras resoluciones, la UNSC 446, aprobada por doce votos a favor, ninguno en contra y las abstenciones de Estados Unidos, el Reino Unido y Noruega).[13] La ilegalidad de los asentamientos fue confirmada después por el Tribunal Internacional de Justicia. También la reconocieron las más altas autoridades legales de Israel y mandatarios gubernamentales a finales de 1967, cuando empezaron los proyectos de asentamiento. La criminal empresa contemplaba la inmensa expansión y anexión del Gran Jerusalén, lo que suponía una violación explícita de repetidas órdenes del Consejo de Seguridad.[14]

El periodista israelí Danny Rubinstein, uno de los analistas mejor informados sobre el tema de los Territorios Ocupados, resumió de manera precisa la posición de Israel al inaugurarse la conferencia de Madrid.[15] Escribió que, en Madrid, Israel y Estados Unidos accederían a alguna forma de «autonomía» palestina, como exigían los Acuerdos de Camp David de 1978, pero sería una «autonomía como en un campo de prisioneros de guerra, donde los prisioneros son "autónomos" para prepararse la comida sin interferencias y organizar eventos culturales».[16]

A los palestinos se les concedería poco más de lo que ya habían conseguido —control sobre servicios locales— y los planes de asentamientos de Israel continuarían.

Mientras las negociaciones de Madrid y las negociaciones secretas de Oslo estaban en marcha, esos planes se expandieron con rapidez, primero durante el mandato de Yitzhak Shamir y luego en el de Yitzhak Rabin, que fue elegido primer ministro en 1992 y alardeó de que «se estaban construyendo más viviendas en los territorios durante su mandato que en ningún otro momento desde 1967». Rabin explicó sucintamente el principio rector: «Lo importante es lo que hay dentro de las fronteras y es menos importante dónde están las fronteras, siempre y cuando el estado [de Israel] cubra la mayor parte del territorio de la tierra de Israel [*eretz Israel*, la anterior Palestina], cuya capital es Jerusalén.»

Los investigadores israelíes informaron de que el objetivo del Gobierno de Rabin era expandir radicalmente «la zona de influencia del Gran Jerusalén», desde Ramala a Hebrón y a la frontera de Maale Adumim, cerca de Jericó, para «terminar creando círculos de asentamientos judíos contiguos en la zona de influencia del Gran Jerusalén, rodear todavía más a las comunidades palestinas, limitar su desarrollo e impedir cualquier posibilidad de que Jerusalén Este pudiera convertirse en una capital palestina». Además, «se ha estado construyendo una inmensa red de carreteras para formar la columna vertebral del patrón de asentamientos».[17]

Los asentamientos se extendieron con rapidez después de los Acuerdos de Oslo, con algunos nuevos y la densificación de los viejos, con incentivos especiales para atraer nuevos colonos y proyectos de autopistas con la intención de cantonizar el territorio. Aparte del anexionado Jerusalén Este, los inicios de obras se incrementaron en más del 40 % entre 1993 y 1995, según un estudio de Paz Ahora.[18] La financiación gubernamental de asentamientos en los territorios se incrementó en el 70 % en 1994, el año siguiente a los acuerdos.[19] *Davar*, el periódico del gobernante Partido Laborista, informó de que el Gobierno de

Rabin estaba manteniendo las prioridades del Gobierno de ultraderecha de Shamir al que había reemplazado. Mientras simulaban congelar los asentamientos, los laboristas «ayudaron económicamente más incluso que el Gobierno de Shamir» y aumentaron las colonias «en todas las partes de Cisjordania, incluso en los lugares más provocadores».[20] Esa política se llevó adelante en los años posteriores y es la base de los actuales programas del Gobierno de Netanyahu; está diseñada para que Israel controle en torno al 40 o 50 % de Cisjordania, con el resto del territorio cantonizado, aprisionado a medida que Israel invade el valle del Jordán, y separado de Gaza, lo que viola los Acuerdos de Oslo, garantizando de ese modo que cualquier potencial entidad palestina carecerá de acceso al mundo exterior.

La Intifada la iniciaron y la llevaron a cabo los palestinos del interior. La OLP, en Túnez, trató de ejercer cierto control sobre los hechos, pero con escaso éxito. Las políticas de principios de la década de 1990, mientras las negociaciones estaban en marcha, profundizaron la distanciación de los palestinos del interior respecto a la dirección de la OLP en el extranjero.

En estas circunstancias, no es sorprendente que Arafat buscara una forma de restablecer la autoridad de la OLP. La oportunidad se le brindó mediante las negociaciones secretas entre él e Israel bajo los auspicios de Noruega, que debilitaron el liderazgo local. Cuando concluyeron en agosto de 1993, Lamis Andoni, una de las pocas periodistas que observaba con atención lo que estaba ocurriendo entre los palestinos bajo la ocupación y en los campos de refugiados de países vecinos, estudió el creciente alejamiento de la OLP.

Andoni explicó que la OLP se estaba «enfrentando a la peor crisis desde su creación [mientras] los grupos palestinos —excepto Fatah— e independientes se iban distanciando de la organización [y la] menguante camarilla de Yasir Arafat». Informó de que los dos máximos miembros del comité ejecutivo de la OLP, el poeta palestino Mahmud Darwish y Shafiq al-Hut, habían dimitido del comité ejecutivo de la OLP, y que los negociadores estaban presentando su renuncia e incluso algunos grupos que permanecían dentro se distanciaban de Arafat. El líder de Fatah en Líbano pidió la dimisión de Arafat, y la oposición a su persona y a la corrupción y autocracia de la OLP iban en aumento en los territorios. Junto con «la rápida desintegración del grupo principal y la pérdida de apoyo de Arafat en el seno de su propio movimiento [...], la veloz desintegración de las instituciones de la OLP y la constante erosión del electorado de la organización podían provocar que cualquier avance en las negociaciones de paz no tuviera significado».

En palabras de Andoni: «En ningún momento de la historia de la OLP ha sido tan fuerte la oposición a la dirección y al propio Arafat, y por primera vez existe un sentimiento creciente de que salvaguardar los derechos nacionales palestinos ya no depende de defender el papel de la OLP. Muchos creen que es la política de liderazgo la que está destruyendo las instituciones palestinas y poniendo en peligro los derechos nacionales de Palestina.» La periodista afirmaba que, por tales razones, Arafat estaba siguiendo la opción de Jericó-Gaza ofrecida por el acuerdo de Oslo, que esperaba que constituyera una «afirmación de la autoridad de la OLP, sobre todo en medio de signos de que el Gobierno israelí podría hacer un esfuerzo adicional para hablar directamente con la OLP y devolverle así la legitimidad que está perdiendo internamente».

Seguro que las autoridades israelíes eran conscientes de lo que ocurría dentro de Palestina y presumiblemente supieron apreciar que tenía sentido tratar con aquellos que estaban «destruyendo instituciones palestinas y poniendo en riesgo los derechos nacionales de Palestina» antes de que la población buscara conseguir sus objetivos y esos derechos de alguna otra manera.

La reacción a los Acuerdos de Oslo entre los palestinos dentro de los territorios fue diversa. Algunos tenían mucha esperanza; otros vieron poco que celebrar. «Las cláusulas de los acuerdos han alarmado incluso a los palestinos más moderados, a quienes les preocupa que el acuerdo consolide el control israelí en los territorios», informó Lamis Andoni. Saeb Erekat, veterano negociador palestino, comentó que «parece que este acuerdo busca reorganizar la ocupación israelí y no una conclusión gradual».[21] Incluso Faisal Huseini, muy próximo a Arafat, manifestó que el acuerdo «no es el principio que nuestro pueblo estaba buscando». Haidar Abdel Shafi criticó a la dirección de la OLP por aceptar un acuerdo que le permitía a Israel continuar con su política de asentamientos y apropiación de tierra, así como la «anexión y judaización» de la zona ampliada de Jerusalén y su «hegemonía económica» sobre los palestinos; y rechazó asistir a la celebración en los jardines de la Casa Blanca.[22] Particularmente irritante para muchos era lo que veían como «la conducta mezquina de la dirección de la OLP, con un patrón de olvidarse de los palestinos que han sufrido veintisiete años de ocupación israelí en favor de exiliados llegados de Túnez para tomar el poder», informó Yusef Ibrahim en *The New York Times*, que añadía: «Los jóvenes palestinos les arrojaron [a los representantes de la OLP] piedras cuando entraron en Jericó en jeeps del ejército israelí.»[23] La lista provisional de Arafat para el Gobierno de su Autoridad Palestina reveló que estaba «decidido a llenarlo de partidarios del régimen y miembros de la diáspora palestina», escribió Julian Ozanne desde Jerusalén para *The Financial Times*. La lista solo tenía dos palestinos del interior, Faisal Huseini y Zakaria al-Aga, ambos adeptos a Arafat.[24] El resto salió de «facciones políticas leales» a Arafat de fuera de los territorios.

Una mirada a los contenidos reales de los Acuerdos de Oslo revela que tales reacciones fueron, si acaso, excesivamente optimistas. Los acuerdos explicitaban las exigencias de Israel, pero optaba por el silencio sobre los derechos nacionales palestinos. Se ceñía a la concepción articulada por Dennis Ross, principal asesor del presidente Clinton para Oriente Próximo y negociador en Camp David en 2000, y después asesor clave también de Obama. Como explicó Ross, Israel tiene «necesidades» mientras que los palestinos solo tienen «deseos»; obviamente de menor calado.[25]

El artículo 1 de la Declaración de Principios afirma que el resultado final del proceso ha de ser «un asentamiento permanente basado en las resoluciones 242 y 338 del Consejo de Seguridad». Los que estaban familiarizados con la diplomacia en torno al conflicto Israel-Palestina no tuvieron ninguna dificultad en comprender lo que significaba. Las resoluciones 242 y 338 no decían nada en absoluto de los derechos de los palestinos, salvo por una vaga referencia a un «acuerdo justo en el problema de los refugiados».[26] Las resoluciones posteriores referidas a los derechos nacionales palestinos se pasaron por alto en los acuerdos. Si la culminación del «proceso de paz» se ponía en marcha en esos términos, los palestinos podían despedirse de cierto grado de derechos nacionales en la antigua Palestina.

Otros artículos de los Acuerdos de Oslo manifiestan todo esto con más claridad. Estipulan que la autoridad palestina se extiende sobre «el territorio de Cisjordania y la Franja de Gaza, salvo para cuestiones que se tratarán en las negociaciones permanentes: Jerusalén, asentamientos, ubicaciones militares e israelíes»; es decir, salvo para todas las cuestiones significativas.[27] Además, «después de su retirada, Israel continuará siendo responsable de la seguridad externa, de la seguridad interna, y del orden público de los asentamientos y de los israelíes. Las fuerzas militares y los civiles israelíes podrán continuar utilizando con libertad las carreteras dentro de la Franja de Gaza y la zona de Jericó», las dos áreas de las que Israel se comprometió a retirarse, en algún momento.[28] En resumen, no habría cambios significativos. El documento tampoco tenía nada que decir sobre los planes de asentamientos en el corazón del conflicto, que incluso antes de la vasta expansión bajo el proceso de Oslo ya debilitaban la perspectiva de que los palestinos lograran un grado significativo de autodeterminación.

En resumen, solo sucumbiendo a lo que en ocasiones se denomina «ignorancia intencionada» podía uno creer que el proceso de Oslo era un camino hacia la paz. No obstante, esa idea se convirtió casi en dogma entre los periodistas y los intelectuales occidentales.

Tras los Acuerdos de Oslo llegaron otros acuerdos entre Israel y Arafat/OLP. El primero y más importante de ellos fue el

Acuerdo Oslo II, en 1995, poco antes de que el primer ministro Rabin fuera asesinado, un suceso trágico, aunque el elaborado espejismo de «Rabin el pacificador» no aguanta el análisis. El Acuerdo Oslo II es lo que se esperaría que elaboraran unos estudiantes de Derecho inteligentes a los que se les asignara la tarea de construir un documento que diera a las autoridades de Estados Unidos e Israel la opción de hacer lo que les complacía al tiempo que dejaban espacio a las conjeturas sobre resultados más aceptables, de manera que cuando se viera que esos resultados no se alcanzaban cabía la posibilidad de achacar la culpa a los «extremistas» que han socavado el compromiso.

Para ilustrarlo, el Acuerdo Oslo II estipulaba que los colonos (ilegales) en los Territorios Ocupados permanecerían bajo jurisdicción y legislación israelíes. En la expresión oficial, «el Gobierno militar israelí [en los territorios] mantendrá los poderes legislativo, ejecutivo y judicial, y sus responsabilidades, de acuerdo con la ley internacional», que Estados Unidos e Israel siempre han interpretado a su albedrío, con la aquiescencia tácita de Europa. Tal laxitud también les garantizaba a esas autoridades el poder de veto efectivo sobre la legislación palestina. El acuerdo afirmaba que cualquier «legislación que enmienda o deroga las leyes u órdenes militares existentes [impuestas por Israel] [...], no tendrá ningún efecto y será nula *ab initio* si excede la jurisdicción del Consejo [palestino]» —que no ejercía ninguna autoridad en la mayoría de los territorios y en otros lugares solo una autoridad condicionada a la aprobación israelí— o es «de otro modo inconsistente con este o cualquier otro acuerdo». Además, «el lado palestino respetará los derechos legales de los israelíes (incluidas las empresas israelíes) relacionados con tierras situadas en zonas bajo jurisdicción territorial del Consejo»; es decir, en las zonas limitadas donde las autoridades palestinas deberían tener jurisdicción sujeta a la aprobación israelí; en concreto, sus derechos relacionados con el Gobierno y la llamada tierra «absentista», un complejo constructo legal que, en esencia, transfiere a Israel la jurisdicción de tierras de los palestinos ausentes de territorios tomados por Israel.[29] Las dos últimas categorías constituyen la mayoría de la región, aunque el Gobierno de Israel, que determina unilateralmente sus fronteras, no proporciona cifras oficiales. La prensa israelí informó de que las «tierras estatales sin ocupar» equivalían a alrededor de la mitad de Cisjordania, y el total de las tierras del Estado, a alrededor del 70 %.[30]

Así pues, Oslo II anuló la decisión de casi todo el mundo, y todas las autoridades legales relevantes, de que Israel no tiene derechos sobre los territorios ocupados en 1967 y que los asentamientos son ilegales. El lado palestino reconoció su legalidad, junto con otros derechos legales no especificados de los israelíes en distintas zonas de los territorios, incluidas las zonas A y B (bajo control condicional palestino). Oslo II implantó con mayor firmeza el logro fundamental de Oslo I: todas las resoluciones de Naciones Unidas sobre los derechos palestinos fueron derogadas, incluidas las relativas a la legalidad de los asentamientos, el estatus de Jerusalén y el derecho al retorno. Eso borró de un plumazo casi todo el historial de la diplomacia de Oriente Próximo, salvo la versión puesta en marcha en el «proceso de paz» dirigido unilateralmente por Estados Unidos. Los hechos fundamentales no solo se extirparon de la historia, al menos en las crónicas estadounidenses, sino que también se eliminaron oficialmente.

Así han continuado las cosas hasta el presente.

Como se señaló, era comprensible que Arafat saltara ante la oportunidad de debilitar la dirección palestina interna para intentar reafirmar su poder menguante en los territorios. Pero ¿qué creían exactamente que estaban logrando los negociadores noruegos? El único estudio serio de la cuestión del que tengo conocimiento es la obra de Hilde Henriksen Waage, que había sido comisionada por el Ministerio de Asuntos Exteriores de Noruega para investigar el tema y a la que se le concedió acceso a archivos internos, solo para que hiciera el destacable hallazgo de que falta el registro documental del período crucial.[31]

Waage observa que los Acuerdos de Oslo fueron ciertamente un punto de inflexión en la historia del conflicto Israel-Palestina, al tiempo que se establecía Oslo como «capital de la paz» mundial. «Se esperaba del proceso de Oslo que llevara paz a Oriente Próximo —escribe Waage—, pero para los palestinos, resultó en la parcelación de Cisjordania, la duplicación de colonos israelíes, la construcción de un paralizante muro de separación, un régimen de clausura draconiano y una separación sin precedentes entre la Franja de Gaza y Cisjordania.»[32]

Waage concluye de manera plausible que «el proceso de Oslo podría servir como ejemplo perfecto de los errores en el modelo de la mediación de un pequeño Estado como tercera parte en conflictos sumamente asimétricos» y, como expresa con crudeza, «el proceso de Oslo se desarrolló en terreno de Israel y Noruega actuó como su útil chico de los recados». Y continúa: «Los noruegos creían que por medio del diálogo y un gradual aumento de confianza se crearía una dinámica de paz irreversible que podría acercar el proceso hacia la solución. El problema con todo este enfoque es que la cuestión no es de confianza, sino de poder. El proceso de facilitación enmascara esa realidad. En el fondo, los resultados que pueden lograrse mediante la intermediación de una tercera parte débil no son más que lo que la parte fuerte permitirá [...]. La cuestión que se plantea es si un modelo así puede ser adecuado.»[33]

Una buena pregunta, que merece plantearse, sobre todo cuando la opinión occidental bien formada adopta ahora la hipótesis ridícula de que es posible entablar negociaciones serías entre Israel y Palestina bajo los auspicios de Estados Unidos como «intermediario imparcial», cuando, en realidad, es desde hace cuarenta años socio de Israel en el bloqueo de un acuerdo diplomático que cuenta con un apoyo casi universal.

10

La víspera de la destrucción

Para preguntarse qué puede deparar el futuro, es interesante mirar la especie humana desde fuera. Así que imagina que eres un observador extraterrestre que trata de adoptar una posición neutral y averiguar lo que está ocurriendo aquí o, para el caso, imagina que eres un historiador dentro de cien años —suponiendo que haya historiadores dentro de cien años, lo cual no es obvio— y analizas lo que ocurre hoy. Verías algo muy notorio.

Por primera vez en la historia de la especie humana, hemos desarrollado claramente la capacidad de destruirnos. Eso es cierto desde 1945. Ahora por fin se está reconociendo que hay más procesos a largo plazo, como el deterioro medioambiental, que conducen en la misma dirección; quizá no a la destrucción total, pero sí, como mínimo, a acabar con la posibilidad de una existencia digna.

Y hay otros peligros, como las pandemias, que tienen que ver con la globalización y la interacción. Así pues, hay procesos en marcha e instituciones en medio de ellos, como los sistemas de armas nucleares, que podrían asestar un golpe terrible a la existencia organizada, o quizá provocar su fin.

La pregunta es: ¿qué está haciendo la gente? Nada de esto es secreto; está todo perfectamente claro. De hecho, hay que hacer un esfuerzo para no verlo y ha habido un amplio abanico de reacciones. Están aquellos que intentan con todas sus fuerzas hacer algo para contener estas amenazas y otros que actúan para que aumenten. Si tú, ese futuro historiador u observador extraterrestre, miraras quién hay en cada grupo, verías algo realmente extraño: aquellos que intentan mitigar o vencer las amenazas son las sociedades menos desarrolladas, las poblaciones indígenas —o lo que queda de ellas—, sociedades tribales y pueblos originarios de Canadá; en vez de hablar de guerra nuclear, hablan de los desastres ambientales y de verdad intentan hacer algo al respecto.

De hecho, en todo el mundo —Australia, la India, Sudamérica— hay batallas en marcha, en ocasiones guerras. En la India hay una gran guerra sobre la destrucción medioambiental directa, con sociedades tribales que tratan de resistir ante operaciones de extracción de recursos extremadamente dañinas localmente y también en sus consecuencias generales. En muchos casos de sociedades en las que las poblaciones indígenas tienen influencia se adopta una posición fuerte. La posición más fuerte de cualquier país en relación con el calentamiento global es la de Bolivia, que cuenta con una mayoría indígena y formulaciones constitucionales que protegen los «derechos de la naturaleza». Ecuador, que también posee una gran población indígena, es, que yo sepa, el único país exportador de petróleo cuyo gobierno está buscando ayuda para mantener ese petróleo en el sustrato en lugar de producirlo y exportarlo; y el sustrato es el lugar donde debería estar.

El presidente de Venezuela Hugo Chávez fue objeto de burla, insultos y odio en el mundo occidental; asistió a una sesión de la Asamblea General de Naciones Unidas hace unos años donde recabó toda clase de mofas por llamar «diablo» a George W. Bush. También pronunció un discurso bastante interesante. Venezuela es un gran productor de petróleo; el petróleo supone prácticamente la totalidad de su producto interior bruto; Chávez advirtió de los peligros del uso excesivo de combustibles fósiles e instó a países productores y consumidores a unirse y tratar de encontrar maneras de reducir su consumo. Fue bastante asombroso viniendo de un productor de crudo. Chávez era en parte de origen indígena. A diferencia de lo que ocurrió con sus actuaciones graciosas, no se informó de este aspecto de sus acciones ante Naciones Unidas.[1]

Así pues, en un extremo hay sociedades indígenas, tribales, que tratan de detener la carrera hacia el desastre. En el otro extremo, las sociedades más ricas y poderosas de la historia del mundo, como Estados Unidos y Canadá, corren a toda velocidad para destruir el entorno lo antes posible. A diferencia de Ecuador y las sociedades indígenas de todo el mundo, quieren extraer hasta la última gota de hidrocarburos del subsuelo con la máxima velocidad. Los dos grandes partidos políticos, el presidente Obama, los medios y la prensa internacional parecen entusiasmados con lo que llaman «un siglo de autosuficiencia energética» para Estados Unidos. «Suficiencia energética» es un concepto casi sin sentido, pero dejemos eso de lado. Lo que quieren decir es que tendremos un siglo en el que maximizar el uso de combustibles fósiles y contribuir a la destrucción del mundo.

Y eso es más o menos lo que ocurre en todas partes. Cierto es que Europa está haciendo algo para desarrollar energías alternativas. Entretanto, Estados Unidos, el país más rico y más poderoso en la historia del mundo, es el único entre alrededor de un centenar de países relevantes que no tiene una política nacional para restringir el uso de combustibles fósiles y que ni siquiera tiene objetivos de energías renovables. No es porque la población no lo quiera. Los estadounidenses están muy cerca de la norma internacional en su preocupación por el calentamiento global. Son las estructuras institucionales las que bloquean el cambio. Los intereses económicos no lo quieren y su poder sobre el rumbo de la política es enorme, así que hay una gran brecha entre la opinión pública y la política en montones de cuestiones, incluida esta.

Así pues, eso es lo que verá nuestro historiador futuro (si es que hay alguno), que también podría leer publicaciones científicas de hoy. Cada una tiene una predicción más funesta que la anterior.

La otra cuestión es la guerra nuclear. Es sabido desde hace mucho tiempo que si se produjera un primer ataque de una gran potencia, incluso si ninguna otra respondiera, probablemente destruiría la civilización por las consecuencias del invierno nuclear que provocaría. Hay información sobre este asunto en el *Bulletin of the Atomic Scientists*, así que es bien conocido. El peligro siempre ha sido mucho más grave de lo que pensábamos.

Hoy hace más de cincuenta años de la crisis de los misiles de Cuba. Nos fue de un pelo, y no fue la única vez. No obstante, lo peor de aquellos sucesos nefastos es que no se han aprendido las lecciones que nos dejaron. En 1973, diez años después de aquellos hechos, el secretario de Estado Henry Kissinger activó una elevada alerta nuclear. Les había dicho a los israelíes que podían violar un alto el fuego que Estados Unidos y la URSS acababan de acordar, y era su forma de advertir a los rusos que no interfirieran.[2] Por fortuna, no ocurrió nada.

Diez años después de eso, Reagan llegaba a la presidencia. Poco antes de que entrara en el Despacho Oval, él y sus consejeros hicieron que la Fuerza Aérea de Estados Unidos penetrara en el espacio aéreo soviético para tratar de obtener información sobre los sistemas de alerta soviéticos; fue la operación Arquero Capaz,[3] que consistía, básicamente, en ataques falsos. Los soviéticos no supieron cómo responder y algunos oficiales de alto rango temieron que se tratara del primer paso hacia un ataque real. Por fortuna, no reaccionaron, aunque fue de poco. Y etcétera, etcétera.

LO QUE PODEMOS APRENDER DE LAS CRISIS NUCLEARES DE IRÁN Y COREA DEL NORTE

La cuestión nuclear aparece con regularidad en primera página de los periódicos en relación con Irán y Corea del Norte.

Hay formas de tratar con esas crisis continuadas; puede que no funcionen, pero, al menos, se podría intentar. Sin embargo, no se consideran; ni siquiera se informa de ellas.

Tomemos el caso de Irán, que se ve en Occidente —no así en el mundo árabe ni en Asia— como la mayor amenaza a la paz mundial. Se trata de una obsesión de Occidente y es interesante investigar las razones, pero dejaré eso de lado aquí. ¿Hay alguna forma de enfrentarse a la que supuestamente es la mayor amenaza a la paz mundial? En realidad, hay unas cuantas. Una forma, bastante sensata, se propuso en una reunión de los países no alineados en Teherán en 2013. De hecho, solo reiteraban una propuesta que ha estado sobre el tapete durante décadas, planteada en particular por Egipto, y que ha sido aprobada por la Asamblea General de Naciones Unidas.

La propuesta consiste en avanzar hacia el establecimiento de una zona libre de armas nucleares en la región. Esa no sería la respuesta a todo, pero sería un bonito y significativo paso adelante. Y había formas de actuar: en diciembre de 2012 tenía que celebrarse una conferencia internacional en Finlandia, bajo los auspicios de la ONU, para tratar de poner en marcha un plan de esas características. ¿Qué ocurrió? No se encuentra nada de eso en los periódicos, porque solo se informó de ello en la prensa especializada. A principios de noviembre, Irán accedió a asistir a la reunión. Un par de días después, Obama canceló la reunión diciendo que no era el momento adecuado.[4] El Parlamento Europeo hizo pública una declaración que llamaba a seguir adelante, como hicieron los países árabes. No sirvió de nada.

En el noreste de Asia la historia se repite. Corea del Norte podría ser el país más loco del mundo; es desde luego un buen candidato a ese título. Pero tiene sentido tratar de descubrir qué hay en la mente de personas cuya actuación es demencial. ¿Por qué se comportan de ese modo? Pensemos qué haríamos en su lugar. Imagina qué significó la guerra de Corea de principios de la década de 1950, que tu país quedara completamente destruido, arrasado por una enorme superpotencia, que además se vanagloriaba de lo que hacía. Imagina la huella que dejó atrás.

Ten en cuenta que es probable que los mandatarios de Corea del Norte leyeran las publicaciones militares de la superpotencia en las que explicaban que como en Corea del Norte se había arrasado todo, se enviaría la fuerza aérea a destruir los enormes embalses que regulaban el suministro de agua a todo el país; un crimen de guerra, por el que en Núremberg se dictaron sentencias de muerte, por cierto. Aquellas publicaciones oficiales hablaban con entusiasmo de lo maravilloso que era ver el agua anegando los valles y a los «asiáticos» huyendo para tratar de sobrevivir.[5] Las publicaciones estaban exultantes con lo que el ataque significaba para aquellos asiáticos: horrores que no podemos ni imaginar. Significaba la destrucción de la cosecha de arroz, lo cual, a su vez, significaba hambruna y muerte. ¡Qué magnífico! No está en nuestro banco de memoria, pero sí en el suyo.

Volvamos al presente. Hay una interesante historia reciente: en 1993, Israel y Corea del Norte avanzaban hacia un acuerdo en virtud del cual Corea del Norte dejaría de enviar misiles o tecnología militar a Oriente Próximo e Israel reconocería el país. El presidente Clinton intervino y lo bloqueó.[6] Poco después, en represalia, Corea del Norte llevó a cabo una pequeña prueba con misiles, a consecuencia de lo cual llegó, en 1994, a un acuerdo marco con Estados Unidos por el que detuvo la investigación nuclear; ambas partes respetaron, más o menos, el acuerdo. Cuando George W. Bush llegó al poder, Corea del Norte tenía, quizás, un arma nuclear y no se podía verificar que estuviera produciendo ninguna más.

Bush lanzó inmediatamente su militarismo agresivo y amenazó a Corea del Norte (el «Eje del Mal» y todo eso), de manera que el país volvió a trabajar en su programa nuclear. En el momento en que Bush abandonó el poder, Corea contaba con entre ocho y diez armas nucleares y un sistema de misiles, otro gran logro *neocon*.[7] Entretanto, han ocurrido otras cosas. En 2005, Estados Unidos y Corea del Norte llegaron a un acuerdo por el cual Corea tenía que poner fin al desarrollo de todas sus armas nucleares y misiles; a cambio, Occidente, sobre todo Estados

Unidos, proporcionaría un reactor de agua ligera para sus necesidades médicas y terminarían las declaraciones agresivas. A continuación, firmarían un pacto de no agresión y avanzarían hacia la reconciliación. El acuerdo era muy prometedor, pero casi de inmediato Bush lo socavó. Retiró la oferta del reactor de agua ligera y puso en marcha planes para obligar a los bancos a dejar de efectuar transacciones norcoreanas, incluso las perfectamente legales.[8] Los norcoreanos reaccionaron reactivando su programa de armas nucleares. Y así han ido las cosas.

El patrón es bien conocido y aparece continuamente en los medios de comunicación especializados de la corriente principal; dicen: «Es un régimen muy loco y su política es la del ojo por ojo. Haz un gesto hostil y responderemos con algún gesto hostil demencial. Haz un gesto reconciliador y lo devolveremos de alguna manera.»

Últimamente, por ejemplo, ha habido ejercicios militares conjuntos entre Corea del Sur y Estados Unidos en la península de Corea. Desde el punto de vista de Corea del Norte debían de parecer amenazadores, y a todos nos lo parecerían si se hubieran realizado apuntando a nosotros, en Canadá. En el curso de esos ejercicios, los bombarderos más avanzados de la historia, B-2 y B-52, llevaron a cabo ataques furtivos con bombas nucleares simuladas justo en la frontera de Corea del Norte.[9]

Seguramente esos ataques dispararon las mismas alarmas que tiempo atrás. Los norcoreanos recuerdan algo del pasado y por eso reaccionan de manera muy agresiva y extrema. Sin embargo, lo que llega a Occidente de todo eso es lo locos y lo espantosos que son los dirigentes de Corea del Norte. Sí, lo son, pero eso no es la historia completa. Así es como va el mundo.

No es que no haya alternativa. Es que no se adopta ninguna alternativa. Es peligroso. Así que la imagen que se me dibuja del mundo no es bonita; a menos que la gente haga algo. Siempre podemos hacer algo.

11

Las opciones reales en el conflicto
Israel-Palestina

El 13 de julio de 2013, Yuval Diskin, ex director del Shin Bet, lanzó una funesta advertencia al Gobierno de Israel: o se alcanzaba alguna clase de acuerdo de dos Estados o habría un «movimiento hacia un resultado casi inevitable de la única realidad resultante, un Estado "desde el mar hasta el río"». El casi inevitable resultado de un Estado para dos naciones planteará «una inmediata amenaza existencial de la aniquilación de la identidad de Israel como Estado judío y democrático», que pronto tendría una mayoría palestino-árabe.[1]

En una línea similar, en el más destacado periódico británico de asuntos internacionales, dos notorios especialistas, Clive Jones y Beverly Milton-Edward, escribieron que «si Israel desea ser al mismo tiempo judío y democrático» debe aceptar «la solución de dos Estados».[2]

Es fácil citar muchos otros ejemplos, pero innecesario, porque se supone casi universalmente que hay dos opciones para el gobierno de Palestina: o dos Estados —palestino y judío-democrático— o un Estado desde el mar hasta el río. Los comentaristas políticos israelíes expresan preocupación sobre el «problema demográfico»: demasiados palestinos en un Estado judío. Muchos palestinos y sus defensores apoyan la «solución de un Estado», y anticipan la lucha pro derechos civiles, *antiapartheid*, que conducirá a una democracia secular. Otros analistas también, de manera sistemática, plantean las opciones en términos similares.

Este análisis es casi universal, pero tiene un fallo crucial. Hay una tercera opción, la que Israel persigue con el apoyo constante de Estados Unidos y la única alternativa realista al acuerdo de dos Estados.

Tiene sentido, en mi opinión, contemplar una futura democracia secular binacional en la antigua Palestina, desde el mar hasta el río. Por si sirve de algo, eso es lo que he defendido durante setenta años. Pero subrayo «defendido». Defender, a diferencia de una mera propuesta, requiere trazar un camino de aquí hasta allí. Las formas de la defensa verdadera han mutado con el cambio de circunstancias. Desde mediados de la década de 1970, cuando los derechos nacionales de Palestina se convirtieron en una cuestión candente, la única forma de defensa plausible ha sido un proceso por fases que empieza con un acuerdo de dos Estados. No se ha sugerido ningún otro camino que tuviera ni siquiera una remota posibilidad de éxito. Proponer una solución binacional («un Estado») sin pasar a una defensa efectiva proporciona apoyo a la tercera opción, la realista, que cobra forma ante nuestros ojos. Israel está sistemáticamente extendiendo planes que se esbozaron e iniciaron poco después de la guerra de 1967 y que se institucionalizaron con el acceso al poder del partido Likud de Menajem Beguin un decenio después.

El primer paso fue crear lo que Yonatan Mendel ha llamado «una inquietante nueva ciudad», todavía llamada Jerusalén, pero que se extiende mucho más allá de la Jerusalén histórica, ya que incorpora decenas de pueblos palestinos y tierras circundantes, y que ha sido designada ciudad judía y capital de Israel.[3] Todo esto infringe directamente las órdenes explícitas del Consejo de Seguridad. Un corredor hacia oriente del nuevo Gran Jerusalén incorpora la ciudad de Maale Adumim (establecida en la década de 1970, pero construida básicamente después de los Acuerdos de Oslo de 1993), con tierras que se extienden casi hasta Jericó, *de facto* partiendo en dos Cisjordania. Los corredores hacia el norte, que incorporan las poblaciones de colonos de Ariel y Kedumim, dividen más todavía lo que ha de quedar bajo cierto grado de control palestino.[4]

Entretanto, Israel está incorporando el territorio en el lado israelí del ilegal «muro de separación» (en realidad un muro de anexión), para lo cual ha tomado tierra cultivable y recursos de agua y muchas poblaciones, ha estrangulado la población de Qalqiya y ha separando habitantes palestinos de sus campos. En lo que Israel llama «la costura» entre el muro y la frontera, cerca del 10 % de Cisjordania, se permite la entrada a cualquiera, salvo a los palestinos. Los que viven en la región han de superar un intrincado proceso burocrático para conseguir un pase temporal. Salir, por ejemplo, para recibir atención médica, está obstaculizado del mismo modo. El resultado, predecible, ha sido una brutal disrupción de la vida de los palestinos y, según informes de la ONU, una disminución de más del 80 % en el número de campesinos que cultivan sus tierras de manera habitual y un declive del 60 % en la producción total de olivares, entre otros efectos dañinos.[5] El pretexto para el muro fue la seguridad, pero eso significa seguridad para los colonos judíos ilegales; el 85 % del muro discurre por la Cisjordania ocupada.[6]

Israel también ocupa el valle del Jordán, aprisionando así por completo los cantones que quedan. Hay proyectos para construir enormes infraestructuras de comunicación de los colonos con centros urbanos de Israel para asegurar que no verán a ningún palestino. Por otra parte, siguiendo un modelo neo-colonial tradicional, se mantiene en Ramala un centro moderno para las elites palestinas, mientras que el resto de la población languidece.

Para completar la separación del Gran Jerusalén del resto de cantones palestinos, Israel tendría que ocupar la zona E1. Hasta el momento, esa acción ha sido bloqueada por Washington, e Israel se ha visto obligado a recurrir a subterfugios, como construir una comisaría allí. Obama es el primer presidente de Estados Unidos que no ha impuesto ningún límite a las acciones israelíes. Todavía hay que ver si permitirá que Israel tome la zona

E1, quizá con expresiones de descontento y un guiño diplomático para dejar claro que el descontento no va en serio.

Se producen expulsiones regulares de palestinos. Solo en el valle del Jordán, la población se ha reducido desde trescientos mil en 1967 a sesenta mil hoy, y hay procesos similares en marcha en otros lugares.[7] Siguiendo políticas que se remontan un siglo atrás, cada acción tiene un ámbito limitado para no levantar demasiada atención internacional, pero el efecto es acumulativo y la intención está muy clara.

Además, desde que los Acuerdos de Oslo declararon que Gaza y Cisjordania son una unidad territorial indivisible, el dúo Estados Unidos-Israel se ha empeñado en separar las dos regiones. Un efecto significativo es garantizar que ninguna entidad palestina tendrá acceso al mundo exterior.

En las zonas que está ocupando Israel, la población palestina es escasa y dispersa y se va reduciendo más por las expulsiones regulares. El resultado será un Gran Israel con una sustancial mayoría judía. Bajo esta tercera opción, no habrá ningún «problema demográfico» y tampoco ninguna lucha por los derechos civiles o contra el *apartheid*, no más que lo que ya existe dentro de las fronteras reconocidas de Israel, donde el mantra «judío y democrático» se entona de manera regular para beneficio de aquellos que eligen creer, ajenos a la contradicción inherente, que es mucho más que simplemente simbólica.

A menos que se alcance en varias fases, la opción de un Estado solo será una ilusión: no cuenta con apoyo internacional, y no hay razón para que Israel y su patrocinador Estados Unidos la acepten.

Preguntarse, como se hace a menudo, si el primer ministro conservador Benyamin Netanyahu aceptaría un «Estado palestino» es engañoso. De hecho, su Gobierno fue el primero en permitir esa posibilidad cuando llegó al poder en 1996, después que la rechazaran sus predecesores Yitzhak Rabin y Shimon Peres. El director de comunicaciones y estratega político de Netanyahu, David Bar-Illan, explicó que algunas zonas quedarían para los palestinos y que, si querían llamar a eso «Estado», Israel no protestaría, como si lo llamaban «pollo frito».[8] Su respuesta refleja la posición operativa de la coalición Estados Unidos-Israel respecto a los derechos palestinos.

Estados Unidos e Israel piden negociar sin condiciones previas. En ambos países, y en otros de Occidente, se suele afirmar que los palestinos imponen condiciones, que obstaculizan así el «proceso de paz». En realidad, son Estados Unidos e Israel los que insisten en condiciones previas cruciales. La primera es que el mediador de las negociaciones debe ser Estados Unidos, cuando unas negociaciones auténticas deberían estar, por supuesto, en manos de algún Estado neutral con cierto grado de respeto internacional. El segundo requisito es que debe permitirse que continúe la expansión de asentamientos ilegales, como ha ocurrido sin interrupción durante los veinte años posteriores a los Acuerdos de Oslo.

En los primeros años de la ocupación, Estados Unidos se unió al mundo y declaró ilegales los asentamientos, como confirmaron el Consejo de Seguridad de Naciones Unidas y el Tribunal Internacional de Justicia. Desde los años de Reagan, su estatus se ha reducido a «una barrera a la paz». Obama todavía lo ha rebajado más y los ha calificado de «no útiles para la paz».[9] Su radical rechazo llamó la atención en febrero de 2011, cuando vetó una resolución del Consejo de Seguridad que apoyaba la política oficial de Estados Unidos, que instaba a terminar con la expansión de los asentamientos.[10]

Es probable que la diplomacia permanezca paralizada mientras se exijan estas condiciones previas. Con breves y raras excepciones, ha sido así desde enero de 1976, cuando Estados Unidos vetó una resolución del Consejo de Seguridad, presentada por Egipto, Jordania y Siria, que pedía un acuerdo de dos Estados en la frontera aceptada internacionalmente, la Línea Verde, que garantiza la seguridad de todos los Estados dentro de unas fronteras estables y reconocidas.[11] Ese es esencialmente el consenso internacional aceptado por todos con las dos excepciones usuales. El consenso se ha modificado para incorporar «ajustes menores y mutuos» sobre la Línea Verde, por usar las expresiones oficiales de Estados Unidos antes de que hubiera roto con el resto del mundo.[12]

Lo mismo es válido para cualquier negociación que pudiera celebrarse en Washington o en algún otro lugar supervisado por Washington. Dadas estas condiciones, poco se puede lograr salvo dejar que Israel lleve adelante su proyecto de tomar lo que encuentre valioso en Cisjordania y los Altos del Golán, en Siria, que se anexionó incumpliendo las órdenes del Consejo de Seguridad, al tiempo que mantenía el asedio de Gaza. Por supuesto, se puede tener la esperanza de que la situación mejore, pero es difícil ser optimista.

Europa podría hacer avanzar las aspiraciones mundiales de un acuerdo diplomático pacífico si estuviera dispuesta a seguir un camino independiente. La decisión de la Unión Europea de excluir los asentamientos de Cisjordania de futuros pactos con Israel podría ser un paso en esa dirección. Las políticas de Estados Unidos tampoco están grabadas en piedra, aunque tienen profundas raíces estratégicas, económicas y culturales. En ausencia de tales cambios, hay muchas razones para esperar que la imagen del territorio desde el río hasta el mar se ajustará a la tercera opción. Los derechos y las aspiraciones de los palestinos se pospondrán, de momento al menos.

Si el conflicto Israel-Palestina no se resuelve, es altamente improbable que se alcance la paz en la región. Ese fracaso tiene implicaciones mayores, en particular para lo que los medios de Estados Unidos llaman «la amenaza más grave para la paz del mundo»: los programas nucleares de Irán. Todo se ve más claro cuando se observa cómo se trata esa supuesta amenaza y su destino. Es útil empezar por considerar unas pocas cuestiones preliminares: ¿quién considera que la amenaza tiene semejante significado cósmico? ¿Y cuál es la amenaza percibida?

La «amenaza» de Irán es, sobre todo, una obsesión occidental; los países no alineados —la mayoría del mundo— han apoyado con fuerza el derecho de Irán, como firmante del Tratado de No Proliferación Nuclear (TNPN), a enriquecer uranio.[13] En el discurso occidental, suele afirmarse que los árabes apoyan la posición de Estados Unidos en relación con Irán, pero ese apoyo es el de los dictadores árabes, no de la población. También es ya un lugar común el «alejamiento entre la comunidad internacional e Irán», por citar la bibliografía académica, en la que el sintagma «comunidad internacional» se refiere a Estados Unidos y a quien se sitúe a su lado, en este caso, una pequeña minoría de la comunidad internacional, aunque con un muy importante peso político.

¿Qué se percibe entonces como amenaza? Una respuesta autorizada es la que brindan los servicios secretos de Estados Unidos y el Pentágono en sus análisis regulares de seguridad global, que concluyen que Irán no constituye una amenaza militar. Su gasto militar es bajo, incluso en comparación con el de otros países de su zona, y su capacidad de desplegar fuerzas es limitada. Su doctrina estratégica es defensiva, concebida para resistir un ataque. Los servicios de inteligencia informan de que no hay pruebas de que Irán esté desarrollando armas nucleares, pero si lo hace, concluyen, eso formaría parte de su estrategia disuasoria.

Es difícil pensar en un país en el mundo que necesite más que Irán un elemento disuasorio. Ha sido atormentado por Occidente sin respiro desde que su régimen parlamentario fue derrocado por un golpe militar británico-estadounidense en 1953, primero bajo el régimen brutal y cruel del sah, luego bajo la agresión asesina de Sadam Husein con apoyo occidental.[14] Fue en gran medida la intervención de Estados Unidos lo que indujo a Irán a capitular en su guerra contra Irak y poco después el presidente George H. W. Bush invitó a ingenieros nucleares iraquíes a Estados Unidos para formarlos en la producción de armas avanzadas, una amenaza extraordinaria para Irán.[15]

Irak pronto se convirtió en enemigo de Estados Unidos, pero entretanto Irán estuvo sometido a sanciones severas, intensificadas por iniciativa de Estados Unidos. También estuvo constantemente sujeto a la amenaza de un ataque militar de Estados Unidos e Israel, lo que violaba la Carta de las Naciones Unidas, si bien eso no le importa a nadie.

No obstante, es comprensible que Estados Unidos e Israel vean cualquier elemento disuasorio en manos de Irán como una amenaza intolerable, ya que limitaría su capacidad de controlar la región, por medios violentos si así lo deciden, como hacen a menudo. Esa es la esencia de la amenaza percibida de Irán.

Que el régimen clerical es una amenaza para su propio pueblo apenas se pone en duda, aunque lamentablemente no sea el único de esas características, pero creer que la represión interna de Irán es una preocupación para las grandes potencias supera toda ingenuidad posible.

Al margen de lo que uno piense de la amenaza, ¿hay formas de mitigarla? Hay varias, de hecho. Una de las más razonables, como he dicho en otros lugares, consistiría en avanzar hacia el establecimiento de una zona libre de armas nucleares en la región. Los Estados árabes y otros piden movimientos inmediatos para eliminar armas de destrucción masiva como un paso hacia la seguridad regional. Pero paradójicamente Estados Unidos e Israel revierten el orden y exigen seguridad regional (o sea, seguridad para Israel) como requisito para eliminar esas armas. En el fondo, no muy lejos, lo que subyace es que en la región solo Israel tiene armas nucleares avanzadas y también rechaza unirse al TNPN, junto con la India y Pakistán, que también se benefician del apoyo estadounidense a sus arsenales nucleares.

La conexión del conflicto Israel-Palestina con la supuesta amenaza de Irán es, por lo tanto, clara. Mientras Estados Unidos e Israel persistan en su posición negacionista, bloqueando el consenso internacional para llegar al acuerdo de dos Estados, no habrá ningún pacto de seguridad regional, de ahí que no se tomen medidas para establecer una zona libre de armas nucleares y mitigar, quizás incluso terminar, lo que Estados Unidos e Israel afirman que es la amenaza más grave para la paz; al menos para hacerlo del modo más obvio y de largo alcance.

Debería señalarse que la responsabilidad de Estados Unidos y del Reino Unido de consagrar sus esfuerzos a establecer una zona libre de armas nucleares en Oriente Próximo es especialmente alta, ya que, al intentar proporcionar una tenue cobertura legal a su invasión de Irak en 2003, los dos agresores invocaron la Resolución 687 de 1991 del Consejo de Seguridad de Naciones Unidas, afirmando que Sadam Husein no había cumplido la exigencia de terminar su programa de armas nucleares. La resolución tiene un artículo que llama a dar «pasos hacia el objetivo de establecer en Oriente Próximo una zona libre de armas de destrucción masiva», lo cual obliga a Estados Unidos y al Reino Unido todavía más que a otros a tomar en serio esta iniciativa.[16]

Estos comentarios dejan fuera muchos temas urgentes, entre ellos la horrible precipitación de Siria hacia el suicidio y los inquietantes acontecimientos en Egipto, que seguro que tendrán un impacto regional. Sin embargo, así es como aparecen algunas cuestiones centrales, al menos para mí.

12

«Nada para los demás»: la guerra de clases en Estados Unidos

El estudio clásico de Norman Ware sobre el obrero industrial apareció hace noventa años y fue el primero de su estilo.[1] No ha perdido ni un ápice de vigencia. Las lecciones que extrae Ware de su atenta investigación del impacto de la revolución industrial emergente en las vidas de los obreros, y en la sociedad en general, son igual de pertinentes hoy que cuando él escribió, si no más, a la luz de los asombrosos paralelismos entre la década de 1920 y la actualidad.

Es importante recordar la situación de la clase obrera cuando escribió Ware. El poderoso e influyente movimiento obrero de Estados Unidos, surgido durante el siglo XIX, estaba sometido a un ataque brutal, que culminó en el Temor Rojo de Woodrow Wilson después de la Primera Guerra Mundial. En la década de 1920, el movimiento había quedado muy diezmado; un estudio clásico del eminente historiador obrero David Montgomery se tituló *The Fall of the House of Labor* y la caída a la que alude se produjo en la década de 1920. Al final de ella, escribe Montgomery, «el control empresarial de la vida estadounidense parecía garantizado [...]. La racionalización de los negocios pudo entonces continuar con el apoyo indispensable del Gobierno»; un Gobierno que estaba, en gran medida, en manos del sector empresarial.[2] Este proceso distó mucho de ser pacífico; la historia laboral de Estados Unidos es inusualmente violenta. Un estudio concluye que «Estados Unidos tenía más muertes al final del siglo XIX debido a la violencia laboral, en términos absolutos y como proporción de la población total, que cualquier otro país salvo la Rusia zarista».[3] El término «violencia laboral» es una forma educada de referirse a la violencia del Estado y de la seguridad privada contra los obreros. Eso continuó hasta finales de la década de 1930; recuerdo esas escenas de mi infancia.

Como resultado, escribió Montgomery, «el Estados Unidos moderno se creó por encima de las protestas obreras, aunque cada paso en su formación estuvo influido por las actividades, organizaciones y propuestas que habían surgido de la vida de la clase obrera», por no hablar de las manos y los cerebros de aquellos que hacían el trabajo.[4]

El movimiento obrero revivió durante la Gran Depresión y su influencia en la legislación fue notable, hasta el punto de infundir miedo en el corazón de los empresarios industriales, que advirtieron en sus publicaciones del «peligro» al que se enfrentaban por la acción obrera respaldada por «el poder político del que las masas acaban de hacerse conscientes».

Aunque la represión violenta no terminó, ya no estaba bien vista. Había que concebir medios más sutiles de garantizar el control empresarial, para empezar una marea de propaganda sofisticada y «métodos científicos de romper las huelgas», convertidos en un noble arte por las empresas especializadas en ello.[5]

No deberíamos olvidar la perspicaz observación de Adam Smith de que los «amos de la humanidad» —en su día, los mercaderes y fabricantes de Inglaterra— nunca cesan de perseguir su «infame máxima: todo para nosotros y nada para los demás».[6]

El contraataque empresarial quedó en suspenso durante la Segunda Guerra Mundial, pero revivió rápidamente después de ella, con la aprobación de una estricta legislación, que restringía los derechos de los obreros, y una extraordinaria campaña de propaganda destinada a empresas, escuelas, iglesias y cualquier otra forma de asociación. Se emplearon todos los medios de comunicación disponibles. En la década de 1980, con el fervientemente antiobrero Gobierno de Reagan, el ataque recuperó su pleno apogeo. El presidente Reagan le dejó claro al mundo de los negocios que no se impondrían las leyes que protegen los derechos laborales, nunca muy fuertes. Los despidos ilegales de líderes sindicales se dispararon y Estados Unidos volvió a usar esquiroles, ilegalizados en casi todos los demás países desarrollados salvo en Sudáfrica.

El liberal Gobierno de Clinton debilitó a los obreros por varias vías. Un medio muy eficaz fue la creación del Tratado de Libre Comercio de Norteamérica (NAFTA) que unía Canadá, México y Estados Unidos. Con propósitos de propaganda, el NAFTA fue denominado «acuerdo de libre comercio». Nada más lejos de la realidad; como otros acuerdos, algunos de sus elementos era proteccionistas en grado sumo y en su mayor parte no tenía nada que ver con el comercio; era un pacto sobre los derechos de los inversores y, a semejanza de otros «acuerdos de libre comercio», este, como era de esperar, resultó perjudicial para los trabajadores de los países participantes. Uno de sus efectos fue debilitar el asociacionismo obrero: un estudio llevado a cabo bajo los auspicios del NAFTA puso de manifiesto que las organizaciones obreras decayeron bruscamente, gracias a prácticas tales como advertencias de la dirección de que si una empresa estaba sindicalizada se la llevarían a México.[7] Por supuesto, esas prácticas son ilegales, pero eso es irrelevante siempre que los negocios cuenten con el «apoyo indispensable del Gobierno» al que se refirió Montgomery.

Con esos medios, la sindicación en la empresas privadas se redujo a menos del 7 % del total de trabajadores, a pesar de que la mayoría de los obreros prefieren los sindicatos.[8] El ataque se volvió entonces hacia los sindicatos del sector público, que de alguna manera habían estado protegidos por la legislación; ese proceso está ahora a pleno rendimiento y no es la primera vez que ocurre. Podríamos recordar que Martin Luther King Jr. fue asesinado en 1968 cuando apoyaba una huelga de trabajadores del sector público en Memphis.

En muchos sentidos, las condiciones de la clase obrera cuando Ware escribió eran similares a las que vemos hoy, porque la desigualdad ha alcanzado otra vez las cotas enormes de finales de la década de 1920. Para una pequeña minoría, la riqueza se ha acumulado por encima de sus avariciosos sueños. En la pasada década, el 95 % del crecimiento ha ido a los bolsillos del 1 % de la población, sobre todo a un sector de esta.[9] La media de ingresos reales se sitúa por debajo de la cantidad en la que estaban hace veinticinco años, y la media de ingresos reales de los varones está por debajo de su valor en 1968.[10] La cuota del trabajo en la producción ha caído a su nivel más bajo desde la Segunda Guerra Mundial.[11] Esto no es el resultado de los misteriosos mecanismos del mercado o de leyes económicas, sino, otra vez, en gran medida del apoyo «indispensable» y la iniciativa de un Gobierno que está, en gran medida, en manos de las empresas.

La revolución industrial de Estados Unidos, observa Ware, creó «uno de los aspectos dominantes de la vida estadounidense» en las décadas de 1840 y 1850. Mientras que su resultado definitivo podría ser «bastante agradable a ojos modernos, era repugnante para una parte enorme de la primera sociedad estadounidense». Ware revisa las espantosas condiciones laborales impuestas a artesanos y campesinos que antes trabajaban por su cuenta, así como a las *factory girls*, mujeres jóvenes procedentes de las granjas que fueron a trabajar en fábricas textiles alrededor de Boston. Pero en lo que se centra es en las características fundamentales de la revolución, que persistieron incluso cuando las condiciones mejoraron gracias a denodadas y largas luchas.

Ware hace hincapié en «la degradación sufrida por el obrero industrial», la pérdida «de estatus e independencia», que habían sido su posesión más preciada como ciudadanos libres de la república, una pérdida que no podía ser compensada ni siquiera por la mejora material. Ware explora también el impacto arrollador del capitalista radical, «la revolución social en la cual la soberanía en asuntos económicos pasó de la comunidad en su conjunto al mantenimiento de una clase especial» de amos, un grupo «ajeno a los productores» y en general distanciado de la producción. Muestra que «por cada protesta contra la maquinaria industrial, pueden hallarse un centenar contra el nuevo poder de producción capitalista y su disciplina».

Los trabajadores se ponían en huelga no solo por pan, sino también por rosas, por expresarlo con el eslogan obrero tradicional. Buscaban dignidad e independencia, reconocimiento de sus derechos como hombres y mujeres libres. Crearon una prensa obrera activa e independiente, escrita y producida por aquellos que trabajaban duro en las fábricas. En sus periódicos condenaron «la influencia brutal de los principios monárquicos en suelo democrático». Veían que aquel ataque a los derechos humanos fundamentales no se superaría hasta «que los que trabaja[ba]n en las fábricas las pose[yer]an» y la soberanía regresara a los productores libres. Entonces los obreros ya no serían «insignificantes o los sujetos humildes de un déspota extranjero [los amos ausentes], esclavos en el sentido más estricto de la palabra deslomándose [...] para sus amos», sino que recuperarían su estatus de «ciudadanos libres».[12]

La revolución capitalista instituyó un desplazamiento crucial del precio al salario. Cuando el productor vendía su producto por un precio, escribe Ware, «mantenía su persona. Pero cuando empezó a vender su trabajo, se vendía él mismo» y perdió su dignidad como persona al convertirse en esclavo, un «esclavo asalariado», el término usado comúnmente. El trabajo asalariado se consideró similar a la esclavitud, aunque difería de ella en que era temporal, en teoría. Esa idea estaba tan extendida que se convirtió en eslogan del Partido Republicano, defendido por su figura más destacada, Abraham Lincoln.[13]

La idea de que las empresas productivas deberían ser propiedad de los trabajadores, común a mediados del siglo XIX, no solo para Marx y la izquierda, sino también para la figura liberal clásica más destacada del momento, John Stuart Mill. Mill sostenía que «la forma de asociación que debe esperarse que predomine si la humanidad continúa mejorando es [...] la asociación de los trabajadores mismos en términos de igualdad, propietarios colectivamente del capital con el cual llevan a cabo sus operaciones y con directores elegibles y revocables por ellos mismos».[14] De hecho, ese concepto está profundamente arraigado en reflexiones que animaron el pensamiento liberal clásico. Hay solo un pequeño paso a vincularlo con el control de otras instituciones y comunidades en un marco de asociación libre y organización federal, al estilo de un pensamiento que abarca desde gran parte de la tradición anarquista y el marxismo de la izquierda antibolchevique hasta el socialismo gremial de G. D. H. Cole y los trabajos teóricos mucho más recientes.[15] Y todavía más significativo, es válido para las acciones de trabajadores de muchos sectores que buscan controlar su vida y su destino.

Para minar estas doctrinas subversivas era necesario que los «amos de la humanidad» trataran de cambiar las actitudes y las creencias que las fomentan. Como relata Ware, los activistas obreros advirtieron del nuevo «espíritu de la época: ganar dinero olvidando todo menos el yo», la infame máxima de los señores, que, como era lógico, querían imponerles también a sus súbditos, sabiendo que estos podrían ganar muy poco de la riqueza disponible. Ante ese humillante espíritu, surgió una reacción radical en los movimientos en alza de obreros y campesinos radicales, los movimientos populares más democráticos en la historia de Estados Unidos, que se dedicaron a la solidaridad y el apoyo mutuo.[16] Los derrotaron por la fuerza, pero la batalla dista mucho de haber terminado, a pesar de los reveses, la represión violenta y los enormes esfuerzos por inculcar la infame máxima en la mente popular, aprovechándose de los recursos del sistema educativo, de la colosal industria publicitaria y de otras instituciones de propaganda dedicadas a esa tarea.

Hay importantes barreras en la lucha por la justicia, la libertad y la dignidad, incluso más allá de la intensa guerra de clases que el mundo empresarial, con una profunda conciencia de clase, libra sin cesar, siempre con el «apoyo indispensable» de los Gobiernos que en gran medida controla. Ware discute algunas de estas arteras amenazas, tal y como las comprendieron los obreros. En ese sentido, cuenta que había obreros especializados en el Nueva York de hace ciento setenta años que repetían la opinión común de que un salario es una forma de esclavitud y avisaban con perspicacia de que podría llegar el día en que los esclavos del salario «olvidarán hasta cierto punto lo que significa la madurez, para regodearse en un sistema que se les ha impuesto por su necesidad y en oposición a sus sentimientos de independencia y respeto de sí mismos».[17] Esperaban que ese día no estuviera «muy lejos». Hoy, las señales de todo ello están a la orden del día, pero la exigencia de independencia, respeto de uno mismo, dignidad personal y control de la propia vida, como el viejo topo de Marx, continúa excavando no lejos de la superficie, lista para reaparecer cuando las circunstancias y el activismo militante se despierten.

13

¿Seguridad para quién? Washington se protege a sí mismo y al sector empresarial

La cuestión de cómo se determina la política exterior es crucial en los asuntos mundiales. En este capítulo proporcionaré unas pocas pistas sobre cómo, en mi opinión, se puede explorar ese asunto, si bien me ceñiré a Estados Unidos por varias razones. Primero, Estados Unidos no tiene rival en su relevancia e impacto globales; en segundo lugar, es una sociedad muy abierta, posiblemente única en ese sentido, lo cual significa que la conocemos mejor. Por último, es el ejemplo más importante para los estadounidenses, que pueden influir en las opciones políticas de su país; de hecho también es así en otros casos, en la medida en que sus acciones pueden influir tales opciones. Los principios generales, no obstante, se extienden a otras grandes potencias y mucho más allá.

Hay una «versión estándar» común a las tendencias académicas, las declaraciones del Gobierno y el discurso público. Esa versión sostiene que el compromiso principal de los Gobiernos consiste en garantizar la seguridad y que la principal preocupación de Estados Unidos y sus aliados desde 1945 era la amenaza soviética. Tal versión se puede evaluar de varias formas. Una pregunta obvia es qué ocurrió cuando desapareció la amenaza soviética en 1989. La respuesta: todo continuó igual que antes.

Estados Unidos invadió de inmediato Panamá, donde, posiblemente, mató a miles de personas e instaló un régimen clientelar. Eso era una práctica habitual en los dominios controlados por Washington, pero aquel caso se salía de lo habitual; por primera vez, una acción fundamental de política exterior no estaba justificada por una supuesta amenaza soviética. Para contrarrestarlo, se inventaron una serie de pretextos fraudulentos para la invasión que no soportan el análisis más ligero. Los medios participaron con entusiasmo y alabaron la extraordinaria hazaña de derrotar a Panamá, sin preocupación alguna por que los pretextos fueran ridículos, que la acción en sí constituyera una violación radical de las leyes internacionales y que fuera condenada firmemente en otros lugares, con especial severidad en Latinoamérica. También se pasó por alto el veto de Washington a una resolución unánime del Consejo de Seguridad, que condenaba los excesos cometidos por las tropas estadounidenses durante la invasión, con la única abstención del Reino Unido.[1]

Todo como de costumbre. Y todo olvidado (lo cual también es una costumbre).

DE EL SALVADOR A LA FRONTERA SOVIÉTICA

El Gobierno de George H. W. Bush estableció una nueva política de seguridad nacional y adjudicó un nuevo presupuesto de defensa para el derrumbe del enemigo global. Era muy parecido al anterior, aunque con pretextos nuevos. Resultaba necesario mantener un ejército casi tan numeroso como la suma de todo el resto del mundo y de tecnología mucho más avanzada, pero no para defenderse de la desaparecida Unión Soviética. Esta vez la excusa era la creciente «sofisticación tecnológica» de las potencias del Tercer Mundo.[2] Algunos intelectuales disciplinados comprendieron que había que evitar caer en el ridículo, de modo que mantuvieron un oportuno silencio.

Estados Unidos, insistía la nueva política, debía mantener su «base industrial de defensa». La expresión es un eufemismo; se refería a la industria de alta tecnología en general, que depende en gran medida de la amplia intervención del Estado en la investigación y el desarrollo, a menudo bajo el paraguas del Pentágono, en lo que muchos economistas continúan llamando la «economía de libre mercado» de Estados Unidos.

Una de las estipulaciones más interesantes de los nuevos planes tenía que ver con Oriente Próximo. Se dijo que allí Washington debía mantener fuerzas de intervención, pues se trataba de una región crucial cuyos problemas fundamentales «no podían dejarse a las puertas del Kremlin». Contra cincuenta años de engaño, se reconoció en voz baja que la preocupación principal en aquella región no eran los soviéticos, sino, más bien, lo que se denomina «nacionalismo radical», es decir, el nacionalismo independiente que no está bajo el control de Estados Unidos.[3]

Todo eso pesa en la versión estándar, pero pasó desapercibido; o quizá porque tiene peso pasó desapercibido.

Inmediatamente después de la caída del Muro de Berlín, que puso fin a la guerra fría, ocurrieron otros hechos importantes. Uno sucedió en El Salvador, el principal receptor de ayuda militar de Estados Unidos —aparte de Israel y Egipto, que entran en una categoría especial— y con uno de los peores historiales del mundo en cuanto al respeto a los derechos humanos. La correlación es muy estrecha y bien conocida.

El alto mando salvadoreño ordenó al Batallón Atlacatl que asaltara la Universidad Centroamericana José Simeón Cañas, de los jesuitas, y asesinara a seis destacados intelectuales latinoamericanos, todos sacerdotes, entre ellos el rector, Ignacio Ellacuría, y todos los testigos, es decir, la empleada doméstica y su hija. El batallón ya había dejado un rastro de sangre de las miles de víctimas habituales en el curso de una acción dirigida por Estados Unidos en El Salvador, parte de una campaña más amplia de terror y tortura en la región.[4] Todo según la costumbre, pasado por alto y casi olvidado en Estados Unidos y por sus aliados, otra vez una operación de rutina que, si se mira el mundo real, dice mucho de los factores que impulsan la política.

En Europa tuvo lugar otro suceso importante. El presidente soviético Mijaíl Gorbachov accedió a permitir la reunificación de Alemania y su ingreso en la OTAN, una alianza militar hostil. A la luz de la historia reciente, aquella concesión fue extraordinaria. Había un *quid pro quo*: el presidente Bush y el secretario de Estado James Baker aceptaron que la OTAN no se extendería «ni un centímetro hacia el este», es decir, a Alemania Oriental; sin embargo, eso es lo que hicieron al instante. Gorbachov, naturalmente, se indignó, pero cuando se quejó, Washington le explicó que solo había sido una promesa verbal, un pacto entre caballeros, y, por tanto, sin valor.[5] Si era tan ingenuo como para aceptar la palabra de los líderes de Estados Unidos, era su problema.

Todo eso también era la costumbre, como lo era la callada aceptación y la aprobación de la extensión de la OTAN en Estados Unidos y en Occidente en general. El presidente Bill Clinton extendió luego la OTAN hasta la misma frontera de Rusia. Hoy, el mundo se enfrenta a una grave crisis que, en no menor medida, es resultado de aquellas políticas.

EL LLAMAMIENTO A EXPOLIAR A LOS POBRES

Otra fuente de pruebas es el registro histórico desclasificado, que contiene informes reveladores de los motivos reales de la política estatal. La historia es rica y compleja, pero hay unos pocos temas recurrentes que desempeñan un papel dominante. Uno de ellos se articuló con claridad en una conferencia del hemisferio occidental convocada por Estados Unidos en México en febrero de 1945, en la que Washington impuso la Carta Económica de las Américas, diseñada para eliminar el nacionalismo económico «en todas sus formas».[6] Había una excepción tácita: el nacionalismo económico está bien para Estados Unidos, cuya economía depende en gran medida de la intervención masiva del Estado.

La eliminación del nacionalismo económico para otros chocaba con la posición de Latinoamérica en aquel momento, que los mandatarios del Departamento de Estado describieron como «la filosofía del Nuevo Nacionalismo [que] adopta políticas concebidas para proporcionar una distribución más amplia de la riqueza y elevar el nivel de vida de las masas».[7] Como añadieron los analistas políticos de Estados Unidos, «los latinoamericanos están convencidos de que los primeros beneficiarios del desarrollo de los recursos de un país debería ser la gente de ese país».[8]

Eso, por supuesto, no funciona. Washington comprende que los «primeros beneficiarios» deberían ser inversores estadounidenses, mientras que Latinoamérica cumple su función de servicio. No tenía que producirse, como dejarían claro los Gobiernos de Truman y Eisenhower, un excesivo desarrollo industrial que pudiera violar los intereses de Estados Unidos. Por lo tanto, Brasil podía producir acero de baja calidad, que no molesta en nada a las empresas estadounidenses, pero sería «excesivo» que compitiera con esas empresas.

Resuenan preocupaciones similares a lo largo del período posterior a la Segunda Guerra Mundial. El sistema global, que Estados Unidos tenía que dominar, estaba amenazado por lo que los documentos internos denominan «regímenes radicales y nacionalistas» que respondían a la presión popular que pedía un desarrollo independiente.[9] Esa fue la preocupación que motivó el derrocamiento de los Gobiernos parlamentarios de Irán y Guatemala, en 1953 y 1954, respectivamente, entre otros. En el caso de Irán, una de las inquietudes era que su independencia pudiera tener efectos en Egipto, entonces agitado por las prácticas coloniales británicas. En Guatemala, aparte del crimen de la nueva democracia que consistió en darles poder a la mayoría de los campesinos e invadir posesiones de la United Fruit Company —ya suficientemente ofensivo—, la preocupación de Washington era el descontento obrero y la movilización popular en dictaduras vecinas respaldadas por Estados Unidos.

En ambos casos las consecuencias llegan hasta el presente. Desde 1953 no ha pasado ni un día en que Estados Unidos no haya estado torturando al pueblo de Irán. Guatemala sigue siendo una de las peores cámaras de los horrores del mundo; todavía hoy los mayas huyen de los efectos de las campañas casi genocidas en las tierras altas que lleva a cabo el Gobierno militar respaldado por el presidente Reagan y sus máximos mandatarios. Como informó en 2014 el director de Oxfam en el país, un médico guatemalteco: «El deterioro del contexto político, social y económico es dramático. Los ataques contra defensores [de los derechos humanos] se han multiplicado por tres durante el último año. Hay claras pruebas de una estrategia muy bien organizada del sector privado y el ejército, que han apresado al Gobierno para mantener el *statu quo*, imponer el modelo de economía extractiva y apartar drásticamente a los pueblos indígenas de sus tierras mediante la industria minera, African Palm y plantaciones de caña de azúcar. Además, el movimiento social que defiende su tierra y sus derechos se ha criminalizado, muchos líderes están en prisión y otros muchos han sido asesinados.»[10]

No se sabe nada de esto en Estados Unidos, y la causa, muy obvia, sigue ocultándose.

En la década de 1950, el presidente Eisenhower y el secretario de Estado John Foster Dulles explicaron con claridad el dilema al que se enfrentaba Estados Unidos. Se quejaron de que los comunistas poseían una ventaja injusta: podían «convocar directamente a las masas» y «conseguir el control de los movimientos de masas, algo que nosotros no somos capaces de hacer. Ellos llaman a los pobres, que siempre han querido expoliar a los ricos».[11]

Eso causa problemas. A Estados Unidos, por alguna razón, le resulta difícil atraer a los pobres con su doctrina de que los ricos deberían expoliar a los pobres.

EL EJEMPLO CUBANO

Una ilustración clara del patrón general fue Cuba. Tras obtener la independencia en 1959, en cuestión de meses empezaron los ataques militares a la isla. Poco después, el Gobierno Eisenhower tomó la decisión secreta de derrocar el Gobierno cubano. Entonces llegó a la presidencia John F. Kennedy. Pretendía consagrar más atención a Latinoamérica y por ello, al ocupar el cargo, creó un grupo de estudio para desarrollar políticas en esa región y le encargó la dirección al historiador Arthur M. Schlesinger Jr., quien resumió sus conclusiones para el presidente entrante.

Como explicó Schlesinger, lo amenazador en una Cuba independiente era «la idea de Castro de controlar las cosas». Era una idea que desafortunadamente atraía a las masas de la población en Latinoamérica, donde «la distribución de la tierra y otras formas de riqueza favorece en gran medida a los propietarios, y los pobres y no privilegiados, animados por el ejemplo de la revolución cubana están exigiendo oportunidades para tener una vida digna».[12] Una vez más, el dilema usual de Washington.

Como explicó la CIA, «la amplia influencia del castrismo no es consecuencia del poder cubano [...], la sombra de Castro se extiende porque las condiciones sociales y económicas en toda Latinoamérica invitan a oponerse a la autoridad y alientan la agitación para conseguir un cambio radical»; y Cuba proporcionaba un modelo para ello.[13] Kennedy temía que la ayuda soviética pudiera hacer de Cuba un escaparate del desarrollo, lo que le daría a los soviéticos la mejor baza en toda Latinoamérica.[14]

El equipo de planificación política del Departamento de Estado advirtió que «el principal peligro al que nos enfrentamos con Castro es [...] el impacto que la misma existencia de su régimen tiene sobre los movimientos izquierdistas en muchos países latinoamericanos [...]. La cuestión es que Castro representa un desafío triunfante a Estados Unidos, una negación de toda nuestra política en el hemisferio durante casi un siglo y medio»; es decir, desde la doctrina Monroe de 1823, cuando Estados Unidos declaró su intención de dominar el hemisferio.[15]

El objetivo inmediato en el tiempo de la doctrina era conquistar Cuba, pero eso no podía conseguirse por el poder del enemigo británico. Aun así, el gran estratega John Quincy Adams, padre intelectual de la doctrina Monroe y de la del Destino Manifiesto, informó a sus colegas de que con el tiempo

Cuba caería en nuestras manos por «las leyes de la gravitación política», como una manzana cae del árbol.[16] En resumen, el poder de Estados Unidos se incrementaría y el del Reino Unido declinaría.

En 1898, el pronóstico de Adams se cumplió: Estados Unidos invadió Cuba con la excusa de liberarla; de hecho, impidió que la isla se liberara de España y la convirtió en una «virtual colonia», por citar a los historiadores Ernest May y Philip Zelikow.[17] Cuba siguió siendo una colonia *de facto* de Estados Unidos hasta enero de 1959, cuando consiguió la independencia. Desde entonces ha estado sometida a grandes guerras terroristas por parte de Estados Unidos, sobre todo durante los años Kennedy, y a la estrangulación económica; y no por culpa de los soviéticos.

La excusa siempre fue que estábamos defendiéndonos de la amenaza soviética, una explicación absurda que, por lo general, no se cuestiona. Un análisis simple de esa tesis consiste en ver lo que ocurrió cuando desapareció cualquier amenaza rusa concebible: la política de Estados Unidos hacia Cuba se hizo todavía más dura, encabezada por demócratas liberales como Bill Clinton, que adelantó a Bush por la derecha en las elecciones de 1992. Ante esto, los hechos deberían pesar mucho más a la hora de validar el marco doctrinal para debatir la política exterior y los factores que la impulsan. Y, sin embargo, una vez más, el impacto es escaso.

EL VIRUS DEL NACIONALISMO

Henry Kissinger captó la esencia de la política exterior real de Estados Unidos al calificar el nacionalismo independiente de «virus que podría contagiarse».[18] Se refería al Chile de Salvador Allende, y el virus era la idea de que podría haber un camino parlamentario hacia alguna clase de democracia socialista. La forma de tratar con una amenaza de esas características consistió en destruir el virus y vacunar a aquellos que podían infectarse, normalmente imponiendo Estados asesinos de seguridad nacional. Eso se logró en el caso de Chile, pero es importante reconocer que la idea servía, y todavía sirve, en todo el mundo.

Fue, por ejemplo, el razonamiento que estaba detrás de la decisión de oponerse al nacionalismo vietnamita a principios de la década de 1950 y apoyar a Francia en su intento de reconquistar su anterior colonia. Se temía que el nacionalismo independiente vietnamita fuera un virus que se extendería a las regiones circundantes, incluida la Indonesia rica en recursos. Eso podría incluso haber conducido a Tokio a convertirse en el centro industrial y comercial de un nuevo orden independiente como el que el Japón imperial había tratado de establecer militarmente poco antes. El remedio estaba claro y, en gran medida, se logró. Vietnam quedó prácticamente destruido y acorralado por dictaduras militares que impidieron que se contagiara el «virus».

Algo similar ocurría en los mismos años en Latinoamérica: fueron brutalmente atacados y destruidos o debilitados un virus tras otro hasta el punto de la mera supervivencia. Desde principios de la década de 1960, se impuso una plaga de represión en el continente que no tenía ningún precedente en la historia violenta del hemisferio y que se extendió a Centroamérica en la década de 1980, una cuestión que no debería hacer falta revisar.

Lo mismo sucedió en Oriente Próximo. Las singulares relaciones de Estados Unidos con Israel se establecieron en su forma actual en 1967, cuando Israel asestó un gran golpe a Egipto, el centro del nacionalismo secular árabe. Al hacerlo, protegió a Arabia Saudí, aliado de Estados Unidos, entonces implicada en un conflicto militar con Egipto en Yemen. Arabia Saudí, por supuesto, es el estado fundamentalista más extremo y radical, y también un Estado misionero, que gasta enormes sumas para imponer su doctrina wahabí-salafista más allá de sus fronteras. Merece la pena recordar que Estados Unidos, como Inglaterra antes, ha tendido a apoyar el fundamentalismo radical del islam en oposición al nacionalismo secular, que hasta hace poco se percibía como una mayor amenaza de independencia y contagio.

Hay mucho más que decir, pero los datos históricos demuestran con suma claridad que la doctrina estándar tiene escaso mérito. La seguridad, en su significado más común, no es un factor determinante en la elaboración de políticas. Hay que repetirlo: «en su significado más común». Sin embargo, para evaluar la doctrina estándar tenemos que preguntar qué se quiere decir en realidad con «seguridad»: ¿seguridad para quién?

Una respuesta es seguridad para el poder estatal. Hay muchos ejemplos. En mayo de 2014, por ejemplo, Estados Unidos aceptó apoyar una resolución del Consejo de Seguridad de Naciones Unidas que le pedía al Tribunal Penal Internacional la investigación de crímenes de guerra en Siria, pero con una condición: no se podían investigar posibles crímenes de guerra cometidos por Israel.[19] O por Washington, aunque era innecesario añadir esa última condición; Estados Unidos se autoinmuniza frente al sistema legal internacional. De hecho, existe incluso una legislación del Congreso que autoriza al presidente a usar la fuerza armada para «rescatar» a cualquier estadounidense que lleven a juicio en La Haya; la «Ley de Invasión de Holanda», como en ocasiones se la ha llamado en Europa.[20] Eso una vez más ejemplifica la importancia de proteger la seguridad del poder del Estado.

Pero ¿protegerlo de quién? Hay, de hecho, motivos para creer que una preocupación principal del Gobierno es la seguridad del poder del Estado frente a la población. Como deberían ser conscientes aquellos que han pasado tiempo hurgando en los archivos, el secreto gubernamental rara vez está motivado por una necesidad genuina de seguridad, sino que sirve para mantener desinformada a la población; y por buenas razones, que explicó con lucidez un destacado experto liberal y consejero del Gobierno, Samuel Huntington. En sus palabras: «Los arquitectos del poder en Estados Unidos deben crear una fuerza que pueda sentirse pero no verse. El poder mantiene su fuerza cuando permanece en la oscuridad; expuesto a la luz del sol comienza a evaporarse.»[21]

Huntington escribió eso en 1981, cuando la guerra fría se calentó otra vez, y explicó con más detalle que «puede que tenga que venderse [la intervención u otra acción militar] de tal manera que cree la impresión errónea de que se está combatiendo contra la Unión Soviética. Eso es lo que Estados Unidos ha estado haciendo desde la doctrina Truman».[22]

Estas sencillas verdades rara vez son reconocidas, pero proporcionan claridad sobre el poder y la política del Estado, con ecos que llegan al momento presente.

El poder del Estado ha de ser protegido de su enemigo interno; en brusco contraste, la población no está a salvo del poder del Estado. Un ejemplo impactante es el ataque radical a la Constitución por parte del programa de vigilancia masiva de la Administración Obama. Por supuesto, está justificado por la «seguridad nacional». Es el argumento de rigor en casi todas las acciones de todos los Estados y, por tanto, aporta escasa información.

Cuando Edward Snowden dejó al descubierto con sus revelaciones el programa de vigilancia de la NSA, hubo altos responsables que afirmaron que ese programa había impedido 54 actos terroristas. Cuando se investigó, la cifra se redujo a una docena y, después, un grupo de trabajo gubernamental de alto nivel descubrió que solo había un caso: alguien había mandado ocho mil quinientos dólares a Somalia. Ese fue el rendimiento del enorme ataque a la Constitución y, por supuesto, a otros países en todo el mundo.[23]

La posición británica es interesante: en 2007, el Gobierno de Londres le pidió a la colosal agencia de espías de Washington que analizara y retuviera «los números de móvil y de fax, mensajes de correo electrónico y direcciones IP de ciudadanos británicos recogidos por su red de arrastre», informó *The Guardian*,[24] lo que indica, bien a las claras, la importancia que le da el Gobierno a la intimidad de sus propios ciudadanos y las exigencias de Washington.

Otro elemento de interés es la seguridad del poder privado. Un ejemplo son los enormes pactos comerciales —los acuerdos transpacífico y transatlático— que se están negociando; «en secreto», aunque no del todo. No son secretos para los centenares de abogados de las empresas que están fijando las muy detalladas cláusulas. No es difícil adivinar cuáles serán los resultados y las pocas filtraciones que hay sugieren que las expectativas son precisas. Igual que el NAFTA y otros pactos semejantes, no se trata de acuerdos de libre comercio. De hecho, ni siquiera son acuerdos comerciales, sino, básicamente, acuerdos de derechos de inversores.

Una vez más, la discreción tiene una importancia crucial para proteger el principal electorado de los Gobiernos implicados: el sector empresarial.

¿EL ÚLTIMO SIGLO DE CIVILIZACIÓN HUMANA?

Hay muchos otros ejemplos, demasiado numerosos para mencionarlos, hechos que están bien establecidos y que en sociedades libres se enseñarían en la escuela primaria.

En otras palabras, hay abundantes pruebas de que garantizar el poder del Estado frente a la población y garantizar la concentración del poder privado son las fuerzas que impulsan las políticas. Por supuesto, no es tan sencillo; hay casos interesantes, algunos bastante actuales, en los que ambos aspectos entran en conflicto, pero podemos considerar que es una buena primera aproximación; y es radicalmente opuesta a la doctrina estándar.

Fijémonos en otra cuestión: ¿qué ocurre con la seguridad de la población? Es fácil demostrar que es una preocupación marginal para los que planean las políticas. Tomemos dos ejemplos destacados actuales, el calentamiento global y las armas nucleares. Como cualquier persona alfabetizada sin duda sabe, se trata de amenazas funestas para la seguridad de la población. Volviendo a la política del Estado, descubrimos que se ha comprometido para acelerarlas las dos, y ello por los intereses de sus preocupaciones primarias: la protección del poder del Estado y del poder privado concentrado que determina, en gran medida, la política del Estado.

Vamos a pensar en el calentamiento global. Hay ahora mucha euforia en Estados Unidos sobre «un siglo de autosuficiencia energética» que nos convertirá en «la Arabia Saudí del siglo que viene»; quizás el último siglo de la civilización humana si se mantienen las políticas actuales.

Eso ilustra con mucha claridad la naturaleza de la preocupación por la seguridad; desde luego, no la seguridad de la población. También ilustra el cálculo moral del capitalismo de Estado contemporáneo: el destino de nuestros nietos no cuenta nada cuando se compara con el imperativo de que mañana aumenten los beneficios.

Un examen más atento del sistema de propaganda refuerza estas conclusiones. Hay una inmensa campaña de relaciones públicas en Estados Unidos, organizada abiertamente por las compañías energéticas y el mundo empresarial, para tratar de convencer a la opinión pública de que el calentamiento global o bien es irreal o no es resultado de la actividad humana; y ha tenido cierto impacto. Estados Unidos se sitúa por debajo de otros países en cuanto a la preocupación ciudadana por el calentamiento global, y los resultados están bien segregados: entre los republicanos, el partido más entregado a los intereses de los ricos y a los del poder empresarial, se sitúa muy por debajo de la media general.[25]

La principal revista de críticas de los medios, *Columbia Journalism Review*, publicó un artículo interesante sobre el tema atribuyendo este resultado a la doctrina de los medios de ser «justos y equilibrados».[26] En otras palabras, si un periódico publica un artículo de opinión que refleja las conclusiones del 97 % de los científicos, también debe publicar un contraartículo que exprese el punto de vista de las empresas energéticas.

Eso es lo que ocurre, pero desde luego no se trata de una doctrina «justa y equilibrada». Por ejemplo, si una revista publica un artículo de opinión que denuncia al presidente ruso Vladímir Putin por el acto criminal de invadir Crimea, seguramente no tendrá que publicar un artículo que señale que, aunque el acto es de hecho criminal, Rusia tiene motivos mucho más fuertes que los que tenía Estados Unidos hace más de un siglo para invadir el sureste de Cuba, incluido Guantánamo, el puerto más importante del país; y para rechazar la exigencia cubana de devolución planteada desde la independencia. Y lo mismo es válido en muchos otros casos. La doctrina actual de los medios es ser «justos y equilibrados» cuando están implicados los intereses del núcleo principal del poder privado, pero seguramente no en otros asuntos.

Sobre la cuestión de las armas nucleares, los hechos también son muy interesantes, y aterradores, ya que revelan de forma muy clara que, desde los primeros tiempos, la seguridad de la población no se tuvo en cuenta y así sigue. No hay necesidad de examinar los archivos, pero no cabe duda de que los estrategas políticos han estado jugando a la ruleta con el destino de la especie.

Como seguramente todos somos conscientes, ahora nos enfrentamos a las decisiones más inquietantes de la historia humana. Hay muchos problemas que deben abordarse, pero dos son acuciantes: la destrucción medioambiental y la guerra nuclear. Por primera vez en la historia, nos enfrentamos a la posibilidad de destruir las perspectivas de una existencia digna: y no en un futuro lejano. Solo por esa razón, es imprescindible despejar las nubes ideológicas y afrontar de manera sincera y realista la cuestión de cómo se toman las decisiones políticas y lo que podemos hacer para alterarlas antes de que sea demasiado tarde.

14

Atrocidad

Casi todos los días traen noticias de crímenes espantosos, pero algunos son tan atroces, tan horrendos y malvados que empequeñecen todos los demás. Uno de esos raros sucesos ocurrió cuando el vuelo 17 de Malaysia Airlines fue derribado en el este de Ucrania con el resultado de 298 personas muertas.

El guardián de la virtud en la Casa Blanca lo denunció como «una atrocidad de proporciones horribles», que atribuyó al «apoyo ruso».[1] Su embajadora ante la ONU bramó que «cuando mueren 298 civiles» en el «terrible derribo» de un avión civil, «no debemos detenernos ante nada para determinar quiénes son los responsables y llevarlos ante la justicia». También conminó a Putin a poner fin a sus patéticos intentos de evadir su muy clara responsabilidad.[2]

Cierto, el «irritante hombrecillo con cara de rata», como lo describió Timothy Garton Ash, había solicitado una investigación independiente, pero eso solo podía deberse a las sanciones del único país lo bastante valiente para imponerlas, Estados Unidos, mientras que Europa se acobardó.[3]

En la CNN, William Taylor, ex embajador de Estados Unidos en Ucrania, le aseguró al mundo que el irritante hombrecillo era «claramente responsable [...] por el derribo de ese avión comercial».[4] Durante semanas, las principales noticias informaron de la angustia de las familias, la vida de las víctimas asesinadas, los esfuerzos internacionales por reclamar los cadáveres y la furia por el crimen horrible que «anonadó al mundo», como informó la prensa a diario y con macabros detalles.

Cualquier persona mínimamente instruida, y desde luego cualquier director de periódico o comentarista político, debería haber recordado al instante otro caso de avión derribado y con más víctimas: el vuelo 655 de Iran Air, con 290 muertos, entre ellos 66 niños, derribado en el espacio aéreo iraní cuando hacía una ruta aérea comercial claramente identificada. El causante de esta tragedia siempre se ha conocido: fue el crucero lanzamisiles USS *Vincennes*, que operaba en aguas iraníes del golfo Pérsico.

El comandante de un buque estadounidense cercano, David Carlson, escribió en la revista del Instituto Naval, *Proceedings*, que expresó su «asombro e incredulidad» cuando «el *Vincennes* anunció sus intenciones» de atacar lo que era claramente un avión civil. Su conjetura era que *Robo Cruiser*, como se llamó al *Vincennes* por su conducta agresiva, «sintió la necesidad de demostrar la viabilidad del Aegis [el sofisticado sistema antiaéreo del crucero] en el golfo Pérsico y que tenía ganas de exhibir su material».[5]

Dos años después, el comandante del *Vincennes* y el oficial al mando de la artillería antiaérea recibieron la Legión del Mérito de Estados Unidos por «conducta excepcionalmente meritoria en el cumplimiento de un servicio destacado» y por el «ambiente calmado y profesional» mantenido en torno al derribo del Airbus iraní. La destrucción del avión en sí no se mencionó al concederse la condecoración.[6]

El presidente Ronald Reagan culpó a los iraníes del desastre y defendió las acciones del navío de guerra, que «siguió órdenes y procedimientos ampliamente anunciados, disparando para protegerse de un posible ataque».[7] Su sucesor, George H. W. Bush, proclamó: «Nunca me disculparé por Estados Unidos. No me importa cuáles sean los hechos [...]. No soy de los que se disculpan en nombre del país.»[8]

Aquí no se elude la responsabilidad, a diferencia de los bárbaros del este.

En su momento las reacciones fueron escasas: ni indignación ni búsqueda desesperada de las víctimas ni denuncias apasionadas de los responsables ni lamentos del embajador de Estados Unidos ante la ONU por «la inmensa y desgarradora pérdida» cuando el avión comercial fue derribado. Hubo alguna reacción a las condenas de Irán, que se tildaron de «ataques de rigor a Estados Unidos», como dijo Philip Shenon de *The New York Times*.[9]

No es de extrañar, pues, que este hecho anterior insignificante solo mereciera unas pocas palabras sueltas en los medios de Estados Unidos durante el inmenso furor por un crimen real en el cual el enemigo demoníaco podría estar implicado indirectamente.

Una excepción fue el *Daily Mail*, de Londres, donde Dominic Lawson escribió que, aunque «los defensores de Putin» podrían sacar a colación el ataque al avión de Iran Air, la comparación en realidad muestra nuestros elevados valores morales en contraste con los de los miserables rusos, que tratan de evadir su responsabilidad por el MH17 con mentiras, mientras que Washington anunció enseguida que el buque de guerra había disparado al avión iraní justificadamente.[10] ¿Qué prueba más poderosa podía haber de nuestra nobleza y su depravación?

Ucrania y Rusia están donde están, pero cabe preguntarse qué estaba haciendo exactamente el *Vincennes* en aguas iraníes. La respuesta es simple: estaba defendiendo a Sadam Husein, un gran amigo de Washington, en su agresión asesina contra Irán. En cuanto a las víctimas, el derribo no fue poca cosa. Fue un factor fundamental en el reconocimiento de Irán de que no podía continuar combatiendo, según el historiador Dilip Hiro.[11]

Merece la pena recordar hasta qué punto Washington apreciaba a su amigo Sadam. Reagan lo sacó de la lista de terroristas del Departamento de Estado para poder enviarle ayuda y acelerar su agresión a Irán, y después negó sus crímenes terribles contra los kurdos, incluido el uso de armas químicas, y bloqueó las condenas del Congreso de esos crímenes. También le concedió un privilegio que, por lo demás, solo se concedía a Israel: no hubo reacción seria cuando Irak atacó el buque de Estados Unidos *Stark* con misiles Exocet y mató a treinta y siete tripulantes, igual que en el caso del *Liberty*, que recibió varios ataques de reactores y torpedos de barcos israelíes en 1967, con el resultado de treinta y cuatro tripulantes muertos.[12]

El sucesor de Reagan, George H. W. Bush, continuó proporcionando ayuda a Sadam Husein, que la necesitaba desesperadamente tras desencadenar la guerra contra Irán. Bush también invitó a ingenieros nucleares iraquíes a visitar Estados Unidos para que recibieran formación avanzada en producción de armas. En abril de 1990, mandó una delegación de alto nivel al Senado, dirigida por el futuro candidato presidencial republicano Bob Dole, para expresar sus amables saludos a su amigo Sadam y asegurarle que no debía tener en cuenta las críticas irresponsables de la «prensa arrogante y consentida» y que tales bribones se habían apartado de la voz de Estados Unidos.[13] La adulación a Sadam continuó hasta que unos meses después se convirtió, de repente, en un nuevo Hitler, cuando desobedeció órdenes, o quizá no las entendió bien, e invadió Kuwait, con consecuencias muy instructivas, que debo dejar de lado aquí.

Otros precedentes del caso del MH17 habían caído en el pozo del olvido por no tener ningún significado. Tomemos, por ejemplo, el avión civil libio que se perdió en una tormenta de arena en 1973 y fue derribado por reactores israelíes proporcionados por Estados Unidos, a dos minutos de vuelo de El Cairo, adonde se dirigía.[14] En aquella ocasión solo murieron ciento diez personas. Israel culpó al piloto francés del avión libio, con el respaldo de *The New York Times*, que añadió que el acto israelí era «en el peor de los casos [...] un acto de crueldad que ni siquiera el salvajismo de acciones árabes previas puede excusar».[15] El incidente fue archivado con rapidez en Estados Unidos, con pocas críticas. Cuando la primera ministra israelí Golda Meir llegó a Washington cuatro días después, se enfrentó a unas pocas preguntas embarazosas y regresó a casa con el regalo de nuevos aviones militares. La reacción fue la misma cuando la organización terrorista de Angola UNITA, apoyada por Washington, reivindicó haber derribado dos aviones civiles.

Regresando al único crimen auténtico y verdaderamente horrible, *The New York Times* informó de que a la embajadora ante la ONU, Samantha Power, «se le hizo un nudo en la garganta al referirse a los niños que perecieron en el derribo del avión de Malaysia Airlines en Ucrania [y] el ministro de Exteriores holandés, Frans Timmermans, apenas pudo contener su rabia cuando recordó haber visto fotos de "matones" arrancando anillos de boda de los dedos de las víctimas».[16]

En la misma sesión, continúa el informe, hubo también «una larga lectura de nombres y edades; todos pertenecientes a niños asesinados en la última ofensiva de Israel sobre Gaza». Solo se comenta una reacción: la del enviado palestino Riyad Mansur, que «se quedó mudo en medio» de la lectura.[17]

El ataque israelí sobre Gaza en julio, no obstante, indignó en Washington. El presidente Obama «reiteró su "enérgica condena" de los ataques con cohetes y a través de túneles contra Israel por parte del grupo Hamás», informó *The Hill*. Obama «también expresó "su creciente preocupación" por el elevado números de civiles palestinos muertos en Gaza», pero sin condenarlo.[18] Para cerrar el círculo, el Senado votó de manera unánime el apoyo a las acciones israelíes en Gaza, mientras que condenaba «el disparo de cohetes contra Israel sin provocación» por parte de Hamás y llamó al «presidente de la Autoridad Palestina, Mahmud Abbas, a disolver el Gobierno de unidad con Hamás y condenar los ataques sobre Israel».[19]

En cuanto al Congreso, quizá baste con unirse al 80 % de la ciudadanía que desaprueba su actuación, aunque el verbo *desaprobar* es demasiado suave en este caso.[20] En defensa de Obama, podría ser que el presidente no tuviera ni idea de lo que Israel está haciendo en Gaza con las armas que tan amablemente le proporciona. Al fin y al cabo, confía en los servicios de inteligencia de Estados Unidos, que podrían estar demasiado ocupados captando llamadas telefónicas y mensajes de correo electró-

nico de ciudadanos y no pueden prestar mucha atención a tales
nimiedades. Podría resultar útil, pues, revisar lo que todos deberíamos saber.

El objetivo de Israel había sido simple desde hace tiempo:
calma a cambio de calma, un regreso a la normalidad (aunque
ahora podría exigir todavía más). ¿Cuál era la normalidad,
pues? En cuanto a Cisjordania, la normalidad consiste en que
Israel lleva adelante su construcción ilegal de asentamientos
e infraestructuras, de manera que cualquier cosa de valor pueda
integrarse en Israel, mientras que los palestinos son enviados a
rincones donde apenas es posible vivir y se los somete a una
represión y una violencia extremas. Durante los últimos catorce años, la normalidad ha sido que Israel mata más de dos menores palestinos por semana. Una de esas escaladas de violencia
israelíes se inició el 12 de junio de 2014 tras el brutal asesinato
de tres chicos judíos de una comunidad de colonos de la Cisjordania ocupada. Un mes antes, dos chicos palestinos murieron a tiros en la ciudad cisjordana de Ramala; eso no llamó
mucho la atención, lo cual es comprensible, porque es lo habitual. «La indiferencia institucionalizada por la vida palestina en
Occidente ayuda a explicar no solo por qué los palestinos recu-
rren a la violencia —informa el respetado analista de Oriente
Próximo Muin Rabbani—, sino también el último asalto israelí en la Franja de Gaza».[21]

La política de calma a cambio de calma también ha permiti-
do que Israel continuara con su plan de separar Gaza de Cisjordania, que se ha llevado a cabo con firmeza, siempre con el
apoyo de Washington, desde que Estados Unidos e Israel aceptaron los Acuerdos de Oslo, que declaran que las dos regiones
son una unidad territorial inseparable. Una mirada al mapa explica la lógica. Gaza proporciona el único acceso de Palestina al
mundo exterior, de modo que una vez que los dos se separen
cualquier autonomía que Israel pudiera conceder a los palestinos en Cisjordania los dejaría aprisionados entre dos Estados
hostiles, Israel y Jordania. El encarcelamiento se hará todavía
más duro cuando Israel continúe su plan de expulsión sistemá-

tica de los palestinos del valle del Jordán para construir asentamientos allí.

El heroico cirujano de traumatología noruego Mads Gilbert, que trabajó en el principal hospital de Gaza durante la época de los crímenes más monstruosos de Israel y regresó con el nuevo ataque, describió en detalle la normalidad en Gaza. En junio de 2014, justo antes de que empezara el ataque, presentó un informe sobre la sanidad en Gaza a la Agencia de Naciones Unidas para los Refugiados en Palestina y Oriente Próximo (UNRWA), que, con un presupuesto ajustado, intenta desesperadamente ocuparse de los refugiados.

«Al menos el 57 % de los hogares de Gaza no tienen garantizada la comida y alrededor del 80 % son ahora receptores de ayuda —informó Gilbert—. La escasez alimentaria y la creciente pobreza también significan que la mayoría de los residentes no cubren los requerimientos mínimos de calorías al día y más del 90 % del agua de Gaza se ha considerado no apta para el consumo humano.» La situación empeoró cuando Israel atacó sistemas de agua y saneamiento, y dejó más de un millón de personas con la cobertura de las necesidades básicas de la vida todavía más alterada.[22]

Gilbert explicó después que «los niños palestinos en Gaza están sufriendo inmensamente. Una gran proporción está afectada por un régimen de malnutrición causado por el bloqueo impuesto por Israel. La prevalencia de la anemia en niños menores de dos años en Gaza es del 72,8 %, y la prevalencia de la debilidad, el retraso en el desarrollo y el peso insuficiente se han documentado en el 34,3 %, 31,4 % y 31,45 %, respectivamente».[23] Y la situación sigue empeorando.

El distinguido abogado de los derechos humanos Rayi Surani, que ha permanecido en Gaza durante los años de brutalidad y terror israelí, cuenta: «La frase que oigo más a menudo cuando la gente empieza a hablar del alto el fuego es "Es mejor para todos nosotros morir y no volver a la situación que teníamos antes de esta guerra. No lo queremos otra vez. No tenemos ninguna dignidad, ningún orgullo; solo somos blancos fáciles, y somos muy baratos. O esta situación mejora de verdad o es mejor morir". Estoy hablando de intelectuales, académicos, gente corriente: todo el mundo dice eso.»[24]

En cuanto a Gaza, los planes para la normalidad los resumió de forma directa Dov Weisglass, confidente de Ariel Sharon y la persona que negoció la retirada de colonos israelíes de Gaza en 2005. La retirada, aclamada como un gran gesto en Israel y entre sus acólitos, fue en realidad un «trauma nacional» cuidadosamente representado, ridiculizado por los comentaristas de la información israelíes, entre ellos el principal sociólogo del país, el difunto Baruj Kimmerling. Lo que en realidad ocurrió es que los halcones israelíes, dirigidos por Sharon, se dieron cuenta de que tenía sentido trasladar los colonos ilegales desde sus comunidades subvencionadas en la devastada Gaza, donde mantenerlos tenía un coste exorbitante, a asentamientos subvencionados en otros territorios ocupados, que Israel pretende conservar. En lugar de limitarse a desplazarlos, que habría sido bien sencillo, era mucho más útil presentarle al mundo imágenes de niños pequeños que rogaban a los soldados que no destruyeran sus casas, en medio de gritos de «nunca más», con implicaciones obvias. Lo que hacía la farsa todavía más transparente era que se trataba de una réplica del trauma representado cuando Israel tuvo que evacuar la parte egipcia de la península del Sinaí en 1982. Pero funcionó muy bien para el público al que estaba dirigido, en el país y en el extranjero.

Así describió Weisglass la transferencia de colonos de Gaza a otros territorios ocupados: «En lo que coincidía plenamente con los estadounidenses era en que [los principales bloques de asentamientos en Cisjordania] no se tocarían y el resto no se tocarían hasta que los palestinos se convirtieran en finlandeses»; pero una clase especial de finlandeses, que aceptarían en silencio el gobierno de un poder extranjero. «Lo significativo es la congelación del proceso político —continuaba Weisglass—. Y cuando congelas ese proceso impides el establecimiento de un Estado palestino e impides una discusión sobre los refugiados, las fronteras y Jerusalén. De hecho, todo este paquete que se llama Estado palestino, con todo lo que conlleva, se ha eliminado de nuestra agenda de manera indefinida. Y todo con la autoridad [del presidente Bush] y el permiso y la ratificación de las dos cámaras del Congreso.»[25]

Weisglass explicó que los gazíes permanecerían «a dieta, pero no hasta el punto de hacerlos morir de hambre» (lo cual no ayudaría a la maltrecha reputación de Israel).[26] Con su tan cacareada eficiencia técnica, los expertos israelíes determinaron de manera precisa cuántas calorías al día necesitaban los gazíes para sobrevivir, al tiempo que también los privaban de medicamentos y otros medios de vida digna. Las fuerzas militares israelíes los confinaron por tierra, mar y aire en lo que el primer ministro británico David Cameron describió con precisión como un campo de prisioneros. La retirada no privó a los israelíes del control pleno de Gaza, de ahí que Israel siguiera siendo considerada la potencia ocupante según la legislación internacional. Para cerrar los muros de la prisión todavía más, Israel echó a los palestinos de una gran región a lo largo de la frontera, en la que se encuentra un tercio, o más, de la tierra cultivable de Gaza. La justificación era la seguridad para los israelíes, que también se podría haber logrado estableciendo la zona de seguridad en el lado israelí de la frontera o terminando con el salvaje asedio y otros castigos.

La historia oficial cuenta que después de que Israel entregara generosamente Gaza a los palestinos con la esperanza de que construyeran un Estado floreciente, estos revelaron su verdadera naturaleza al someter a Israel a incesantes ataques con cohetes y obligar a la población cautiva a convertirse en mártires para que Israel saliera mal iluminada en la foto. La realidad es muy diferente.

Unas semanas después de que las tropas israelíes se retiraran, dejando la ocupación intacta, los palestinos cometieron un gran crimen. En enero de 2006, votaron como no debían en unas elecciones libres atentamente supervisadas, y entregaron el control de su Parlamento a Hamás. Los medios israelíes repitieron una y otra vez que Hamás se dedicaba a la destrucción del país. En realidad, los dirigentes de Hamás han dejado claro en repetidas ocasiones que aceptarían un acuerdo de dos Estados conforme al consenso internacional, un acuerdo bloqueado por Estados Unidos e Israel durante cuarenta años. En contraste, Israel se dedica a la destrucción de Palestina, aunque de vez en cuando lance algunas palabras sin sentido y ponga en marcha ese compromiso.

Cierto, Israel aceptó la hoja de ruta para alcanzar un acuerdo de dos Estados iniciada por el presidente Bush y adoptada por el cuarteto que debía supervisar el proceso: Estados Unidos, la Unión Europea, Naciones Unidas y Rusia; pero el primer ministro Sharon enseguida añadió catorce reservas que, en la práctica, la anulaban. Los activistas conocían los hechos, pero no así la opinión pública general hasta la publicación del libro de Jimmy Carter *Palestine: Peace Not Apartheid*.[27] Y siguen ocultos en los informes y debates de los medios.

La plataforma (no revisada) de 1999 del partido gobernante de Israel, el Likud de Netanyahu, «rechaza de plano el establecimiento de un Estado árabe palestino al oeste del río Jordán».[28] Y para aquellos a los que les gusta obsesionarse con declaraciones sin sentido, el núcleo del Likud, el partido Herut de Menajem Beguin, todavía tiene que abandonar su doctrina fundacional de que el territorio a ambos lados del Jordán forma parte de la Tierra de Israel.

El crimen de los palestinos en enero de 2006 se castigó de inmediato. Estados Unidos e Israel, con Europa siguiendo vergonzosamente sus pasos, impusieron sanciones duras a la población que no se plegaba a sus deseos, e Israel subió un peldaño más en su violencia. En junio, cuando los ataques aumentaron bruscamente, Israel ya había disparado más de 7.700 proyectiles al norte de Gaza.[29]

Estados Unidos e Israel iniciaron rápidamente planes para derrocar el Gobierno electo mediante un golpe militar. Cuando Hamás tuvo el descaro de desbaratar esos planes, los asaltos israelíes y el asedio se tornaron mucho más duros, y para justificarlo dijeron que Hamás había tomado la Franja de Gaza por la fuerza.

No debería haber necesidad de revisar otra vez el horrendo historial desde entonces. El asedio implacable y los ataques salvajes han estado interrumpidos por episodios en los que se dedica a «cortar el césped», por tomar prestada la alegre expresión de Israel para definir sus ejercicios periódicos de disparar a los peces en un estanque en lo que llama «guerra de defensa». Una vez que el césped está cortado y la población, desesperada, intenta la reconstrucción tras la devastación y los asesinatos, entonces se llega a un acuerdo de alto el fuego. Hamás los ha respetado siempre, como reconoce Israel, hasta que Israel los infringe con renovada violencia.

El más reciente alto el fuego se estableció tras el ataque de Israel en octubre de 2012. Aunque Israel mantuvo su asedio devastador, Hamás cumplió el alto el fuego, como reconocen mandatarios israelíes.[30] Las cosas cambiaron en junio, cuando Fatah y Hamás forjaron un pacto de unidad que estableció un nuevo Gobierno de tecnócratas sin participación de Hamás y que aceptó todas las exigencias del cuarteto. Israel estaba furioso, por supuesto, más todavía cuando el Gobierno de Obama se sumó a la aprobación. El pacto de unidad no solo debilitó la reivindicación de Israel de que no se puede negociar con una Palestina dividida, sino que también amenazó el objetivo a largo plazo de separar Gaza de Cisjordania y continuar con sus políticas destructivas en ambas regiones.

Había que hacer algo y poco después surgió una ocasión, cuando fueron asesinados tres jóvenes israelíes en Cisjordania. El Gobierno de Netanyahu enseguida tuvo pruebas sólidas de que estaban muertos, pero las ocultó, lo cual proporcionó la oportunidad de lanzar una andanada de violencia en Cisjordania, con Hamás por objetivo, lo que minaba la temida unidad del Gobierno e incrementó bruscamente la represión.

Netanyahu afirmó tener conocimiento de que Hamás era responsable de la desaparición de los muchachos. También eso era mentira y no ha habido ni la menor intención de presentar pruebas. Una de las más destacadas autoridades de Israel sobre Hamás, Shlomi Eldar, informó casi de inmediato de la alta probabilidad de que los asesinos formaran parte de un clan disidente de Hebrón que llevaba mucho tiempo siendo una espina clavada para Hamás. Eldar añadió: «Estoy seguro de que no tenían luz verde de la dirección de Hamás, solo pensaron que era el momento adecuado para actuar.»[31]

Los dieciocho días de violencia socavaron la temida unidad gubernamental e incrementaron bruscamente la represión israelí. Según fuentes militares israelíes, sus soldados detuvieron a 419 palestinos, entre ellos 335 afiliados de Hamás, y mataron a seis; además registraron miles de viviendas y confiscaron trescientos cincuenta mil dólares.[32] Israel también llevó a cabo decenas de ataques en Gaza, donde mató a cinco miembros de Hamás el 7 de julio.[33]

Hamás finalmente reaccionó con sus primeros cohetes en diecinueve meses, según informaron las autoridades israelíes, lo que sirvió de justificación para la operación Margen Protector del 8 de julio.[34]

Se dispone de mucha información sobre las hazañas del autodeclarado ejército más ético del mundo, que, según el embajador de Israel en Estados Unidos, debería recibir el Premio Nobel de la Paz. A finales de julio, unos mil quinientos palestinos habían muerto, lo que supera la cifra de víctimas de la operación Plomo Fundido de 2008-2009. El 70 % de ellos eran civiles, y había centenares de mujeres y niños.[35] También murieron tres civiles en Israel.[36] Hubo grandes zonas de Gaza convertidas en escombros. Durante las breves pausas entre los bombardeos, los familiares buscaban desesperadamente cuerpos destrozados o artículos del hogar entre las ruinas de las casas. La principal central eléctrica de Gaza fue atacada, no por vez primera; se trata de una especialidad israelí: reducir bruscamente el ya limitado suministro eléctrico y, todavía peor, reduciendo aún más la disponibilidad de agua potable, otro crimen de guerra. Entretanto, se atacaban repetidamente los equipos de rescate y las ambulancias. Mientras las atrocidades iban en aumento en toda Gaza, Israel afirmó que su objetivo era destruir túneles en la frontera.

Cuatro hospitales fueron atacados, cada uno de ellos fue un crimen de guerra más. El primero fue el hospital de rehabilitación al-Wafa en la ciudad de Gaza, bombardeado el día que las fuerzas terrestres israelíes invadieron la prisión. Unas pocas líneas en *The New York Times*, dentro de un artículo sobre la invasión terrestre, informaron de que «la mayoría, pero no todos, de los 17 pacientes y 25 médicos y enfermeras fueron evacuados antes de que se cortara la electricidad y un intenso bombardeo casi destruyera el edificio», según explicaron los médicos. «Los evacuamos bajo el fuego —dijo el doctor Ali Abu Ryala, portavoz del hospital—. Las enfermeras y los médicos tuvieron que llevar a los pacientes a hombros, algunos de ellos se cayeron por la escalera. Hay un estado de pánico sin precedentes en el hospital.»[37]

Entonces se atacó a tres hospitales en funcionamiento, y los pacientes y el personal tuvieron que sobrevivir por sus propios medios. Un crimen israelí sí fue ampliamente condenado: el ataque a una escuela de la ONU que albergaba 3.300 aterrorizados refugiados que habían huido de las ruinas de su barrio por órdenes del ejército israelí. El indignado comisionado general de la UNRWA, Pierre Krähenbühl, manifestó: «Condeno en los términos más enérgicos esta grave violación del derecho internacional por las fuerzas israelíes [...]. Hoy el mundo ha sido deshonrado.»[38] Hubo al menos tres ataques israelíes al albergue de refugiados, un lugar bien conocido por el ejército israelí. «Al ejército israelí se le comunicó diecisiete veces la situación precisa de la escuela primaria femenina de Yabalia y el hecho de que albergaba a miles de desplazados internos para asegurar su protección —dijo Krähenbühl—, la última de ellas a las nueve menos diez de anoche, pocas horas antes del bombardeo fatal.»[39]

El ataque también fue condenado «en los términos más contundentes posibles» por el normalmente reticente secretario general de las Naciones Unidas, Ban Ki-moon: «Nada es más vergonzoso que atacar a niños que duermen», dijo.[40] No hay constancia de que a la embajadora de Estados Unidos ante la ONU «se le hiciera un nudo en la garganta al hablar de los niños que murieron» en el bombardeo israelí o en el conjunto de la ofensiva contra Gaza.

Sin embargo, la portavoz de la Casa Blanca Bernadette Meehan respondió. Dijo que «nos preocupa sobremanera que miles de palestinos desplazados internos a los que el ejército israelí ha ordenado evacuar sus hogares no estén seguros en los refugios designados por la ONU en Gaza. También condenamos a los responsables de ocultar armas en instalaciones de las Naciones Unidas en Gaza». Omitió mencionar que esas instalaciones estaban vacías y que las armas las encontró la UNRWA, que ya había condenado a quienes las ocultaron allí.[41]

Más tarde, el Gobierno de Estados Unidos condenó enérgicamente ese crimen en concreto, al tiempo que entregaba más armas a Israel. Al hacerlo, sin embargo, el portavoz del Pentágono, Steve Warren, le dijo a la prensa: «Ha quedado claro que, para estar a la altura de sus muy exigentes condiciones, los israelíes han de hacer más [...] para proteger las vidas de civiles»; las exigentes condiciones que había estado exhibiendo desde hacía muchos años mientras utilizaba armas de Estados Unidos.[42]

Los ataques a complejos de la ONU que acogen refugiados son otra especialidad israelí. Un famoso incidente es el bombardeo del albergue para refugiados de la ONU, claramente identificado, en Qana, durante la asesina campaña Uvas de la Ira de Shimon Peres de 1996, en el que murieron ciento seis civiles libaneses que se habían refugiado allí, entre ellos cincuenta y dos niños.[43] Sin duda, Israel no está solo en esta práctica. Veinte años antes, su aliado Sudáfrica lanzó un ataque aéreo en el corazón de Angola contra Cassinga, un campo de refugiados a cargo del SWAPO, un grupo de resistencia de Namibia.[44]

Las autoridades israelíes alabaron la humanidad de su ejército, que llegó hasta el extremo de informar a los residentes de que sus casas iban a ser bombardeadas. La práctica es «sadismo, que se disfraza de compasión de forma mojigata», en palabras de la periodista israelí Amira Hass: «Un mensaje grabado exigiendo a centenares de miles de personas que abandonaran sus hogares ya condenados y fueran a otro lugar igual de peligroso a diez kilómetros de distancia.»[45] De hecho, ningún lugar de la prisión está a salvo del sadismo israelí.

Hay a quien le resulta difícil aprovecharse de las atenciones de Israel. Un llamamiento al mundo de la Iglesia católica de Gaza citaba a un sacerdote que explicaba la terrible situación de los residentes de la Casa de Cristo, un hospicio dedicado a cuidar de niños discapacitados. Como Israel había fijado la zona como objetivo, los llevaron a la iglesia de la Sagrada Familia, pero poco después el sacerdote escribió: «La iglesia de Gaza ha recibido una orden de evacuación. Bombardearán la zona de Zeitun y la gente ya está huyendo. El problema es que el hermano George y tres monjas de la Madre Teresa tienen veintinueve niños discapacitados y nueve ancianas que no pueden moverse. ¿Cómo conseguirán salir? El que pueda interceder ante alguien con poder, y rezar, que, por favor, lo haga.»[46]

En realidad, no debería haber sido difícil. Israel ya le había dado instrucciones al hospital de rehabilitación al-Wafa. Y por fortuna, al menos algunos estados trataron de interceder lo mejor que pudieron. Cinco estados latinoamericanos —Brasil, Chile, Ecuador, El Salvador y Perú— retiraron a sus embajadores de Israel, siguiendo los pasos de Bolivia y Venezuela, que habían roto relaciones en reacción a anteriores crímenes de Israel.[47] Estos actos de principios eran otro signo del notable cambio en las relaciones mundiales a medida que Latinoamérica empieza a liberarse del dominio occidental, lo que, a veces, proporciona un modelo de conducta civilizada para aquellos que los controlaron durante quinientos años.

Todas esas noticias horrendas suscitaron una reacción diferente del presidente más moral del mundo, la de siempre: gran compasión por los israelíes, amarga condena de Hamás y llamamientos a la moderación de ambas partes. En su rueda de prensa de agosto, el presidente Obama expresó preocupación por los palestinos «atrapados en el fuego cruzado» (¿dónde?), al tiempo que, otra vez, apoyaba con entusiasmo el derecho de Israel a defenderse, como todos. No como todos; por supuesto, los palestinos no. Ellos no tienen ningún derecho a defenderse, y menos cuando Israel se comporta, manteniendo la consigna de calma a cambio de calma: les roba su tierra, los saca de su casa, los somete a un asedio salvaje y los ataca regularmente con armas suministradas por su protector.

Los palestinos son como africanos negros —los refugiados namibios en el campo de Cassinga, por ejemplo—, todos terroristas que no tienen derecho a defenderse.

A las ocho horas del 1 de agosto tenía que iniciarse una tregua humanitaria de setenta y dos horas. Se rompió casi de inmediato. Según un comunicado de prensa del Centro al-Mezan para los Derechos Humanos en Gaza, que goza de una sólida reputación de fiabilidad, uno de sus trabajadores de campo en Rafah, en la frontera egipcia en el sur, oyó los disparos de la artillería israelí a las ocho y cinco. A las nueve y media, tras llegar informes de que un soldado israelí había sido capturado, se puso en marcha el intensivo bombardeo aéreo y de artillería de Rafah. Aunque las cifras no se pudieron verificar, probablemente, el ataque mató a decenas de personas e hirió a centenares que habían regresado a su casa después de que el alto el fuego entrara en vigor.

El día anterior, 31 de julio, el Servicio de Aguas de Municipios Costeros, el único proveedor de agua en la Franja de Gaza, había anunciado que ya no podía suministrar agua ni servicios de recogida de basuras por la falta de combustible y los frecuentes ataques a su personal. El Centro para los Derechos Humanos al-Mezan comunicó que para entonces «casi todos los servicios primarios de salud se habían interrumpido en la Franja de Gaza a causa de la falta de agua, recogida de basuras y servicios de salud pública. La UNRWA también había avisado del riesgo acuciante de transmisión de enfermedades por la falta de agua y de servicios de saneamiento».[48] Entretanto, en víspera del alto el fuego, los misiles israelíes disparados desde aviones continuaron causando víctimas mortales y heridos en toda la región.

Cuando el presente episodio de sadismo termine, cuando sea, Israel espera tener libertad sin interferencias para continuar con sus políticas criminales en los Territorios Ocupados. Los gazíes serán libres de retornar a la normalidad en su prisión dirigida por Israel, mientras en Cisjordania observan en paz que Israel desmantela lo que queda de sus posesiones.

Ese es el resultado probable si Estados Unidos mantiene su respaldo decisivo y casi unilateral de los crímenes israelíes y su rechazo de un consenso internacional de larga duración para alcanzar una solución diplomática. Pero el futuro sería muy diferente si Estados Unidos retirara ese apoyo. En tal caso sería posible avanzar hacia la solución duradera en Gaza que pidió el secretario de Estado John Kerry y que provocó la condena histérica de Israel porque la frase podía ser interpretada como el llamamiento a un final del asedio de Israel y los ataques regulares; incluso, horror de horrores, la frase podría ser interpretada como un llamamiento a poner en marcha una ley internacional en el resto de los Territorios Ocupados.

No es que la seguridad de Israel fuera a quedar amenazada por el cumplimiento de la legislación internacional, probablemente se potenciaría. Pero como explicó hace cuarenta años el general israelí (y después presidente) Ezer Weizman, Israel no podría entonces «existir según la escala, el espíritu y la cualidad que encarna ahora».[49]

Existen casos similares en la historia reciente. Los generales indonesios juraron que nunca abandonarían lo que el ministro de Exteriores australiano Gareth Evans llamó «la provincia indonesia de Timor Oriental» cuando estaba llegando a un acuerdo para robar el petróleo timorés. Mientras los generales gobernantes conservaron el apoyo de Estados Unidos, a lo largo de décadas de asesinatos casi genocidas, sus objetivos eran realistas. Por fin, en septiembre de 1999, bajo una considerable presión nacional e internacional, el presidente Clinton les informó discretamente de que el juego había terminado y al instante Indonesia se retiró de Timor Oriental, mientras que Evans iniciaba una nueva carrera como alabado apóstol de la «responsabilidad de proteger»; en una versión diseñada, por supuesto, para permitir un recurso occidental a la violencia a voluntad.[50]

Otro caso relevante es el de Sudáfrica. En 1958, el ministro de Exteriores sudafricano le explicó al embajador de Estados Unidos que no importaba que su país estuviera convirtiéndose en un Estado paria, siempre que continuara contando con el apoyo de Washington. Su valoración se reveló muy precisa; treinta años después, Ronald Reagan fue el último país que persistía en apoyar el régimen del *apartheid*. En unos años, Washington se unió al mundo y el régimen se derrumbó, no solo por esa razón, por supuesto; un factor crucial fue el destacable papel cubano en la liberación de África, generalmente desconocido en Occidente, aunque no en África.[51]

Hace cuarenta años, Israel tomó la funesta decisión de elegir la expansión por encima de la seguridad y rechazó un tratado de paz completo ofrecido por Egipto a cambio de retirarse del Sinaí, donde Israel estaba iniciando una colonización extensiva y grandes proyectos urbanísticos. Se ha ceñido a esa política desde entonces, a partir del mismo juicio que Sudáfrica en 1958.

En el caso de Israel, si Estados Unidos decidiera unirse al mundo, el impacto sería mucho mayor. Las relaciones de poder no permiten nada más, como se ha demostrado cada vez que Washington ha exigido seriamente que Israel abandone uno de sus objetivos preciados. A estas alturas, Israel cuenta con pocos recursos, después de adoptar políticas que lo han hecho pasar de ser un país muy admirado a ser temido y despreciado, un camino que continúa con ciega determinación en su decidida marcha hacia el deterioro moral y su posible destrucción definitiva.

¿Podría cambiar la política de Estados Unidos? No es imposible. La opinión pública ha cambiado de modo considerable en años recientes, sobre todo entre los jóvenes, y eso no puede pasarse por alto por completo. Durante algunos años, ha habido una buena base para las peticiones públicas de que Washington cumpla sus propias leyes y deje de ayudar militarmente a Israel. La ley estadounidense exige que «no se proporcione ninguna asistencia en materia de seguridad a un país cuyo Gobierno participe en un patrón sistemático de graves violaciones de derechos humanos reconocidos internacionalmente». Israel con toda seguridad es culpable de ese patrón sistemático. Esa es la razón por la que Amnistía Internacional, durante la operación Plomo Fundido en Gaza, pidió un embargo de armas contra Israel y contra Hamás.[52] El senador Patrick Leahy, autor de esta cláusula legal, ha sacado a relucir su potencial aplicación a Israel en casos específicos, y con un esfuerzo educativo, organizativo y activista bien conducido tales iniciativas podrían llevarse a cabo con éxito.[53] Eso tendría un impacto muy significativo por sí mismo, al tiempo que también proporcionaría un trampolín para acciones posteriores, no solo para castigar a Israel por su conducta criminal, sino también para obligar a Washington a convertirse en parte de la «comunidad internacional» y cumplir la ley internacional y principios morales decentes.

Nada podría ser más importante para las trágicas víctimas palestinas de muchos años de violencia y represión.

15

¿A cuántos minutos de la medianoche?

Si alguna especie extraterrestre estuviera elaborando una historia del *Homo sapiens*, bien podría dividir su calendario en dos eras: AAN (antes de las armas nucleares) y EAN (era de las armas nucleares). La segunda empezó, por supuesto, el 6 de agosto de 1945, el primer día de la cuenta atrás de lo que puede ser el ignominioso final de esta especie extraña, que logró la inteligencia para descubrir medios eficaces con que destrozarse a sí misma, aunque no la capacidad moral e intelectual de controlar sus propios peores instintos, según todo parece indicar.

El día uno de la EAN estuvo marcado por el «éxito» de *Little Boy*, una bomba atómica simple. El día cuatro, Nagasaki experimentó el triunfo tecnológico de *Fat Man*, un diseño más sofisticado. Cinco días después llegó lo que la historia oficial de la fuerza aérea llama «el gran final», una incursión de mil aviones —una hazaña logística nada desdeñable— sobre las ciudades de Japón que mató a muchos miles de personas, mientras entre las bombas caían octavillas en las que se leía «Japón se ha rendido». El presidente Truman anunció esa rendición antes de que el último B-29 regresara a su base.[1] Así fueron los prometedores primeros días de la EAN. Ahora que entramos en su septuagésimo año, deberíamos contemplar con asombro el hecho de que hayamos sobrevivido. No podemos saber cuántos años quedan.

El general Lee Butler, antiguo director del Mando Estratégico (STRATCOM), que controla las armas nucleares y su estrategia, ofreció algunas reflexiones sobre estas perspectivas funestas. Hace veinte años, Butler escribió que hasta aquel momento habíamos sobrevivido a la EAN «por una combinación de talento, suerte e intervención divina, y sospecho que a este último factor le corresponde una proporción muy elevada».[2] Reflexionando más sobre su larga carrera de desarrollo de armas nucleares y organización de las fuerzas para utilizarlas con eficiencia, los remordimientos lo llevaron a decir de sí mismo que había estado «entre los más entusiastas de los que tienen fe en las armas nucleares», pero, continuó, había terminado por comprender que era su «responsabilidad declarar con toda la convicción que puedo reunir que, en mi opinión, nos han hecho mucho daño»; y preguntaba: «¿Con qué autoridad una tras otra generación de líderes en los Estados con armas nucleares usurpan el poder de dictar la posibilidad de que la vida continúe en nuestro planeta? Y una cuestión más acuciante: ¿por qué se mantiene tal osadía en un momento en el que deberíamos temblar ante nuestra locura y unirnos en nuestro compromiso por abolir sus manifestaciones más letales?»[3]

Butler calificó el plan estratégico estadounidense de 1960 que exigía un ataque sin cuartel automatizado contra el mundo comunista como «el documento más absurdo e irresponsable que he revisado en mi vida».[4] Sus homólogos soviéticos probablemente estaban todavía más locos. Pero es importante tener en cuenta que hay competidores, entre ellos la aceptación sin reparos de amenazas extraordinarias a la supervivencia.

LA SUPERVIVENCIA EN LOS PRIMEROS AÑOS DE LA GUERRA FRÍA

Según la doctrina académica habitual y el discurso intelectual general, el objetivo principal de la política estatal es la «seguridad nacional». No obstante, hay numerosas pruebas de que la doctrina de seguridad nacional no incluye la seguridad de la población. La historia pone de manifiesto que, por ejemplo, la amenaza de destrucción instantánea por armas nucleares nunca ha estado entre las principales preocupaciones de los estrategas. Eso se demostró muy pronto y sigue siendo cierto hasta el momento presente.

En los primeros años de la EAN, Estados Unidos era inmensamente poderoso y gozaba de notable seguridad: controlaba el hemisferio occidental, los océanos Atlántico y Pacífico, y también ambas orillas de esos océanos. Mucho antes de la Segunda Guerra Mundial, ya se había convertido en el país más rico, con mucho, del mundo. Su economía floreció durante la guerra, mientras que otras sociedades industrializadas quedaron arrasadas o muy debilitadas. Al inicio de la nueva era, Estados Unidos poseía alrededor de la mitad de la riqueza total del mundo y un porcentaje todavía mayor de la capacidad fabril.

No obstante, se cernía sobre el país una amenaza potencial: los misiles balísticos intercontinentales con cabezas nucleares. Esa amenaza se abordó en un análisis ya clásico de las políticas nucleares, llevado a cabo con acceso a las fuentes de más alto nivel: *Danger and Survival: Choices About the Bomb*, que firmaba McGeorge Bundy, consejero de Seguridad Nacional durante las presidencias de Kennedy y de Johnson.[5] Bundy escribió que «el oportuno desarrollo de misiles balísticos durante la Administración Eisenhower es uno de los mayores éxitos de esos ocho años. Sin embargo, es bueno empezar por reconocer que tanto Estados Unidos como la Unión Soviética podrían estar hoy en un peligro nuclear mucho menor si [esos] misiles nunca se hubieran desarrollado». Después añadiría un comentario instructivo: «No soy consciente de ninguna propuesta contemporánea seria, dentro o fuera de cualquier Gobierno, que diga que los misiles balísticos deberían de algún modo estar prohibidos por acuerdo.»[6] En resumen, parece ser que no se pensó en tratar de impedir la única amenaza seria a Estados Unidos, la amenaza de la destrucción absoluta en una guerra nuclear contra la Unión Soviética.

¿Era posible eliminar esa amenaza? Por supuesto, no podemos estar seguros, pero desde luego no es inconcebible. Los soviéticos, muy por detrás en desarrollo industrial y sofisticación tecnológica, se hallaban en un entorno mucho más amenazador. Por lo tanto, eran mucho más vulnerables a tales sistemas de armas que Estados Unidos. Se podrían haber presentado oportunidades para explorar las posibilidades de desarme, pero en la extraordinaria histeria del momento lo más probable es que pasaran desapercibidas. Y esa histeria era realmente extraordinaria; sigue siendo impactante examinar la retórica de los documentos oficiales centrales de aquel momento, como el Documento NSC-68 del Consejo Nacional de Seguridad.

Una señal de que había alguna oportunidad de mitigar la amenaza se encuentra en la notable propuesta de 1952 del líder soviético Iósif Stalin en la que ofrecía permitir que Alemania se reunificara mediante elecciones libres con la condición de que no se uniera entonces a una alianza militar hostil. No era una condición estrambótica, a la luz de la historia del medio siglo pasado, durante el cual Alemania prácticamente destruyó Rusia dos veces con estragos terribles.

El respetado comentarista político James Warburg tomó en serio la propuesta de Stalin, por lo demás pasada por alto o ridiculizada en su momento. Algunos estudios recientes han comenzado a adoptar un punto de vista diferente. El kremlinólogo Adama Ulam, ferviente anticomunista, considera que las condiciones de la propuesta de Stalin son un «misterio no resuelto». Washington «no desperdició muchos esfuerzos y rechazó de plano la iniciativa de Moscú», escribió Ulam, y adujo para ello que «era embarazosamente poco convincente». El fracaso político, académico e intelectual dejó abierta la «cuestión básica —añadió Ulam—: ¿Stalin estaba realmente dispuesto a sacrificar la recién creada República Democrática Alemana (RDA) en el altar de la democracia real?», con consecuencias para la paz mundial y para la seguridad de Estados Unidos que podrían haber sido enormes.[7]

En una investigación reciente que revisaba los archivos soviéticos, uno de los más respetados expertos en la guerra fría, Melvyn Leffler, observó que a muchos académicos les sorprendió descubrir que «Lavrenti Beria —el siniestro y brutal director de la policía secreta soviética— propuso que el Kremlin le ofreciera a Occidente un acuerdo sobre la unificación y neutralización de Alemania», y que para ello accediera a «sacrificar el régimen comunista de Alemania del Este para reducir las tensiones Este-Oeste» y mejorar las condiciones de política interna y económicas de Rusia; esas oportunidades se despilfarraron para asegurar la participación alemana en la OTAN.[8]

Dadas las circunstancias, no era imposible alcanzar acuerdos que habrían protegido la seguridad de la población estadounidense de la amenaza más grave en el horizonte. Sin embargo, parece que esa posibilidad no se consideró, una tremenda señal del escaso papel que desempeña la auténtica seguridad en la política estatal.

LA CRISIS CUBANA DE LOS MISILES Y MÁS ALLÁ

Esa conclusión se recordó repetidamente en los años que siguieron. Cuando Nikita Jruschov tomó el control en Moscú tras la muerte de Stalin, reconoció que la URSS no podía competir militarmente con Estados Unidos, el país más rico y más poderoso de la historia de largo. Sin tener la esperanza de escapar de su atraso económico y de los efectos devastadores de la última guerra mundial, la Unión Soviética necesitaba revertir la carrera armamentista.

Por consiguiente, Jruschov propuso bruscas reducciones recíprocas del arsenal de armas ofensivas. La nueva Administración Kennedy contempló la oferta y la rechazó, y prefirió buscar una rápida expansión militar, aunque ya llevaba mucha ventaja. El difunto Kenneth Waltz, respaldado por otros analistas estratégicos con estrechas conexiones con la inteligencia de Estados Unidos, escribió entonces que la Administración Kennedy «llevó a cabo la mayor escalada militar estratégica y convencional en tiempo de paz que el mundo ha visto [...] pese a que Jruschov estaba tratando de llevar a cabo una drástica reducción en las fuerzas convencionales y seguir una estrategia de disuasión mínima, y lo hicimos aunque el equilibrio de armas estratégicas favorecía, con mucho, a Estados Unidos». Una vez más, el Gobierno optó por perjudicar la seguridad nacional y aumentar el poder del Estado.

La reacción soviética a la escalada de Washington fue colocar misiles nucleares en Cuba, en octubre de 1962, para tratar de corregir el desequilibrio, al menos parcialmente. El movimiento también estuvo motivado en parte por la campaña terrorista contra la Cuba de Fidel Castro organizada por Kennedy, que tenía programada una invasión ese mismo mes, como Moscú y La Habana debían de saber. La crisis de los misiles, que siguió a aquello, fue «el momento más peligroso de la historia», en palabras del historiador Arthur M. Schlesinger Jr., consejero y confidente de Kennedy. De no menor significado es el hecho de que Kennedy sea alabado por su valor y su habilidad política de tomar decisiones frías en el momento culminante de la crisis, aunque por razones de Estado y de imagen personal hizo que la población corriera un riesgo enorme innecesariamente.

Diez años después, en los últimos días de la guerra árabe-israelí de 1973, Henry Kissinger, entonces consejero de Seguridad Nacional del presidente Nixon, decretó una alerta nuclear. El propósito era advertir a los rusos de que no interfirieran con sus delicadas maniobras diplomáticas diseñadas para garantizar una victoria israelí (una victoria limitada, de manera que Estados Unidos mantendría unilateralmente el control de la región). Y las maniobras eran de hecho delicadas: Estados Unidos y la URSS habían impuesto conjuntamente un alto el fuego, pero Kissinger informó en secreto a los israelíes de que podían no acatarlo. De ahí la necesidad de una alerta nuclear para aterrorizar a los rusos. La seguridad de los estadounidenses mantuvo su estatus habitual.[9]

Diez años después de eso, la Administración Reagan lanzó algunas operaciones para sondear las defensas aéreas rusas, simulando ataques aéreos y navales y una alerta nuclear de alto nivel que los rusos debían detectar. Esas acciones se llevaron a cabo en un momento muy tenso: Washington estaba desplegando misiles estratégicos Pershing II en Europa, con un tiempo de vuelo a Moscú de diez minutos. El presidente Reagan también había anunciado el programa Iniciativa de Defensa Estratégica (popularmente conocido como «Guerra de las Galaxias»), que los soviéticos comprendían que era un arma de primer golpe, una interpretación estándar de la defensa con misiles en todos los bandos. Y había otras tensiones que iban en aumento.

Como es natural, esas acciones causaron gran alarma en la Unión Soviética, que a diferencia de Estados Unidos era muy vulnerable y había sido repetidamente invadida y prácticamente destruida. La situación condujo a una gran amenaza de guerra en 1983. Hay archivos desclasificados hace poco que revelan que el peligro fue mayor incluso de lo que los historiadores habían supuesto. Un estudio de inteligencia de alto nivel de Estados Unidos titulado *La amenaza de guerra era real* concluyó que la inteligencia de ese país podría haber subestimado las preocupaciones rusas y la amenaza de un ataque nuclear preventivo de Moscú. Los ejercicios «casi se convirtieron en el preludio de un ataque nuclear preventivo», según un artículo del *Journal of Strategic Studies*.[10]

El peligro fue todavía mayor, como descubrimos en otoño de 2013, cuando la BBC informó de que, justo en medio de estos acontecimientos de amenaza mundial, los sistemas de alerta de la Unión Soviética detectaron la llegada de un ataque de misiles de Estados Unidos, lo cual puso su sistema nuclear en la alerta máxima. El protocolo de los militares soviéticos consistía en vengarse con un ataque nuclear propio. Por fortuna, el oficial al mando, Stanislav Petrov, decidió desobedecer órdenes y no informar de la advertencia a sus superiores. Recibió una reprimenda oficial; y gracias a su negligencia en el deber, seguimos vivos para hablar de ello.[11]

Para los estrategas de la Administración Reagan, la seguridad de la población no fue una prioridad mayor que para sus predecesores. Y así siguen las cosas hasta el presente, incluso dejando de lado los numerosos accidentes nucleares al borde de la catástrofe que se han producido a lo largo de los años, muchos de ellos examinados en el pavoroso estudio de Eric Schlosser *Command and Control*.[12] En otras palabras, es difícil contestar a las conclusiones del general Butler.

SUPERVIVENCIA EN LA ERA POSTERIOR A LA GUERRA FRÍA

Analizar las acciones y doctrinas posteriores a la guerra fría tampoco tranquiliza nada. La doctrina Clinton se refleja en el eslogan «multilateral cuando podemos, unilateral cuando debemos». En una declaración ante el Congreso, la expresión «cuando debemos» se explicó más a fondo: Estados Unidos tiene derecho a recurrir al «uso unilateral del poder militar» para garantizar el «libre acceso a mercados clave, suministros de energía y recursos estratégicos».[13]

Entretanto, el STRATCOM produjo en la era Clinton un importante estudio titulado *Essentials of Post-Cold War Deterrence*, publicado mucho después de que la Unión Soviética se hubiera derrumbado y cuando Clinton estaba continuando el plan del presidente George H. W. Bush para extender la OTAN hacia el este, violando, por tanto, las promesas verbales que le había hecho al presidente soviético Mijaíl Gorbachov, con secuelas que llegan hasta el presente.[14] El estudio se interesaba por «el papel de las armas nucleares en la era posterior a la guerra fría». La conclusión principal es que Estados Unidos debe mantener el derecho a dar el primer golpe, incluso contra Estados no nucleares. Además, las armas nucleares siempre deben estar preparadas porque «proyectan una sombra sobre cualquier crisis o conflicto». Es decir, se estaban utilizando constantemente, igual que estás usando un arma si apuntas pero no disparas al robar una tienda (un extremo que Daniel Ellsberg ha destacado repetidamente). El STRATCOM también opinaba que «los estrategas no deberían ser demasiado racionales al determinar [...] lo que más valora el adversario». Cualquier cosa es un objetivo posible. «Nos hace daño retratarnos como completamente racionales y con la cabeza demasiado fría [...]. Que Estados Unidos puede llegar a ser irracional y vengativo si sus intereses vitales son atacados es algo que debería formar parte de la personalidad nacional que proyectamos.» Es «beneficioso [para nuestra posición estratégica] que algunos elementos puedan parecer potencialmente "fuera de control"», ya que plantea una amenaza constante de ataque nuclear, lo cual es una grave violación de la Carta de las Naciones Unidas, por si a alguien le importa.

No hay muchas menciones a los objetivos nobles constantemente proclamados ni, para el caso, a la obligación, por el Tratado de No Proliferación de hacer esfuerzos de «buena fe» para eliminar ese azote de la tierra. Lo que resuena es más bien una adaptación del famoso pareado de Hilaire Belloc sobre la ametralladora Maxim (por citar al gran historiador africano Chinweizu):

> *Pase lo que pase, digo yo*:
> *Tenemos la bomba y ellos no.*

Después de Clinton llegó George W. Bush. Su amplio respaldo a la guerra preventiva se parece al ataque de Japón en diciembre de 1941 de bases militares en dos posesiones de ultramar de Estados Unidos, en un momento en que los belicosos japoneses eran bien conscientes de que las fortalezas voladoras B-17 salían apresuradamente de las cadenas de montaje y se desplegaban en aquellas bases con la intención de «arrasar el corazón industrial del imperio con ataques mediante bombas incendiarias sobre los hormigueros de bambú de Honshu y Kyushu». Así describió los planes anteriores a la guerra su arquitecto, el general de la fuerza aérea Claire Chennault, con la aprobación entusiasta del presidente Franklin Roosevelt, el secretario de Estado Cordell Hull y el jefe del Estado Mayor, el general George Marshall.[15]

Luego llegó Barack Obama, con palabras amables sobre trabajar para abolir las armas nucleares, combinadas con planes para gastar un billón de dólares en el arsenal nuclear de Estados Unidos en los treinta años siguientes, un porcentaje del presupuesto militar «comparable a lo gastado por el presidente Ronald Reagan para la adquisición de nuevos sistemas estratégicos en la década de 1980», según un estudio del Centro de Estudios sobre la No Proliferación James Martin, del Instituto de Estudios Internacionales de Middlebury, en Monterrey.[16]

Obama tampoco ha dudado en jugar con fuego para obtener rédito político. Tomemos por ejemplo la captura y asesinato de Osama bin Laden por parte de los SEAL de la Marina. Obama lo sacó a relucir con orgullo en un importante discurso sobre la seguridad nacional en mayo de 2013. El discurso tuvo una amplia cobertura, pero se pasó por alto un párrafo crucial.[17]

Obama aplaudió la operación; sin embargo, añadió que no podía ser la norma. La razón, dijo, era que los riesgos «eran inmensos». Los SEAL podrían haberse visto «envueltos en un tiroteo masivo». Aunque, por suerte, eso no ocurrió, «el coste en nuestra relación con Pakistán y el retroceso en la valoración por parte de la opinión pública paquistaní por la intrusión en su territorio fue [...] muy importante».

Agreguemos ahora unos pocos detalles. A los SEAL les ordenaron huir combatiendo en caso de necesidad. No habrían quedado abandonados a su suerte si se hubieran visto «envueltos en un tiroteo masivo»: se habría usado toda la fuerza del ejército de Estados Unidos para rescatarlos. Pakistán posee un ejército poderoso y bien entrenado, muy protector de la soberanía del país. También tiene armas nucleares y los especialistas paquistaníes están preocupados por la posible penetración de elementos yihadistas en su sistema de seguridad nuclear. Tampoco es un secreto que la población está resentida y radicalizada por la campaña de terror con drones y otras políticas de Washington.

Cuando los SEAL estaban en el complejo de Bin Laden, el jefe de Estado Mayor paquistaní, Ashfaq Parvez Kayani, fue informado de la incursión y ordenó a su ejército «enfrentarse a cualquier avión no identificado», que suponía que sería de la India. Entretanto, en Kabul, el general estadounidenses David Petraeus, pidió «aviones de guerra para responder» si los paquistaníes «sacaban sus cazas».[18]

Como dijo Obama, por suerte lo peor no ocurrió, aunque podría haber sido horrible. Pero se asumió un gran riesgo y no parece que hubiera una gran preocupación; ni siquiera un debate posterior.

Como observó el general Butler, es casi un milagro que hayamos escapado de la destrucción hasta ahora, y cuanto más tentemos al destino, menos probable es que una intervención divina acuda a perpetuar el milagro.

16

Los alto el fuego que nunca se cumplen

Tras un ataque israelí de cincuenta días sobre Gaza que dejó dos mil cien palestinos muertos e inmensos paisajes de destrucción, el 26 de agosto de 2014, Israel y la Autoridad Palestina aceptaron un alto el fuego. El acuerdo pedía tanto a Israel como a Hamás el fin de la acción militar, así como una relajación del asedio israelí que había estrangulado Gaza durante muchos años.

No obstante, aquel era solo el más reciente en una serie de acuerdos de alto el fuego alcanzados después de cada una de las periódicas escaladas israelíes en su ataque incesante a Gaza. A lo largo del tiempo, los términos de esos acuerdos son casi invariables. El patrón regular ha sido que Israel no respeta el acuerdo en cuestión, mientras que Hamás lo respeta hasta que un brusco incremento de la violencia israelí suscita una respuesta suya, a la que le sigue una brutalidad israelí más virulenta todavía. En la jerga israelí, a esas escaladas las llaman «cortar el césped», si bien la operación israelí de 2014 fue descrita con más precisión por un oficial del ejército de Estados Unidos anonadado como «eliminar el suelo».

La primera serie de treguas fue el Acuerdo sobre el Movimiento y Acceso entre Israel y la Autoridad Palestina, firmado en noviembre de 2005. El pacto exigía la apertura de un punto de paso entre Gaza y Egipto en Rafah para la exportación de bienes y el tránsito de personas, el acceso ininterrumpido entre Israel y Gaza para la importación-exportación de bienes y el tránsito de personas, la reducción de obstáculos al movimiento dentro de Cisjordania, la construcción de un puerto marítimo en Gaza y la reapertura del aeropuerto de Gaza, que los bombardeos israelíes habían destruido. Se alcanzó el acuerdo poco después de que Israel retirara sus colonos y fuerzas militares de Gaza. El motivo para la retirada lo explicó con cautivador cinismo Dov Weisglass, confidente del entonces primer ministro Ariel Sharon, que estaba al mando de la negociación para ponerlo en marcha. Para resumir el propósito de la operación, Weisglass explicó que «la retirada es, en realidad, formaldehído. Proporciona la cantidad de formaldehído necesaria para que no haya un proceso político con los palestinos».[1]

En segundo plano, los halcones israelíes reconocían que en lugar de invertir recursos para mantener unos pocos miles de colonos en comunidades subvencionadas ilegales en la arrasada Gaza, tendría más sentido trasladarlos a comunidades subvencionadas ilegales en zonas de Cisjordania que Israel pretendía conservar.

Se describió la retirada como un noble esfuerzo para buscar la paz, pero la realidad era muy diferente. Israel nunca renunció al control de Gaza, por lo que lo reconocen como potencia ocupante tanto Naciones Unidas y Estados Unidos como otros Estados (aparte del propio Israel, por supuesto). En su amplia historia de asentamientos en los Territorios Ocupados, los expertos israelíes Idith Zertal y Akiva Eldar describen lo que realmente ocurrió cuando ese país se «retiró»: el territorio arruinado no se liberó «ni un solo día del control militar de Israel o del precio de la ocupación que los habitantes pagan cada día». Tras la retirada, «Israel dejó atrás tierra quemada, servicios destrozados y gente sin presente ni futuro. Destruir los asentamientos fue un movimiento en absoluto generoso de un ocupante ignorante, que, de hecho, sigue controlando el territorio, y matando y acosando a sus habitantes por medio de su enorme poder militar».[2]

OPERACIONES PLOMO FUNDIDO
Y PILAR DE DEFENSA

Israel enseguida encontró un pretexto para violar el acuerdo de noviembre, incluso con mayor violencia. En enero de 2006, los palestinos cometieron un crimen imperdonable: votaron como no debían en unas elecciones libres estrictamente supervisadas y pusieron el Parlamento en manos de Hamás. Israel y Estados Unidos impusieron de inmediato sanciones muy duras y así le dijeron al mundo con mucha claridad lo que significa «fomentar la democracia». Enseguida empezaron a planificar un golpe militar para derrocar el inaceptable Gobierno electo, un procedimiento bien conocido. Cuando Hamás se anticipó al golpe en 2007, el asedio de Gaza se recrudeció y comenzaron los ataques israelíes regulares. Equivocarse en el voto en unas elecciones libres ya era bastante malo, pero anticiparse a un golpe militar planificado por Washington era una ofensa imperdonable.

En junio de 2008 se alcanzó otro acuerdo de alto el fuego. De nuevo se llamó a abrir los pasos fronterizos para «permitir la transferencia de todos los bienes cuya entrada en Gaza estaba prohibida o restringida». Israel accedió formalmente, pero anunció de inmediato que no acataría el acuerdo hasta que Hamás liberara a Guilad Shalit, un soldado israelí secuestrado.

El propio Israel tiene una larga historia de raptar civiles en el Líbano y en alta mar, y retenerlos durante largos períodos sin cargos verosímiles, en ocasiones como rehenes. Encarcelar civiles con cargos dudosos, o sin cargos, es también una práctica regular en los territorios que Israel controla.

Israel no solo mantuvo el asedio, violando así el acuerdo de alto el fuego de 2008, sino que lo hizo con extremo rigor; incluso le impidió reponer existencias a la Agencia de Naciones Unidas para los Refugiados en Palestina y Oriente Próximo (UNRWA), que se ocupa del enorme número de refugiados oficiales en Gaza.[3] El 4 de noviembre, mientras los medios estaban concentrados en las elecciones presidenciales estadounidenses, las tropas israelíes entraron en Gaza y mataron a media docena de militantes de Hamás, que respondió con misiles e intercambio de fuego. Todos los muertos fueron palestinos. A finales de diciembre, Hamás ofreció renovar el alto el fuego. Israel evaluó la oferta, pero la rechazó y prefirió lanzar la operación Plomo Fundido, una incursión de tres semanas con toda la potencia del ejército israelí en la Franja de Gaza. El resultado fue una serie de atrocidades bien documentadas por organizaciones de derechos humanos internacionales e israelíes.

El 8 de enero de 2009, cuando Plomo Fundido estaba en plena furia, el Consejo de Seguridad de Naciones Unidas aprobó una resolución unánime (con la abstención de Estados Unidos) que llamaba a que «se establezca una cesación del fuego inmediata [...] que conduzca a la retirada total de las fuerzas israelíes de Gaza [...] que se aseguren el suministro y la distribución sin trabas de la asistencia humanitaria, incluidos alimentos, combustible y tratamiento médico, en toda Gaza».[4]

De hecho, se alcanzó un nuevo acuerdo de alto el fuego, similar a los anteriores, pero otra vez no se cumplió; se rompió por completo cuando volvieron a cortar el césped: la operación Pilar de Defensa, en noviembre de 2012. Lo que ocurrió en el ínterin puede ilustrarse con las cifras de bajas desde enero de 2012 hasta el lanzamiento de esa operación: un israelí muerto por fuego de Gaza, setenta y ocho palestinos muertos por fuego israelí.[5]

El primer acto de la operación Pilar de Defensa fue el asesinato de Ahmed Yabari, alto dirigente del ala militar de Hamás. Aluf Benn, redactor jefe del importante periódico israelí *Ha-Aretz*, describió a Yabari como «subcontratista» de Israel en Gaza, ya que impuso allí una relativa calma durante más de cinco años. Como siempre, había un pretexto para el asesinato, pero la razón probable la proporcionó el activista por la paz israelí Gershon Baskin. Baskin había participado en negociaciones directas con Yabari durante años e informó de que, horas antes de ser asesinado, Yabari «recibió el borrador de un acuerdo de paz permanente con Israel, que contemplaba mecanismos para mantener el alto el fuego en el caso de producirse escaramuzas entre Israel y las facciones en la Franja de Gaza».[6]

El historial de acciones israelíes diseñadas para provocar el desánimo ante la amenaza de un acuerdo diplomático es largo.

Después de este ejercicio de cortar el césped, se alcanzó otro acuerdo de alto el fuego. Con los términos ya habituales, exigía un cese de la acción militar por ambas partes y el final efectivo del asedio de Gaza, y le pedía a Israel «abrir los pasos fronterizos y facilitar los movimientos de personas y la transferencia de bienes, y abstenerse de restringir el libre movimiento de los residentes y de hostigar a los residentes en zonas de frontera».[7]

Lo que ocurrió a continuación lo relató Nathan Thrall, veterano analista de Oriente Próximo, para el Grupo de Crisis Internacional. La inteligencia israelí reconoció que Hamás estaba cumpliendo los términos del alto el fuego. «Israel —escribió Thrall— veía, por tanto, pocos incentivos en mantener su parte del pacto. En los tres meses que siguieron al alto el fuego, sus fuerzas llevaron a cabo incursiones regulares en Gaza, ametrallaron campesinos palestinos y a aquellos que recogían chatarra y escombros al otro lado de la frontera, y dispararon a barcas, lo que impedía a los pescadores el acceso a la mayor parte de las aguas de Gaza.» En otras palabras, el asedio nunca terminó. «Los pasos fronterizos se cerraron repetidamente. Las llamadas zonas de protección dentro de Gaza [a las que los palestinos tienen prohibido el acceso y que abarcan un tercio o más del limitado suelo cultivable] se reinstauraron. Las importaciones disminuyeron, las exportaciones se bloquearon y pocos gazíes obtuvieron permisos de salida hacia Israel y Cisjordania.»[8]

OPERACIÓN MARGEN PROTECTOR

Así continuaron las cosas hasta abril de 2014, cuando ocurrió un acontecimiento importante. Las dos organizaciones palestinas más importantes, Hamás, que controlaba Gaza, y la Autoridad Palestina, dominada por Fatah en Cisjordania, firmaron un acuerdo de unidad. Hamás hizo grandes concesiones; ninguno de sus miembros o aliados entraron a formar parte del Gobierno.

En buena medida, observa Thrall, Hamás entregó el Gobierno de Gaza a la Autoridad Palestina, que mandó allí unas fuerzas de seguridad de varios miles de hombres y situó sus guardias en fronteras y pasos, sin que Hamás ocupara posiciones recíprocas en el aparato de seguridad de Cisjordania. Finalmente, el Gobierno de unidad aceptó las tres condiciones que Washington y la Unión Europea exigían desde hacía mucho: no violencia, cumplimiento de acuerdos pasados y reconocimiento de Israel.

Israel estaba enfurecido. Su Gobierno declaró enseguida que rechazaría tratar con el Gobierno de unidad y canceló las negociaciones. Su furia aumentó cuando Estados Unidos, junto con la mayoría del mundo, mostró su apoyo al Gobierno de unidad.

Israel tiene buenas razones para oponerse a la unificación de Palestina. Una es que el conflicto entre Hamás y Fatah le ha proporcionado un pretexto útil para no participar en negociaciones serias. ¿Cómo se puede negociar con una entidad dividida? No es de extrañar, pues, que Israel se haya dedicado durante más de veinte años a separar Gaza de Cisjordania, violando los Acuerdos de Oslo, que declaran que ambos territorios forman una unidad inseparable. Una mirada al mapa explica la lógica: separados de Gaza, los enclaves de Cisjordania dejan a los palestinos sin acceso al mundo exterior.

Además, Israel ha estado ocupando sistemáticamente el valle del Jordán; han expulsado a los palestinos, han establecido asentamientos, han destrozado pozos y se han asegurado por otras vías de que la región —que constituye alrededor de un tercio de Cisjordania y alberga gran parte de su tierra cultivable— quedará integrada en Israel junto con las otras regiones que está invadiendo. De ese modo, los cantones palestinos que permanezcan estarán completamente aprisionados. La unificación con Gaza interferiría esos planes, que se remontan a los primeros tiempos de la ocupación y han contado con un apoyo firme de los principales bloques políticos, incluidas algunas figuras normalmente retratadas como palomas, como el ex presidente Shimon Peres, uno de los arquitectos de las colonias en el interior de Cisjordania.

Como de costumbre, se necesitaba un pretexto para pasar a la siguiente escalada. La ocasión se presentó con el brutal asesinato de tres niños israelíes de una comunidad de colonos en Cisjordania. Siguió un episodio de violencia cuyo principal objetivo fue Hamás. El 2 de septiembre, *Ha-Aretz* informó de que, después de intensos interrogatorios, los servicios de seguridad de Israel concluyeron que el secuestro de los adolescentes «fue llevado a cabo por una célula independiente» sin conexiones directas con Hamás.[9] Para entonces, la violencia de dieciocho días había conseguido debilitar el temido Gobierno de unidad.

Al final, Hamás reaccionó con sus primeros cohetes en dieciocho meses, lo que le dio a Israel el pretexto para lanzar la operación Margen Protector el 8 de julio. El asalto de cincuenta días fue el corte de césped más intenso y extremo hasta la fecha.

OPERACIÓN TODAVÍA SIN NOMBRAR

Israel se halla hoy en una buena posición para revertir la política desarrollada durante decenios de separar Gaza de Cisjordania y cumplir con un gran acuerdo de alto el fuego por primera vez. La amenaza de democracia en el vecino Egipto ha disminuido, al menos temporalmente, y la brutal dictadura militar egipcia del general Abdelfatah al-Sisi es un bienvenido aliado para Israel a la hora de mantener el control de Gaza.

El Gobierno de unidad palestino puso fuerzas de la Autoridad Palestina formadas por Estados Unidos a controlar las fronteras de Gaza; al mismo tiempo, posiblemente la gobernabilidad se desplazó a manos de la Autoridad Palestina, que depende de Israel para su supervivencia y sus finanzas. Puede que, en esas condiciones, Israel piense que hay poco que temer de una forma de autonomía limitada para los enclaves que les quedan a los palestinos.

También hay algo de verdad en la observación del primer ministro Netanyahu: «Muchos elementos de la región comprenden hoy que, en la lucha que los amenaza, Israel no es un enemigo sino un socio.»[10] No obstante, Akiva Eldar, destacado corresponsal diplomático de Israel, añade que «todos esos "muchos elementos de la región" también comprenden que no se atisba en el horizonte ningún movimiento diplomático valiente y amplio sin un acuerdo sobre el establecimiento de un Estado palestino basado en las fronteras de 1967 y una solución justa y acordada al problema de los refugiados». Eso no está en los planes de Israel, señala.[11]

Algunos periodistas israelíes bien informados, en especial el columnista Danny Rubinstein, creen que Israel está preparado para revertir el rumbo y reducir su asfixia de Gaza.

Veremos.

La historia de estos últimos años sugiere otra cosa y los primeros signos no son favorables. Cuando terminó la operación Margen Protector, Israel anunció su mayor apropiación de tierras de Cisjordania en treinta años, casi cuatrocientas hectáreas. Radio Israel informó de que la apropiación era la respuesta al asesinato de los tres adolescentes judíos por parte de «militantes de Hamás». Un niño palestino fue quemado vivo en represalia por los asesinatos, pero no se entregó ni un palmo de tierra israelí a los palestinos; tampoco hubo reacción cuando un soldado israelí asesinó a Jalil Anati, de diez años, en una tranquila calle de un campo de refugiados cerca de Hebrón y luego se alejó en su jeep mientras el niño moría desangrado.[12]

Anati fue uno de los veintitrés palestinos, entre ellos, tres niños, que las fuerzas de ocupación israelíes mataron en Cisjordania durante el ataque a Gaza, según estadísticas de la ONU. Hubo también más de dos mil heridos, el 38 % por fuego. «Ninguna de las personas que mataron estaba poniendo en riesgo las vidas de los soldados», informó el periodista israelí Gideon Levy.[13] Nada de eso provoca ninguna reacción, igual que no hubo reacción cuando Israel mataba, en promedio, más de dos menores palestinos por semana durante los últimos catorce años. Al fin y al cabo, son no-personas.

Se afirma habitualmente, en todos los bandos, que, si el acuerdo de dos Estados muere como consecuencia de la toma de tierras palestinas por parte de Israel, el resultado será un Estado al oeste del río Jordán. Algunos palestinos aceptan ese resultado pensando que en ese caso podrían llevar a cabo una lucha por la igualdad de derechos civiles, como en la Sudáfrica del *apartheid*. Muchos comentaristas israelíes advierten de que el «problema demográfico», derivado de que la natalidad árabe es mucho mayor que la judía y de que disminuye la inmigración judía, debilitará su esperanza de un «Estado judío democrático».

Aunque están muy extendidas, tales convicciones son dudosas. La alternativa realista al acuerdo de dos Estados es que Israel continuará llevando a cabo los planes que ha estado poniendo en práctica durante años, tomando lo que hay de valor en Cisjordania, al tiempo que evita las concentraciones de población palestina y echa a los palestinos de las zonas que está integrando en Israel. Eso debería resolver el temido «problema demográfico».

Estas políticas básicas han estado en funcionamiento desde la conquista en 1967, siguiendo un principio enunciado por el entonces ministro Moshe Dayan, uno de los líderes israelíes más solidarios con los palestinos. Informó a sus colegas de partido de que deberían decirles a los refugiados palestinos en Cisjordania: «No tenemos ninguna solución, continuaréis viviendo como perros; quien quiera puede irse y ya veremos adónde lleva este proceso.»[14] La recomendación era lógica dentro de la concepción predominante articulada en 1972 por el futuro presidente Jaim Herzog: «No niego a los palestinos un lugar, posición u opinión en todas las cuestiones [...]. Pero, desde luego, no estoy preparado para considerarlos socios en sentido alguno en una tierra que se ha consagrado a nuestra nación durante miles de años. Para los judíos de esta tierra no puede haber ningún socio.» Dayan también llamó a que hubiera un «gobierno permanente» *(memshelet keva)* de Israel sobre los Territorios Ocupados.[15] Cuando Netanyahu expresa la misma posición hoy, no está pisando terreno virgen.

Durante un siglo, la colonización sionista de Palestina ha

actuado, básicamente, según el principio pragmático de hechos consumados discretamente sobre el terreno, que, al fin y al cabo, el mundo aceptaría. Ha sido una política muy exitosa. Todo hace pensar que persistirá mientras Estados Unidos proporcione el necesario apoyo militar, económico, diplomático e ideológico. Para aquellos que se preocupan por los derechos de los palestinos maltratados, no puede haber prioridad más alta que trabajar para cambiar la política de Washington; no es una fantasía.

17

Estados Unidos es un destacado
Estado terrorista

Imagina que el artículo de cabecera del *Pravda* fuera un estudio del KGB que analizara las principales operaciones terroristas llevadas a cabo por el Kremlin en todo el mundo en un intento de determinar los factores que condujeron a su éxito o fracaso. Su conclusión final: por desgracia, los éxitos fueron escasos, así que hay que repensar la política. Supongamos que el artículo continuara citando a Vladímir Putin diciendo que había pedido al KGB que llevara a cabo esas investigaciones para encontrar casos de «financiación y suministro de armas a la insurgencia en un país que en realidad funcionaba bien. Y que no pudieron conseguir mucho». Así que tiene cierta reticencia a continuar con esa política.

Es casi inimaginable, pero si apareciera un artículo así, los gritos de rabia e indignación se alzarían hasta los cielos y Rusia sería vehementemente condenada, o peor, no solo por el brutal historial terrorista que habría reconocido a las claras, sino también por la reacción entre los dirigentes y la clase política: ninguna preocupación, salvo por el buen funcionamiento del terrorismo de Estado ruso y por si las prácticas podrían mejorar.

De hecho, es difícil imaginar que un artículo así pudiera aparecer, si no fuera porque apareció recientemente, o casi.

El 14 de octubre de 2014 el artículo de fondo de *The New*

York Times informaba de un estudio de la CIA que analizaba las principales operaciones terroristas llevadas a cabo por la Casa Blanca en todo el mundo, en un intento de determinar los factores que condujeron a su éxito o fracaso, con la conclusión mencionada arriba. El artículo continuaba citando al presidente Obama, quien había pedido a la CIA que emprendiera una investigación para encontrar casos de «financiación y suministro de armas a la insurgencia en un país que, en realidad, funcionaba bien. Y que no pudieron conseguir mucho», así que tenía, de hecho, cierta reticencia a continuar con tales prácticas.[1]

No hubo gritos de rabia ni indignación, nada.

La conclusión parece muy clara. En la cultura política occidental se da por completamente natural y apropiado que el líder del mundo libre tiene que ser un Estado terrorista canalla y que ha de proclamar abiertamente su prestigio en tales crímenes. Y no es sino natural y apropiado que el abogado constitucionalista liberal que lleva las riendas del poder, laureado con el Premio Nobel de la Paz, solo se preocupe por cómo llevar a cabo tales acciones con mayor eficacia.

Hay un estudio más atento que establece estas conclusiones con firmeza. El artículo empieza citando operaciones estadounidenses «desde Angola hasta Nicaragua y Cuba». Añadamos un poco de lo que se omite; para ello se puede beber de los estudios revolucionarios sobre el papel de Cuba en la liberación de África de Piero Gleijeses, en especial de su reciente libro *Visions of Freedom*.[2]

En Angola, Estados Unidos se unió a Sudáfrica para proporcionar un apoyo crucial al ejército terrorista de la UNITA de Jonas Savimbi. Continuó haciéndolo incluso después de la rotunda derrota de Savimbi en unas elecciones libres atentamente supervisadas y después de que Sudáfrica retirara el apoyo a ese «monstruo cuya ansia de poder había llevado un enorme sufrimiento a su pueblo», en palabras del embajador británico en Angola Marrack Goulding, una declaración secundada por el director local de la CIA en la vecina Kinshasa. El mandatario de la CIA advertía que «no era buena idea» apoyar al monstruo «por la magnitud de los crímenes de Savimbi. Era terriblemente violento».[3]

A pesar de las amplias y asesinas operaciones terroristas respaldadas por Estados Unidos en Angola, las fuerzas cubanas expulsaron del país a los agresores sudafricanos, los obligaron a dejar la ilegalmente ocupada Namibia y allanaron el camino para unas elecciones en Angola en las que, después de su derrota, Savimbi «desestimó por completo las opiniones de los casi ocho observadores extranjeros desplazados allí según los cuales las votaciones [...] fueron en general libres y justas», como informó *The New York Times*, y continuó la guerra terrorista con el apoyo de Estados Unidos.[4]

Nelson Mandela, cuando por fin fue puesto en libertad, alabó los logros de Cuba en la liberación de África y el final del *apartheid*. Uno de sus primeros actos fue declarar que «durante todos mis años en prisión, Cuba fue una inspiración y Fidel Castro un pilar sólido [...]. [Las victorias cubanas] destrozaron el mito de la invencibilidad del opresor blanco [e] inspiraron las luchas de masas de Sudáfrica [...], un punto de inflexión para la liberación de nuestro continente, y de mi pueblo, del azote del *apartheid* [...]. ¿Qué otro país puede señalar un historial de mayor altruismo que el que ha mostrado Cuba en sus relaciones con África?».[5]

El líder del terrorismo Henry Kissinger, en cambio, se «enfureció» por la insubordinación del «pelagatos» Castro, a quien sentía que debía «aplastar», como informaron William Leo-Grande y Peter Kornbluh en su libro *Back Channel to Cuba*, basándose en documentos desclasificados recientemente.[6]

En el caso de Nicaragua, no vale la pena entretenerse en la guerra terrorista de Ronald Reagan, que continuó hasta mucho después de que el Tribunal Internacional de Justicia ordenara a Washington el cese del «uso ilegal de la fuerza» —es decir, terrorismo internacional— y pagara sustanciales compensaciones; y aún siguió tras una resolución del Consejo de Seguridad de Naciones Unidas que llamaba a todos los Estados (es decir, a Estados Unidos) a cumplir la legalidad internacional; Washington la vetó.[7] Debería reconocerse, no obstante, que la guerra terrorista de Reagan contra Nicaragua —continuada por George H. W. Bush, el «estadista» Bush— no fue tan destructiva como el terrorismo de Estado que respaldaba con entusiasmo en El Salvador y Guatemala. Nicaragua tenía la ventaja de contar con un ejército para enfrentarse a las fuerzas terroristas dirigidas por Estados Unidos, mientras que en los países vecinos los terroristas que asaltaban a la población eran sus propias fuerzas de seguridad, armadas y formadas por Washington.

En el caso de Cuba, el presidente Kennedy y su hermano, el fiscal general Robert Kennedy, lanzaron las operaciones terroristas de Washington con toda su furia para castigar a los cubanos por impedir la invasión de la bahía de Cochinos, dirigida por Estados Unidos. Aquella guerra terrorista no fue una nimiedad. Participaron cuatrocientos estadounidenses y dos mil cubanos, y contó con un ejército privado de lanchas rápidas y un presupuesto anual de cincuenta millones de dólares. Fue dirigida en parte por la oficina de la CIA en Miami, que funcionaba infringiendo la Ley de Neutralidad y, presumiblemente, la ley que prohíbe operaciones de la CIA en Estados Unidos. Entre sus operaciones destacan el bombardeo de hoteles e instalaciones industriales, el hundimiento de buques pesqueros, el envenenamiento de cosechas y ganado, y la contaminación de exportaciones de azúcar, entre otras. Algunas de esas operaciones no fueron autorizadas por la CIA explícitamente, sino que las llevaban a cabo fuerzas terroristas que la agencia financiaba y apoyaba, una distinción irrelevante.

Como más tarde se supo, la guerra terrorista (operación Mangosta) fue un factor que influyó en que Jruschov enviara misiles a Cuba, así como en la crisis de los misiles, que estuvo a punto de provocar una guerra nuclear definitiva. Las operaciones de Estados Unidos en Cuba no eran una cuestión trivial.

Se ha prestado cierta atención a una parte menor de la guerra terrorista: los numerosos intentos de asesinar a Fidel Castro, en general subestimados como si fueran travesuras infantiles de la CIA. Aparte de eso, nada de lo ocurrido ha suscitado mucho interés o debate. La primera investigación seria en inglés del impacto de la guerra terrorista sobre los cubanos lo publicó en 2010 el investigador canadiense Keith Bolenter, en su *Voices from the Other Side*, un valioso estudio que en gran medida ha pasado desapercibido.[8]

Los tres ejemplos subrayados en el artículo de *The New York Times* sobre el terrorismo de Estados Unidos son solo la punta del iceberg. No obstante, es útil contar con este destacado reconocimiento de la dedicación de Washington a operaciones terroristas asesinas y destructivas, y de la insignificancia de todo ello para la clase política, que acepta como normal y adecuado que Estados Unidos debe ser una superpotencia terrorista, inmune a la ley y las normas civilizadas.

Paradójicamente, el mundo podría no estar de acuerdo. Las encuestas globales muestran que se considera a Estados Unidos la mayor amenaza para la paz mundial con mucha diferencia.[9] Por suerte, a los estadounidenses se les ahorró esa información sin importancia.

18

El paso histórico de Obama

El restablecimiento de lazos diplomáticos entre Estados Unidos y Cuba ha sido ampliamente alabado como un hecho de importancia histórica. El corresponsal Jon Lee Anderson, que escribe sobre esa región con gran perspicacia, resume la reacción generalizada entre intelectuales liberales cuando escribe, en *The New Yorker*:

> Barack Obama ha mostrado que puede actuar como un estadista de peso histórico. Y, en este momento, también lo ha hecho Raúl Castro. Para los cubanos este momento será una catarsis emocional y una transformación histórica. Sus relaciones con el rico y poderoso vecino del norte han permanecido congeladas desde la década de 1960: cincuenta años. Sus destinos también se han congelado hasta lo surrealista. Para los estadounidenses también es importante. La paz con Cuba nos lleva momentáneamente atrás, a aquella época dorada en la que Estados Unidos era una nación amada en todo el mundo, cuando un joven y atractivo John Fitzgerald Kennedy ocupaba la presidencia —antes de Vietnam, antes de Allende, antes de Irak y todas las demás desgracias—, y nos permite sentirnos orgullosos de nosotros mismos por haber actuado por fin de la forma debida.[1]

El pasado no es tan idílico como se retrató en la machacona imagen de Camelot. Kennedy no fue «antes de Vietnam»; ni siquiera antes de Allende e Irak, pero dejemos eso de lado. Cuando Kennedy ocupó el cargo, en Vietnam por fin había surgido una resistencia interna incontrolable a la brutalidad del régimen de Ngo Dinh Diem, impuesto por Washington. Ante eso, Kennedy aumentó la intervención estadounidense y ordenó que la Fuerza Aérea de Estados Unidos bombardeara Vietnam del Sur (con indicativos survietnamitas que no engañaban a nadie). Autorizó la guerra con napalm y con agentes químicos para destruir los cultivos y el ganado, y lanzó programas para llevar los campesinos a campos de concentración para «protegerlos» de los guerrilleros a los que Washington sabía que apoyaban mayoritariamente.

En 1963, los informes sobre el terreno parecían indicar que la guerra de Kennedy estaba teniendo éxito, pero surgió un problema importante. En agosto, la Administración descubrió que el Gobierno de Diem buscaba negociar con Vietnam del Norte para poner fin al conflicto.

Si Kennedy hubiera tenido la más leve intención de retirarse, esa habría sido una oportunidad perfecta para hacerlo con dignidad, sin coste político. Hasta podría haber afirmado, siguiendo el estilo habitual, que había sido la fortaleza de Estados Unidos y su ejemplar defensa de la libertad lo que había obligado a los norvietnamitas a «rendirse». En cambio, Washington respaldó un golpe militar para instalar en el poder generales de la línea dura, más afines a los compromisos reales de Kennedy. El presidente Diem y su hermano fueron asesinados. Con la victoria ya a la vista, o eso parecía, Kennedy aceptó a regañadientes una propuesta del secretario de Defensa, Robert McNamara, de iniciar la retirada de tropas (Memorando de Acción de Seguridad Nacional 263), con una condición crucial: después de que se lograra la victoria. Kennedy insistió en esa exigencia hasta su asesinato al cabo de unas semanas. Es posible que los relatos hayan tergiversado los hechos, pero la fantasía se derrumba rápidamente bajo el peso del enorme registro documental.[2]

La historia en otras partes tampoco fue tan idílica como en

las leyendas de Camelot. Una de las decisiones con más consecuencias de Kennedy, en 1962, fue la de cambiar la misión de los ejércitos de Latinoamérica de la «defensa hemisférica» a la «seguridad interna» con horrendas consecuencias para el hemisferio. Aquellos que no prefieran lo que el especialista en relaciones internacionales Michael Glennon ha llamado «ignorancia intencionada» pueden completar los detalles con facilidad.[3]

En Cuba, Kennedy heredó la política de embargo de Eisenhower y los planes formales para derrocar al régimen, y enseguida propició una escalada en el conflicto con la invasión de la bahía de Cochinos. El fracaso de la invasión causó casi histeria en Washington. En la primera reunión de Gabinete tras la fallida invasión, el clima era «casi salvaje», según señaló en privado el secretario de Estado Chester Bowles. «La petición de un plan de acción era casi frenética.»[4] Kennedy reflejó la histeria en sus declaraciones públicas, aunque era consciente, como dijo en privado, de que los aliados «piensan que estamos un poco locos» con el tema de Cuba.[5] No sin razón. Las acciones de Kennedy fueron fieles a sus palabras.

Ahora hay mucho debate respecto a si hay que borrar a Cuba de la lista de países que apoyan el terrorismo. Semejante cuestión solo puede evocar las palabras de Tácito: «Una vez expuesto, el crimen no tiene refugio más que en la audacia.»[6] Salvo que no está expuesto, gracias a la «traición de los intelectuales».

Al ocupar el cargo después del asesinato de Kennedy, el presidente Lyndon Johnson rebajó el reinado del terror, que no obstante continuó hasta la década de 1990. Pero no iba a permitir que Cuba sobreviviera en paz. Le dijo al senador William Fulbright que, aunque «no voy a meterme en nada parecido a la bahía de Cochinos», quería consejo sobre «lo que deberíamos hacer para tocarles las pelotas más que ahora».[7] El historiador de Latinoamérica Lars Schoultz observa que «tocar las pelotas ha sido la política de Estados Unidos desde entonces».[8]

Seguro que ha habido quien pensara que no bastaba con ser tan delicados. Tomemos como ejemplo a un miembro del gabinete de Richard Nixon, Alexander Haig, quien le pidió al presidente: «Deme la orden y convertiré esa p... isla en un solar.»[9] Su elocuencia captaba vívidamente la prolongada frustración en Washington sobre «esa pequeña república infernal de Cuba»; la frase de Theodore Roosevelt cuando despotricó furioso por la negativa cubana a aceptar gentilmente la invasión de 1898 que bloquearía su liberación de España y los convertiría en una virtual colonia. Seguramente su valerosa carga en las Lomas de San Juan había sido por una causa noble. (Por lo general, se ha pasado por alto que los batallones afroamericanos fueron en gran medida responsables de conquistar la colina.)[10]

El historiador Louis Pérez escribe que la intervención, alabada internamente como un acto humanitario para «liberar» Cuba, logró sus objetivos reales. «Una guerra de liberación de Cuba se transformó en una guerra de conquista de Estados Unidos», la guerra hispano-estadounidense, con esa nomenclatura imperial concebida para oscurecer una victoria cubana que fue rápidamente malograda por la invasión. El resultado alivió las ansiedades de Washington sobre lo que era «anatema para todos los estrategas políticos norteamericanos desde Thomas Jefferson: la independencia de Cuba».[11]

Cómo han cambiado las cosas en dos siglos.

Ha habido intentos de mejorar las relaciones en los últimos cincuenta años, analizadas en detalle por William LeoGrande y Peter Kornbluh en *Back Channel to Cuba*.[12] Puede debatirse si debemos sentirnos «orgullosos de nosotros mismos» por los pasos que ha dado Obama, pero ha actuado como tenía que hacerlo, aunque el apabullante bloqueo sigue en su sitio, desafiado por todo el mundo (excepto Israel), y el turismo de estadounidenses continúa prohibido en el momento en que se escribe este libro. En el discurso que le dio a la nación para anunciar la nueva política respecto a Cuba, el presidente dejó claro que, en otros aspectos, el castigo por no plegarse a la voluntad y la violencia de Estados Unidos continuarían, y repitió pretextos que son demasiado ridículos para comentarlos. Dignas de atención, no obstante, son estas palabras del presidente:

Estados Unidos ha apoyado con orgullo la democracia y los derechos humanos en Cuba a lo largo de estas cinco décadas. Lo hemos hecho, principalmente, mediante políticas que buscan aislar la isla, impidiendo el viaje y comercio más básicos que los estadounidenses pueden disfrutar en cualquier otro lugar. Y aunque esta política ha estado arraigada en las mejores intenciones, ninguna otra nación se une a nosotros para aplicar esas sanciones, por lo que han tenido poco efecto más allá de proporcionar al Gobierno cubano razones para imponer restricciones a su pueblo [...]. Hoy estoy siendo sincero con vosotros. Nunca podremos borrar la historia entre nosotros.[13]

Hay que admirar la asombrosa audacia de esta declaración, que una vez más recuerda las palabras de Tácito. Obama seguramente no es consciente de la historia real, que abarca no solo la guerra terrorista y asesina y el escándalo del embargo económico, sino, también, la ocupación militar del sureste de Cuba, donde está la bahía de Guantánamo, con el mayor puerto del país, a pesar de los requerimientos del Gobierno de La Habana, desde la independencia, para que se devuelva lo que se robó a punta de pistola; tal política solo se justifica por un compromiso fanático de bloquear el desarrollo económico de Cuba. En comparación, la toma ilegal de Crimea por parte de Putin parece casi benigna. La dedicación a la venganza contra los insolentes cubanos que se resisten al dominio de Estados Unidos ha sido tan extrema que incluso se ha impuesto al deseo de algunos segmentos poderosos del bloque empresarial —farmacéuticas, compañías agrícolas, sector energético—, que preferían que se normalizaran las relaciones, un fenómeno inusual en la política exterior de Estados Unidos. Las políticas crueles y vengativas de Washington casi han aislado el país y han dado lugar al desprecio por parte de todo el mundo hacia Estado Unidos, que ha caído en el ridículo. A Washington y sus acólitos les gusta simular que han estado «aislando» a Cuba, como entonó Obama, pero la historia muestra con claridad que ha sido Estados Unidos el que ha estado aislado; probablemente esa es la razón principal del cambio de rumbo parcial que acaba de producirse.

Por otra parte, la opinión de los estadounidenses también ha influido en el «paso histórico» de Obama, si bien la ciudadanía lleva mucho tiempo a favor de la normalización de las relaciones. Una encuesta de la CNN mostró en 2004 que solo una cuarta parte de los estadounidenses consideraba Cuba una amenaza seria para Estados Unidos, en comparación con los más de dos tercios partidarios de esas opción treinta años antes, cuando el presidente Reagan fue advertido de la grave amenaza para nuestras vidas que planteaban la virtual capital del mundo (Granada) y el ejército nicaragüense, a solo dos días de marcha de Tejas.[14] Con esos temores ya reducidos, quizá podemos relajar un poco nuestra vigilancia.

Entre los muchos debates que ha generado la decisión de Obama, un aspecto destacado es que los esfuerzos de Washington por llevar democracia y derechos humanos a los cubanos que sufren, manchados solo por las travesuras infantiles de la CIA, han sido un fracaso. Nuestros nobles objetivos no se han logrado, así que se impone un cambio de rumbo a regañadientes.

¿Las políticas fueron un fracaso? Eso depende de cuál fuera el objetivo. La respuesta está bastante clara en el registro documental. La amenaza cubana era la canción recurrente que recorrió la historia de la guerra fría. Cuando llegó Kennedy lo dejó claro: la preocupación principal era que Cuba podía ser un «virus que extendería el contagio». Como observa el historiador Thomas Paterson, «Cuba, como símbolo y realidad, desafió la hegemonía de Estados Unidos en Latinoamérica».[15]

La forma de tratar con un virus es matarlo y vacunar a las víctimas potenciales. Esa política sensata es justo lo que perseguía Washington, con mucho éxito. Cuba ha sobrevivido, pero sin la capacidad de lograr su temido potencial. Mientras tanto, la región fue inoculada con brutales dictaduras militares, empezando con el golpe militar instigado por Kennedy que estableció un régimen de terror y tortura en Brasil poco después del asesinato de Kennedy. Los generales habían llevado a cabo una «rebelión democrática», según telegrafió el embajador Lincoln Gordon. La revolución fue «una gran victoria para el mundo libre» que impidió «la pérdida total para Occidente de todas las repúblicas sudamericanas» y debería «crear un clima muy favorable a las inversiones privadas». Esta revolución democrática fue «la victoria más decisiva de la libertad a mediados del siglo XX —sostuvo Gordon—, uno de los mayores puntos de inflexión en la historia del mundo» de aquel periodo, que eliminó lo que Washington veía como un clon de Castro.[16]

Y lo mismo puede decirse de la guerra de Vietnam, también considerada un fracaso y una derrota. Vietnam en sí no tenía particular interés, pero, como reflejan los archivos, a Washington le preocupaba que el éxito de un movimiento independiente extendiera el contagio en la región. Vietnam fue prácticamente destruido; no iba a ser un modelo para nadie. Y la región quedó protegida mediante la instalación de dictaduras asesinas, igual que en Latinoamérica en los mismos años. No es raro que la política imperial siga una trayectoria similar en diferentes partes del mundo.

La guerra de Vietnam se describe como un fracaso, una derrota de Estados Unidos. En realidad, fue una victoria parcial. Estados Unidos no logró su objetivo máximo de convertir Vietnam en unas Filipinas, pero las preocupaciones principales se superaron, igual que en el caso de Cuba. Esos resultados, por lo tanto, cuentan como derrota, fracaso, decisiones terribles.

Es maravilloso contemplar la mentalidad imperial.

19

Dos formas de verlo

Después del atentado terrorista contra *Charlie Hebdo*, que mató a doce personas, entre ellas el director de la revista y otros cuatro dibujantes, y el asesinato de cuatro judíos en un supermercado *kosher* poco después, el primer ministro francés, Manuel Valls, declaró «una guerra contra el terrorismo, contra el yihadismo, contra el islamismo radical, contra todo lo que tiene por objetivo acabar con la fraternidad, la libertad y la solidaridad».[1]

Millones de personas se manifestaron para condenar las atrocidades, en un movimiento amplificado por un coro de horror bajo la pancarta «Yo soy Charlie». Hubo sentidas declaraciones de indignación, bien captadas por el jefe del Partido Laborista de Israel, Yitzhak Herzog, quien manifestó que «el terrorismo es terrorismo. No hay otra forma de verlo» y que «todas las naciones que buscan la paz y la libertad [se enfrentan] a un desafío enorme» de violencia brutal.[2]

Los crímenes también suscitaron una marea de debates. Se investigaron las raíces de aquellos impactantes asaltos en la cultura islámica y se exploraron formas de contrarrestar la ola asesina de terrorismo islamista sin sacrificar nuestros valores. *The New York Times* describió el asalto como un «choque de civilizaciones», pero fue corregido por el columnista de *The Times*

Anand Giridharadas, quien tuiteó que «no es ni fue nunca una guerra de civilizaciones o entre ellas, sino una guerra por la civilización contra grupos que están al otro lado de esa línea».[3]

Steven Erlanger, el veterano corresponsal en Europa de *The New York Times*, describió gráficamente la escena de París: «Un día de sirenas, helicópteros en el aire, boletines de noticias frenéticos; de cordones policiales y multitudes angustiadas; de niños sacados de las escuelas por seguridad. Fue un día, como los dos anteriores, de sangre y horror en París y sus alrededores.»[4]

Erlanger también citó a un periodista superviviente que dijo: «Todo se derrumbó. No había ninguna salida. Había humo por todas partes. Fue terrible. La gente estaba gritando. Era como una pesadilla.» Otro informó de una «enorme detonación y todo quedó completamente oscuro». La escena, informó Erlanger, «era la cada vez más familiar de cristales rotos, muros destrozados, maderas retorcidas, pintura quemada y desolación».

Curiosamente, como nos recuerda el periodista independiente David Peterson, las citas del párrafo anterior no son de enero de 2015, sino de un informe que Erlanger escribió el 24 de abril de 1999 y que recibió mucha menos atención. Erlanger estaba informando del «ataque con misiles [de la OTAN] contra la sede de la televisión estatal serbia», que dejó la Radio Televisión Serbia (RTS) «fuera de las ondas» y mató a dieciséis periodistas.

Según Erlanger, «la OTAN y las autoridades estadounidenses defendieron el ataque como un intento de socavar el régimen del presidente de Yugoslavia, Slobodan Milosevic». El portavoz del Pentágono, Kenneth Bacon, explicó en una reunión en Washington que «la televisión serbia es una parte de la máquina asesina de Milosevic tanto como lo es el ejército», de ahí que fuera un objetivo de ataque legítimo.[5]

En ese momento, no hubo manifestaciones ni gritos de indignación, ni cantos de «Somos la RTS» ni investigaciones sobre las raíces del ataque en la cultura y la historia cristianas. Por el contrario, el ataque a la sede de la televisión fue ensalzado. El muy bien considerado diplomático Richard Holbrooke, entonces enviado especial a Yugoslavia, describió el exitoso bombardeo a la RTS como «enormemente importante y, creo, un hecho positivo».[6]

Hay muchos otros hechos que no exigen investigación en la cultura y la historia occidentales: por ejemplo, la peor atrocidad terrorista en Europa en años recientes, cuando Anders Breivik, un extremista cristiano ultrasionista e islamófobo, asesinó a 77 personas, adolescentes en su mayoría, en julio de 2011.

También se presta atención en la «guerra contra el terrorismo» a la campaña terrorista más extrema de los tiempos modernos, la campaña global de asesinatos con drones de Obama, cuyos objetivos son gente sospechosa de quizás intentar hacernos daño algún día y cualquier desafortunado que tenga la desgracia de encontrarse cerca. Desafortunados no faltan, como los cincuenta civiles muertos en un bombardeo dirigido por Estados Unidos en Siria en diciembre, del que apenas se informó.[7]

De hecho, se castigó a una persona en relación con el ataque de la OTAN en la RTS: un tribunal serbio sentenció a Dragoljub Milanovic, director general de la RTS, a diez años de prisión por no evacuar el edificio. El Tribunal Penal Internacional para la antigua Yugoslavia estudió el ataque de la OTAN y concluyó que no fue un crimen y que, aunque las bajas civiles fueron «por desgracia elevadas, no parece que fueran claramente desproporcionadas».[8]

La comparación entre estos casos nos ayuda a comprender la condena que el abogado pro derechos civiles Floyd Abrams, famoso por su decidida defensa de la libertad de expresión, hace de *The New York Times*: «Hay momentos de autocontrol, pero después del asalto más amenazador contra el periodismo en la memoria viva [los editores de *The Times*] habrían hecho un mejor servicio a la causa de la libertad de expresión comprometiéndose con ella»; es decir, publicando las caricaturas de *Charlie Hebdo* que ridiculizaban a Mahoma y que provocaron el asalto.[9]

Abrams tiene razón al describir el atentado de *Charlie Hebdo* como «el ataque más amenazador contra el periodismo en la memoria viva». La razón tiene que ver con el concepto de «memoria viva», una categoría cuidadosamente construida para incluir sus crímenes contra nosotros mientras excluimos con escrupulosidad nuestros crímenes contra ellos; los últimos no son crímenes, sino una defensa noble de los valores más elevados, en ocasiones inadvertidamente errada.

Hay muchos otros ejemplos de la interesante categoría memoria viva. Uno lo proporciona el ataque de la Marina contra Faluya en noviembre de 2004, uno de los peores crímenes de la invasión de Irak por parte de Estados Unidos y el Reino Unido. El asalto se inició con la ocupación del Hospital General de Faluya, un crimen de guerra fundamental al margen de cómo se llevó a cabo. Se informó profusamente del crimen en la primera página de *The New York Times*, junto con una fotografía que mostraba como «soldados armados sacaban apresuradamente de las habitaciones a pacientes y empleados del hospital y les ordenaban sentarse o tumbarse en el suelo mientras las tropas les ataban las manos a la espalda». La ocupación del hospital se consideró meritoria, y justificada, porque «terminó con lo que los oficiales decían que era un arma de propaganda para los militantes: el Hospital General de Faluya, con su sarta de informes de bajas civiles».[10]

Es evidente que acabar con aquella «arma de propaganda» no era un ataque a la libertad de expresión y no entra en la categoría de la memoria viva.

Hay otras cuestiones. Cabe preguntarse, por supuesto, si Francia respeta la libertad de expresión, por ejemplo, con la Ley Gayssot, aplicada de manera reiterada, que reserva al Estado el derecho de determinar la verdad histórica y castigar la desviación de sus edictos. O por el modo en que sostiene los principios sagrados de «fraternidad, libertad, solidaridad» al tiempo que expulsa a desdichados descendientes de supervivientes del Holocausto, los gitanos, a una persecución despiadada en Europa oriental; o con su trato deplorable de los inmigrantes norteafricanos en las *banlieues* de París, donde los terroristas de *Charlie Hebdo* se convierten en yihadistas.

Cualquiera con los ojos abiertos se fijará enseguida en otras sorprendentes omisiones de la memoria viva. Se pasó por alto, por ejemplo, el asesinato de tres periodistas en Latinoamérica en diciembre de 2014, que elevó la cifra del año a treinta y uno. Ha habido decenas de periodistas asesinados en Honduras desde el golpe militar de 2009, que fue autorizado por Estados Unidos, con lo que ese país tras el golpe se proclamó campeón en asesinatos de periodistas per cápita. Pero una vez más, no fue un ataque a la libertad de prensa en la memoria viva.

Estos pocos ejemplos ilustran un principio muy general observado con impresionante dedicación y coherencia: cuanto más podamos culpar de algunos crímenes a nuestros enemigos, mayor es la indignación; cuanto mayor es nuestra responsabilidad por los crímenes —y de ahí que podamos hacer más para acabar con ellos—, menos preocupación, tendiendo al olvido.

Así que no se cumple que «el terrorismo es terrorismo» ni es cierto que «no hay dos formas de verlo». Está muy claro que sí hay dos formas: la suya contra la nuestra. Y no solo en el caso del terrorismo.

20

Un día en la vida de un lector
de *The New York Times*

Se puede decir que *The New York Times* es el periódico más destacado del mundo. Es una fuente indispensable de noticias y debates, en la que se puede aprender mucho si se lee de manera atenta y crítica. Ciñámonos a un solo día, 5 de abril de 2015, aunque casi cualquier otro habría proporcionado información similar sobre la ideología y la cultura intelectual imperantes.

Se consagra un artículo de primera plana a la historia de una falsa violación en un campus universitario que había publicado la revista *Rolling Stone* y que la *Columbia Journalism Review* había dejado en evidencia. Tan grave es este desvío de la integridad periodística que es también el tema del artículo principal en la sección de negocios, con una página interior completa dedicada a la continuación de los dos informes. El reportaje analiza varias irregularidades cometidas por la prensa: unos pocos casos de invención, expuestos con rapidez, y otros de plagio («demasiado numerosos para enumerarlos»). El delito concreto de *Rolling Stone* es la «falta de escepticismo», que es «en muchos sentidos la más pérfida» de las tres categorías.[1]

Resulta refrescante ver el compromiso del *Times* con la integridad del periodismo.

En la página siete del mismo número hay un artículo importante de Thomas Fuller titulado «La misión de una mujer para liberar Laos de millones de bombas sin estallar». Informa del «esfuerzo decidido» de una mujer laosiano-estadounidense, Channapha Khamvongsa, por «librar su tierra natal de millones de bombas todavía enterradas allí, el legado de una campaña aérea de nueve años que convirtió Laos en uno de los lugares más bombardeados de la tierra». El artículo señala que, como resultado de la presión de Khamvongsa, Estados Unidos incrementó su gasto anual en la eliminación de bombas sin estallar mediante una generosa contribución de doce millones de dólares. Las más letales son las bombas de racimo, que están diseñadas para «causar el mayor número de bajas a las tropas» a base de dispersar «centenares de pequeñas bombas en el suelo».[2] Alrededor del 30 % de ellas no estallan, de manera que matan y mutilan a niños que más tarde recogen los trozos, campesinos que las golpean cuando trabajan y otros desafortunados. Un mapa adjunto muestra la provincia de Xieng Khouang, en el norte de Laos, más conocido como la Llanura de las Jarras, el objetivo principal de un bombardeo intensivo que alcanzó su máxima furia en 1969.

Fuller explica que la señora Khamvongsa se sintió «espoleada a actuar al ver una colección de dibujos de las bombas hechos por refugiados y recopilados por Fred Branfman, un activista antibelicista que ayudó a exponer la Guerra Secreta».[3] Los dibujos aparecieron en su notable libro *Voices from the Plain of Jars*, publicado en 1972 y republicado por University of Wisconsin Press en 2013 con una nueva introducción. Los dibujos muestran gráficamente el tormento de las víctimas, campesinos pobres en una zona remota que no tenían casi nada que ver con la guerra de Vietnam, como se reconoció oficialmente. Un relato típico de una enfermera de veintiséis años capta la naturaleza de la guerra aérea: «No había ni una noche en que pensáramos que sobreviviríamos hasta la mañana, ni una mañana en que pensáramos en sobrevivir hasta la noche. ¿Lloraron nuestros hijos? ¡Oh, sí!, y nosotros también. Yo solo me quedé en mi cueva. No vi la luz del sol durante dos años. ¿Qué pienso de eso? Siempre repetía "por favor, no dejéis que vengan los aviones, por favor, no dejéis que vengan los aviones, por favor, no dejéis que vengan los aviones".»[4]

Los valientes esfuerzos de Branfman aportaron de hecho cierta conciencia de esta brutal atrocidad. Su diligente investigación también desenterró las razones de la destrucción salvaje de una sociedad campesina impotente. Las expuso una vez más en la presentación de la nueva edición de *Voices*:

> Una de las revelaciones más demoledoras sobre los bombardeos fue descubrir por qué se habían incrementado tantísimo en 1969, como describieron los refugiados. Averigüé que el presidente Lyndon Johnson, después de decretar un alto en los bombardeos en Vietnam del Norte en noviembre de 1969, había desviado los aviones al norte de Laos. No había ninguna razón militar para hacerlo. Fue simplemente porque, como declaró el subdirector de la Misión de Estados Unidos, Monteagle Stearns, ante el Comité de Relaciones Exteriores del Senado en octubre de 1969, «teníamos esos aviones al lado y no podíamos dejarlos allí sin nada que hacer».[5]

Por consiguiente, los aviones no utilizados se lanzaron sobre campesinos pobres y arrasaron la pacífica Llanura de las Jarras, lejos de los estragos de las guerras de agresión asesinas de Washington en Indochina.

Veamos ahora que esas revelaciones se transmutan en la neolengua de *The New York Times*. Escribe Fuller: «Los objetivos eran tropas norvietnamitas, sobre todo en la Ruta Ho Chi Minh, una gran parte de la cual atraviesa Laos, así como los aliados comunistas laosianos de Vietnam del Norte.»[6] Compárense esas palabras con las del subdirector de la misión de Estados Unidos, con los dibujos desgarradores y con el testimonio que aparece en el libro de Fred Branfman.

Cierto, el periodista del *Times* tiene una fuente: la propaganda de Estados Unidos. Eso seguramente basta para pasar por encima de los hechos que constituyen uno de los peores crímenes de la era posterior a la Segunda Guerra Mundial, como se detalló en la misma fuente que cita: las revelaciones cruciales de Fred Branfman.

Podemos estar seguros de que esa mentira colosal al servicio del Estado no merecerá una extensa exposición y una denuncia de escandalosa fechoría por parte de la prensa libre como la merecen el plagio y la falta de escepticismo.

El mismo número de *The New York Times* nos sirve un informe del inimitable Thomas Friedman, que repite con seriedad las palabras del presidente Obama para presentar lo que Friedman etiqueta como la doctrina Obama (cada presidente ha de tener una doctrina). La doctrina profunda es «compromiso» combinado con el cumplimiento de las necesidades estratégicas fundamentales.[7]

El presidente ilustró su doctrina con un caso crucial: «Tomemos un país como Cuba. No es demasiado arriesgado probar a ver si nuestro compromiso resulta en mejoras para el pueblo cubano. Es un país pequeño. No amenaza nuestros intereses de seguridad básicos y por lo tanto [no hay razón para no] intentarlo. Y si resulta que no conduce a resultados mejores, podemos ajustar nuestra política.»[8]

Aquí el laureado con el Nobel de la Paz se extiende en sus razones para llevar a cabo lo que el director de la publicación intelectual de la izquierda liberal, *The New York Review of Books*, aplaude como el «valiente» y «auténticamente histórico paso» de restablecer relaciones diplomáticas con Cuba.[9] Es una medida tomada para «fortalecer de manera más eficaz el pueblo cubano», explicó el héroe, después de que nuestros anteriores esfuerzos para darles libertad y democracia no habían logrado nuestros nobles objetivos.[10]

Buscando más, encontramos otras perlas. Hay, por ejemplo, un artículo de opinión de Peter Baker sobre el pacto nuclear de Irán publicado unos días antes, que advierte de los crímenes iraníes enumerados de manera regular por el sistema de propaganda de Washington. Todo demuestra ser muy revelador en el análisis, aunque nada más que el crimen iraní definitivo: «desestabilizar» la región apoyando a las «milicias chiíes que mataban soldados estadounidenses en Irak».[11] Aquí nos encontramos otra vez la imagen estándar. Cuando Estados Unidos invade Irak, casi destruyéndolo y azuzando conflictos sectarios que están desgarrando el país y ahora toda la región, eso cuenta como «estabilización» en la retórica oficial y, por tanto, de los medios. Cuando Irán apoya milicias que se resisten a la agresión, eso es «desestabilización». Y difícilmente podría existir un crimen más ruin que matar soldados de Estados Unidos que atacan tu casa.

Todo esto, y mucho, mucho más, tiene perfecto sentido si mostramos la debida obediencia y aceptamos de manera acrítica la doctrina aprobada: Estados Unidos posee el mundo y lo hace por derecho, por razones también lúcidamente explicadas en el artículo de Jessica Mathews, ex presidenta del Fondo Carnegie para la Paz Internacional en *The New York Review of Books* de marzo de 2015: «Las contribuciones estadounidenses a la seguridad internacional, el crecimiento económico global, la libertad y el bienestar humano han sido tan evidentemente únicas y han estado tan claramente dirigidas al beneficio de otros que los estadounidenses desde hace mucho han creído que Estados Unidos representa una clase de país diferente. Donde otros persiguen sus intereses nacionales, Estados Unidos trata de fomentar principios universales.»[12]

La defensa concluye.

21

«La amenaza iraní»: ¿cuál es el peligro más grave para la paz mundial?

En todo el mundo se percibe gran alivio y optimismo sobre el acuerdo nuclear alcanzado en Viena entre Irán y las naciones P5+1, los cinco países con derecho a veto del Consejo de Seguridad de Naciones Unidas y Alemania. La mayoría del mundo aparentemente comparte la valoración de la Asociación de Control de Armamento de Estados Unidos de que «el Plan de Acción Conjunto y Completo establece una fórmula sólida y eficaz para bloquear durante más de una generación todos los caminos por los cuales Irán podía adquirir material para fabricar armas nucleares y un sistema de verificación de duración indefinida para detectar de inmediato y disuadir posibles intentos de Irán para conseguir de manera encubierta armas nucleares».[1]

No obstante, el entusiasmo general tiene excepciones asombrosas: Estados Unidos y sus más estrechos aliados regionales, Israel y Arabia Saudí. Una consecuencia de esto es que a las corporaciones estadounidenses, para su disgusto, se les impide acudir en manada a Teherán junto con sus homólogos europeos. Hay sectores destacados del poder y de la opinión pública de Estados Unidos que comparten la posición de los dos aliados de la zona y, por tanto, están casi histéricos por «la amenaza iraní». Lo más sereno que se dice en Estados Unidos, en casi en todo el espectro, es que Irán es «la amenaza más grave para la paz mundial». Incluso los que apoyan este acuerdo son cautelosos, dada la excepcional gravedad de la amenaza. Al fin y al cabo, ¿cómo podemos confiar en los iraníes, con su terrible historial de agresión, violencia, alteración y engaño?

La oposición al acuerdo dentro de la clase política es tan fuerte que la opinión pública ha pasado rápidamente de un apoyo manifiesto a estar dividida por la mitad.[2] Los republicanos son casi unánimes en su oposición al acuerdo. Las actuales primarias republicanas ilustran las razones proclamadas. El senador Ted Cruz, considerado uno de los intelectuales en el poblado campo de candidatos presidenciales, advierte que Irán todavía podría ser capaz de producir armas nucleares y algún día podría usarlas para desencadenar una descarga electromagnética que «destrozaría la red eléctrica de toda la costa Este» de Estados Unidos y mataría a «decenas de millones de estadounidenses».[3] Otros dos candidatos, el antiguo gobernador de Florida, Jeb Bush, y el gobernador de Wisconsin, Scott Walker, mantenían posiciones enfrentadas sobre si bombardear Irán nada más ser elegidos o después de la primera reunión del Gabinete.[4] El único candidato con cierta experiencia en política exterior, Lindsey Graham, describe el trato como «una sentencia de muerte para el estado de Israel», lo cual ciertamente será una sorpresa para la inteligencia israelí y sus analistas estratégicos; Graham sabe que es un completo absurdo, lo cual plantea preguntas sobre sus motivos reales para decirlo.[5]

Es importante tener en cuenta que hace mucho que los republicanos abandonaron la simulación de funcionar como un partido parlamentario normal. Como observó Norman Orstein, respetado comentarista político conservador del derechista American Enterprise Institute, se han convertido en una «insurgencia radical» a la que poco le interesa participar en la política que se hace en el Congreso.[6] Desde los tiempos del presidente Ronald Reagan, el liderazgo del partido ha caído hasta tal punto en los bolsillos de los muy ricos y del sector empresarial que solo puede atraer votos movilizando sectores de la población que antes no habían sido una fuerza política organizada. Entre ellos están los cristianos evangélicos extremistas, que, probablemente, ahora votan republicano en su mayoría; restos de los antiguos estados esclavistas; nativistas que están aterrorizados de que «ellos» nos roben nuestro país, blanco, cristiano y anglosajón; y otros que convierten las primarias republicanas en un espectáculo alejado del carril central de la sociedad moderna, aunque no del carril central del país más poderoso de la historia del mundo.

La desviación de criterios globales, no obstante, va mucho más allá de los límites de la insurgencia republicana radical. En el espectro hay un consenso general con la conclusión «pragmática» del general Martin Dempsey, jefe del Estado Mayor Conjunto, de que el acuerdo de Viena no «impide que Estados Unidos ataque instalaciones iraníes si las autoridades deciden que están incumpliendo el acuerdo», si bien un ataque militar unilateral es «mucho menos probable» siempre que Irán se comporte.[7] Dennis Ross, antiguo negociador de Clinton y Obama para Oriente Próximo, dice, como era de esperar, que «Irán no debe tener dudas de que si vemos que se encamina a tener un arma, eso desencadenaría el uso de la fuerza» incluso después de acabar el acuerdo, cuando Irán tendrá libertad para hacer lo que quiera.[8] De hecho, la existencia de un punto de finalización dentro de quince años es, añade, «el mayor problema con el acuerdo». También sugiere que Estados Unidos le proporcione a Israel bombarderos B-52 y búnkeres contra bombas para protegerse antes de que llegue la terrible fecha.[9]

«LA MAYOR AMENAZA»

Los contrarios al acuerdo nuclear lo acusan de quedarse corto. Algunos de los que lo apoyan coinciden en sostener que «para que el tratado de Viena signifique algo, todo Oriente Próximo debe deshacerse de las armas de destrucción masiva». El autor de esas palabras, el ministro de Exteriores de Irán, Yavad Zarif, añadió que «Irán, como país y desde su actual presidencia del Movimiento de No Alineados [los Gobiernos de la gran mayoría de la población mundial], está preparado para trabajar con la comunidad internacional para lograr estos objetivos, sabiendo muy bien que, por el camino, probablemente se encontrará con muchos obstáculos levantados por mirar con escepticismo la paz y la diplomacia». Irán ha firmado «un acuerdo nuclear histórico», continúa, y ahora es el turno de Israel, «el que se resiste».[10]

Israel, por supuesto, es una de las tres potencias nucleares, junto con la India y Pakistán, cuyo programa nuclear ha sido inducido por Estados Unidos y que se niega a firmar el TNPN.

Zarif se refería a la conferencia quinquenal de revisión del TNPN, que terminó en fracaso en abril cuando Estados Unidos (al que se unieron esta vez Canadá y el Reino Unido) una vez más bloqueó los esfuerzos para avanzar hacia una zona libre de armas de destrucción masiva en Oriente Próximo. Egipto y otros Estados árabes han encabezado estos esfuerzos durante veinte años. Dos de las figuras más destacadas que los fomentaban en el TNPN y otras agencias de la ONU y las Conferencias de Pugwash, Jayantha Dhanapala y Sergio Duarte, observan que «la adopción con éxito en 1995 de la resolución sobre el establecimiento de una zona libre de armas de destrucción masiva en Oriente Próximo era el elemento principal de un paquete que permitió la extensión indefinida del TNPN».[11]

El TNPN es el tratado de control de armamento más importante de todos. Si se cumpliera, terminaría con el azote de las armas nucleares. Su aplicación ha sido bloqueada reiteradamente por Estados Unidos, en fechas recientes por el presidente Obama en 2010 y de nuevo en 2015. Dhanapala y Duarte afirman que el intento se bloqueó otra vez «por cuenta de un Estado que no forma parte del TNPN y que se cree que es el único en la región que posee armas nucleares», una referencia educada a Israel que se queda corta; y esperan que ese fracaso «no será el golpe de gracia a los dos antiguos objetivos del TNPN de acelerar el proceso de desarme nuclear y establecer una zona libre de armas de destrucción masiva en Oriente Próximo». Su artículo, en la revista de la Asociación de Control de Armamento, se tituló: «Is There a Future for the NPT?» (¿Hay un futuro para el TNPN?).

Una zona libre de armas nucleares en Oriente Próximo es una forma directa de abordar la amenaza que Irán supuestamente plantea, pero hay mucho más en juego en el continuado sabotaje de Washington a esos intentos con el fin de proteger a su aliado israelí. Ese no es el único caso en el que las oportunidades de terminar con la supuesta amenaza iraní han sido socavadas por Washington, lo cual plantea más preguntas sobre lo que hay realmente en juego.

Al considerar esta cuestión, es instructivo examinar tanto los supuestos tácitos como las cuestiones que rara vez se plantean. Consideremos unos pocos de estos supuestos, empezando con el más serio: que Irán es la amenaza más grave a la paz mundial.

En Estados Unidos es casi un cliché entre mandatarios y comentaristas políticos que Irán ocupa ese deshonroso puesto, pero hay un mundo fuera de Estados Unidos y, aunque los medios convencionales no se hacen eco de sus opiniones, quizá sean de cierto interés. Según el primer consorcio occidental de sondeos (WIN/Gallup International), el premio a la «mayor amenaza» se lo llevó Estados Unidos, al que el mundo considera la amenaza más grave para la paz mundial por un amplio margen. En segundo lugar, muy por debajo, está Pakistán, cuya posición probablemente está inflada por el voto indio. Irán se sitúa por debajo de esos dos, junto con China, Israel, Corea del Norte y Afganistán.[12]

«EL MAYOR MECENAS DEL TERRORISMO MUNDIAL»

Centrándonos en la siguiente pregunta obvia, ¿cuál es en realidad la amenaza iraní? ¿Por qué, por ejemplo, Israel y Arabia Saudí tiemblan de miedo por la amenaza de Irán? Sea cual sea la amenaza, no puede ser militar. Años atrás, la inteligencia de Estados Unidos informó al Congreso de que el gasto militar de Irán es muy bajo respecto al de otros países de la región y que su doctrina estratégica es defensiva, esto es, diseñada para disuadir la agresión.[13] El Servicio Secreto explica también que no hay ninguna prueba de que Irán esté desarrollando un programa de armas nucleares y que «el programa nuclear de Irán y su disposición a mantenerlo abierto a la posibilidad de desarrollar armas nucleares es parte central de su estrategia disuasoria».[14]

El estudio global de armamento del prestigioso Instituto Internacional de Estudios por la Paz de Estocolmo (SIPRI) sitúa a Estados Unidos, como de costumbre, muy por delante en gastos militares. China ocupa el segundo lugar, con alrededor de un tercio del gasto estadounidense. Muy por debajo están Rusia y Arabia Saudí, que no obstante se colocan muy por encima de cualquier estado de Europa occidental. Irán apenas se mencionó.[15] Los detalles completos aparecen en un informe de abril del Centro de Estudios Estratégicos e Internacionales (CSIS), que llega a «la conclusión de que los Estados del golfo Pérsico tienen [...] una imponente ventaja [sobre] Irán tanto en gasto militar como en acceso a armas modernas». El gasto militar de Irán es una pequeña parte del de Arabia Saudí y está muy por debajo incluso del gasto de Emiratos Árabes Unidos. Juntos, los Estados de cooperación del Golfo —Bahréin, Kuwait, Omán, Qatar, Arabia Saudí y Emiratos Árabes Unidos— gastan en armas ocho veces más que Irán, un desequilibrio que se remonta varias décadas.[16] El informe del CSIS añade que «los Estados del golfo Pérsico han adquirido y están adquiriendo algunas de las armas más avanzadas y eficaces del mundo [mientras que] Irán se ha visto obligado a vivir, a menudo dependiendo de sistemas recibidos en tiempos del sah»; en otras palabras, prácticamente obsoletos.[17] En el caso de Israel, por supuesto, el desequilibrio es todavía mayor. Además de poseer el armamento estadounidense más avanzado y ser una virtual base militar en el extranjero de la superpotencia global, tiene también un enorme arsenal de armas nucleares.

A buen seguro, Israel se enfrenta a la «amenaza existencial» de las declaraciones iraníes: el líder supremo Jamenei y el expresidente Mahmud Ahmadineyad son célebres por amenazarlos con la destrucción. Salvo que no lo hicieron; y si lo hicieron fue de poca importancia.[18] Predijeron que «por la gracia de Dios [el régimen sionista] será borrado del mapa» (según otra traducción, Ahmadineyad dice que Israel «debe desaparecer de la página del tiempo», citando una declaración del ayatolá Jomeini durante el período en el que Israel e Irán estaban aliados tácitamente). En otras palabras, deseaban que en algún momento se produjera un cambio de régimen. Incluso eso queda muy lejos de los llamamientos directos de Washington y Tel Aviv para un cambio de régimen en Irán, por no hablar de las medidas tomadas para propiciarlo. Estas, por supuesto, se remontan al «cambio de régimen» real de 1953, cuando Estados Unidos y el Reino Unido organizaron un golpe militar para derrocar el Gobierno parlamentario de Irán e instalar la dictadura del sah, que acumuló uno de los peores historiales contra los derechos humanos de la historia. Esos crímenes eran conocidos por todo el que leyera los informes de Amnistía Internacional y otras organizaciones de derechos humanos, pero no por los lectores de la prensa estadounidense, que ha consagrado mucho espacio a las violaciones de los derechos humanos en Irán, pero solo desde 1979, cuando el régimen del sah fue derrocado. Todo esto, tan instructivo, está muy bien documentado en un estudio de Mansur Farhang y William Dorman.[19]

Nada queda fuera de lo normal. Estados Unidos, como es bien conocido, mantiene el título mundial de cambiador de regímenes, e Israel no se queda corto. La más destructiva de sus invasiones del Líbano, en 1982, estuvo explícitamente destinada a cambiar el régimen, así como a garantizar su control de los territorios ocupados. Los pretextos ofrecidos fueron débiles y se derrumbaron enseguida. Eso tampoco es inusual y es muy independiente de la naturaleza de la sociedad; desde los lamentos en la Declaración de Independencia sobre «el salvajismo despiadado de los indios» a la defensa de la Alemania de Hitler del «salvaje terror» de los polacos.

Ningún analista serio cree que Irán fuera a usar, ni siquiera a a amenazar con usarla, un arma nuclear si la tuviera, y por lo tanto enfrentarse a una destrucción inmediata. Existe, no obstante, la preocupación real de que un arma nuclear pueda caer en manos yihadistas; no en Irán, donde la amenaza es minúscula, pero sí en Pakistán, aliado de Estados Unidos, donde es muy real. En la revista del Real Instituto de Asuntos Internacionales (Chatham House), dos destacados científicos nucleares paquistaníes, Pervez Hoodbhoy y Zia Mian, escriben que los cada vez mayores temores de que «algún activista se haga con armas o materiales nucleares y desate un episodio de terrorismo nuclear [han llevado a] [...] la creación de una fuerza de más de veinte mil soldados destinada a custodiar las instalaciones nucleares. Sin embargo, no hay razón para suponer que esa fuerza sea inmune a los problemas asociados a las unidades que custodian instalaciones militares regulares», que, con frecuencia, han sufrido ataques con «colaboración interna».[20] En resumen, el problema es real, pero se desplaza a Irán gracias a fantasías inventadas por otros motivos.

Otras preocupaciones sobre la amenaza iraní son las de su papel como «mayor mecenas del terrorismo a escala mundial», que se refiere, básicamente, a su apoyo a Hizbulá y Hamás.[21] Ambos movimientos surgieron como resistencia a la violencia y agresión de Israel, respaldadas por Estados Unidos, que excede en mucho cualquier cosa atribuida a esas organizaciones. Al margen de lo que uno piense de ellas, o de otras que reciban el apoyo iraní, Irán no ocupa un lugar muy alto en el apoyo al terrorismo a escala mundial, ni siquiera en el mundo musulmán. Entre los Estados islámicos, Arabia Saudí encabeza, a mucha distancia, el patrocinio del terrorismo islamista, no solo por medio de la financiación directa de ricos saudíes y otros potentados del Golfo, sino, más todavía, por el celo con el que los saudíes promulgan su versión wahabí, extremista por tanto, del islam a través de escuelas coránicas, mezquitas, autoridades y otros medios de los que dispone una dictadura religiosa con enorme riqueza derivada del petróleo. La organización Estado Islámico es un descendiente radical del extremismo religioso saudí y su empeci-namiento en avivar las llamas yihadistas.

No obstante, en cuanto a generar terror yihadista, nada puede compararse a la guerra contra el terrorismo de Estados Unidos, que ha ayudado a extender la plaga desde una pequeña área tribal en la zona fronteriza entre Afganistán y Pakistán hasta una inmensa región que va desde África occidental hasta el sureste de Asia. Solo la invasión de Irak multiplicó por siete los atentados terroristas en el primer año, mucho más allá de lo que habían previsto las agencias de inteligencia.[22] La guerra con drones contra sociedades tribales marginadas y oprimidas tam-bién genera exigencias de revancha, como indican numerosas pruebas.

Esos dos satélites iraníes, Hizbulá y Hamás, también com-parten el crimen de ganar el voto popular en las únicas eleccio-nes libres del mundo árabe. Hizbulá es culpable del delito, si cabe más abyecto, de obligar a Israel a retirarse de su ocupación del sur del Líbano, que violaba las órdenes del Consejo de Segu-ridad que se remontan varios decenios atrás, un régimen de te-rror, ilegal, salpicado de episodios de violencia extrema, asesina-to y destrucción.

«IRÁN ALIMENTA LA INESTABILIDAD»

Otra preocupación, expresada por la embajadora de Estados Unidos ante Naciones Unidas, Samantha Power, es la «inestabi-lidad que Irán alimenta al margen de su programa nuclear».[23] Estados Unidos continuará vigilando esta mala conducta, decla-ró. En eso se hizo eco de la garantía ofrecida por el secretario de Defensa, Ashton Carter, desde la frontera septentrional de Is-rael: «Continuaremos ayudando a Israel a contrarrestar la in-fluencia maligna de Irán al apoyar a Hizbulá», y añadió que Es-tados Unidos se reserva el derecho de usar la fuerza militar contra Irán cuando lo considere oportuno».[24]

La forma en que Irán «alimenta la inestabilidad» se aprecia

de manera particularmente dramática en Irak, donde, entre otros crímenes, acudió enseguida y por sí sola en ayuda de los kurdos que se defendían de la invasión de Estado Islámico y donde está construyendo una central de dos mil quinientos millones de dólares para devolver el suministro eléctrico a las prestaciones que tenía antes de la invasión de Estados Unidos.[25] La utilización de la embajadora Power es la habitual: hay un proceso que consiste en que Estados Unidos invade un país, con el resultado de cientos de miles de muertos y millones de refugiados, junto con torturas bárbaras y una destrucción que los iraquíes comparan con las invasiones mongolas, hasta el punto de que Irak pasa a ser el país más infeliz del mundo según encuestas de WIN/Gallup; al tiempo se desencadena el conflicto sectario que está haciendo añicos la región y sentando las bases para las monstruosidades de Estado Islámico junto con nuestro aliado saudí; a ese proceso lo llaman «estabilización».[26] Por el contrario, las vergonzosas acciones de Irán son «alimentar la inestabilidad». A veces la farsa de este uso común llega a niveles surrealistas, como cuando el periodista liberal James Chace, ex director de *Foreign Affairs*, explicó que Estados Unidos buscaba desestabilizar un Gobierno marxista libremente elegido en Chile porque estábamos decididos a buscar la estabilidad con la dictadura de Pinochet.[27]

Otros se indignan por el mero hecho de que Washington negocie con un régimen «despreciable» como el de Irán, con su horripilante historial en el campo de los derechos humanos, e instan, en cambio, a que busquemos «una alianza patrocinada por Estados Unidos entre Israel y los estados suníes». Así escribe Leon Wieseltier, colaborador de la venerable publicación liberal *Atlantic*, que a duras penas puede ocultar su odio visceral hacia todo lo que huela siquiera a iraní.[28] Este respetado intelectual liberal recomienda sin inmutarse que Arabia Saudí, que hace que Irán parezca casi un paraíso, e Israel, con sus crímenes brutales en Gaza y en otros lugares, deberían aliarse para dar una lección de conducta a ese país. Tal vez la recomendación no es del todo descabellada, teniendo en cuenta los historiales contra los derechos humanos de los regímenes que Estados Unidos ha impuesto y respaldado en todo el mundo.

Aunque sin duda el Gobierno iraní constituye una amenaza para su propio pueblo, lamentablemente no bate récords en esa labor y no desciende al nivel de los aliados favorecidos por Estados Unidos. No obstante, eso no puede ser una preocupación de Washington ni, seguramente, tampoco de Tel Aviv o de Riad.

También podría resultar útil recordar —como es probable que hagan los iraníes— que desde 1953 no ha pasado un día sin que Estados Unidos haya hecho daño a los iraníes. En cuanto estos derrocaron el odiado régimen del sah impuesto por Estados Unidos en 1979, Washington pasó a apoyar el ataque asesino de Sadam Husein sobre Irán. El presidente Reagan llegó al extremo de negar el crimen fundamental de Husein: su ataque con armas químicas de la población kurda de Irak, del que culpó a Irán.[29] Cuando fue juzgado bajo los auspicios de Estados Unidos, ese crimen horrendo (así como otros de los que Estados Unidos fue cómplice) fue cuidadosamente excluido de los cargos, que se limitaron a uno de sus crímenes menores, el asesinato de 148 chiíes en 1982, una nota a pie de página de su truculento historial.[30]

Finalizada la guerra entre Irán e Irak, Estados Unidos continuó apoyando a Sadam Husein, el principal enemigo de Teherán. El presidente George H. W. Bush incluso invitó a ingenieros nucleares iraquíes a Estados Unidos para ofrecerles formación avanzada en producción de armas, una amenaza extremadamente grave para Irán.[31] Las sanciones contra Irán se intensificaron y se ampliaron a las empresas extranjeras que comerciaban con el país, y se iniciaron acciones para vetarle el uso del sistema financiero internacional.[32]

En años recientes, la hostilidad ha llegado al sabotaje, el asesinato de científicos nucleares, presumiblemente a manos de Israel, y la ciberguerra, proclamada sin ambages y con orgullo.[33] El Pentágono considera la ciberguerra un acto de guerra que justifica una respuesta militar, igual que lo hace la OTAN, que afirmó en septiembre de 2014 que los ciberataques podrían desencadenar las obligaciones de defensa colectiva de las potencias de la OTAN; es decir, cuando somos el objetivo y no los autores.[34]

El Estado más canalla

Es justo añadir que ha habido cambios en ese modelo. El presidente George W. Bush le hizo buenos regalos a Irán al destruir a sus mayores enemigos: Sadam Husein y los talibanes. Incluso puso al enemigo iraquí bajo su influencia después de la derrota de Estados Unidos, que fue tan contundente que Washington tuvo que abandonar los objetivos que había explicitado oficialmente de establecer bases militares permanentes («campamentos duraderos») y garantizar que las empresas estadounidenses tuvieran acceso privilegiado a los enormes recursos petroleros de Irak.[35]

¿Intentan hoy los dirigentes iraníes desarrollar armas nucleares? Podemos decidir por nosotros mismos si sus negativas son creíbles, pero que tuvieron esas intenciones anteriormente no está en duda, pues su más alta autoridad lo declaró abiertamente al decirles a los periodistas extranjeros que «desde luego» Irán desarrollaría armas nucleares «y antes de lo que se cree».[36] El padre del programa de energía nuclear de Irán y antiguo director de la Organización de Energía Atómica de ese país estaba seguro de que el plan «era construir una bomba nuclear».[37] La CIA también informó de que «sin duda» Irán desarrollaría armas nucleares si los países vecinos lo hacían (como han hecho).[38]

Todo esto ocurrió durante el reinado del sah, la «más alta autoridad» ahora citada, es decir, durante el período en que altos mandatarios de Estados Unidos (Cheney, Rumsfeld, Kissinger y otros) estaban instando al sah a llevar a cabo programas nucleares y presionaban a las universidades para que se adaptaran a estos esfuerzos.[39] Como parte de estos esfuerzos, mi propio centro, el Instituto Tecnológico de Massachusetts (MIT), llegó a un acuerdo con el sah para admitir estudiantes iraníes en el programa de ingeniería nuclear a cambio de becas del sah, pese a las fuertes objeciones del cuerpo estudiantil, pero con un comparablemente fuerte apoyo del profesorado, en una reunión que el viejo cuerpo docente sin duda recordará bien.[40]

Cuando se le preguntó a Kissinger por qué apoyó aquellos programas en la época del sah y se opuso a ellos más recientemente, respondió, con sinceridad, que entonces Irán era un aliado.[41]

Dejando lo absurdo aparte, ¿cuál es la amenaza real de Irán que inspira tanto miedo y furia? Un lugar natural para buscar la respuesta es, una vez más, el Servicio Secreto de Estados Unidos. Recordemos aquel análisis en el que decía que Irán no planteaba ninguna amenaza militar, que sus doctrinas estratégicas eran defensivas y que sus programas nucleares (sin ningún intento para producir bombas, hasta donde la inteligencia puede determinar) eran «parte central de su estrategia disuasoria».

¿A quién puede preocuparle, pues, el poder disuasorio iraní? La respuesta es sencilla: a los Estados canallas que campan en la región y no quieren obstáculos para las condiciones de agresión y violencia que requieren. En cabeza de esta consideración están Estados Unidos e Israel, con Arabia Saudí esforzándose al máximo para unirse al club con su invasión de Bahréin (para apoyar el aplastamiento de un movimiento reformista) y su ahora asesino asalto en Yemen, que acelera una catástrofe humanitaria en ese país.

Para Estados Unidos, la descripción es familiar. Hace quince años, el destacado analista político Samuel Huntington advirtió en el periódico del poder establecido *Foreign Affairs* que, para gran parte del mundo, Estados Unidos estaba «convirtiéndose en la superpotencia canalla [...], la mayor amenaza a sus sociedades».[42] Poco después, Robert Jervis, presidente de la Asociación Americana de Ciencias Políticas, se hizo eco de sus palabras: «A los ojos de gran parte del mundo, de hecho, el primer estado canalla es hoy Estados Unidos.»[43] Como hemos visto, la opinión del mundo coincide mayoritariamente en ese juicio.

Además, llevan el título con orgullo. Eso es lo que se desprende de la insistencia de los líderes y de la clase política de Estados Unidos en reservarse el derecho a recurrir a la fuerza si determina, de manera unilateral, que Irán está infringiendo algún compromiso. Esta política, sostenida desde hace tiempo por los demócratas liberales, no se limita en modo alguno a Irán. La doctrina Clinton afirmó que Estados Unidos tiene derecho a recurrir al «uso unilateral del poder militar», incluso para asegurar «un acceso libre a mercados clave, suministros de energía y recursos estratégicos», ni qué hablar de supuestas preocupaciones de «seguridad» o «humanitarias».[44] La aplicación de esta doctrina en diversas versiones ha quedado bien confirmada en la práctica, sin que haga falta discutirlo entre gente dispuesta a examinar los hechos de la historia presente.

Estas son algunas de las cuestiones críticas que deberían ser el foco de atención al analizar el acuerdo nuclear de Viena.

22

El Reloj del Apocalipsis

En enero de 2015, el *Bulletin of the Atomic Scientists* avanzó su famoso Reloj del Apocalipsis y lo puso a tres minutos de la medianoche, un nivel de amenaza que no se había alcanzado en treinta años. La declaración del *Bulletin* justifica que adelantara el reloj hacia una catástrofe invocando las dos principales amenazas a la supervivencia: armas nucleares y «cambio climático descontrolado». El llamamiento condenaba a los líderes mundiales que «no han sabido actuar con la velocidad o en la escala requeridas para proteger a los ciudadanos de una potencial catástrofe», poniendo en peligro a «todas las personas de la Tierra al no cumplir con su deber más importante: garantizar y preservar la salud y la vitalidad de la civilización humana».[1]

Desde entonces, ha habido buenas razones para pensar en volver a adelantar el reloj y poner las manecillas más cerca del apocalipsis.

Al terminar el año, los líderes mundiales se reunieron en París para abordar el grave problema del «cambio climático descontrolado». Apenas pasa un día sin nuevas pruebas de la gravedad de la crisis. Por elegir casi al azar, poco antes de la apertura de la conferencia de París, el Laboratorio de Propulsión a Reacción de la NASA publicó un estudio que sorprendió y alarmó a los científicos que han estado estudiando el hielo del Ártico. El estudio mostraba que un enorme glaciar de Groenlandia, el Zachariae Issrom «se soltó de su posición glaciológicamente estable en 2012 y entró en una fase acelerada de retirada», un hecho inesperado e inquietante. El glaciar «contiene agua suficiente para elevar el nivel global del mar en 46 centímetros si se fundiera por completo; y ahora está en dieta espartana, perdiendo cinco mil toneladas de masa cada año. Todo ese hielo se vierte al océano Atlántico Norte».[2]

Sin embargo, había pocas esperanzas de que en París los líderes del mundo actuaran «con la velocidad o en la escala requeridas para proteger a los ciudadanos de una potencial catástrofe». E incluso si por algún milagro lo hubieran hecho, habría tenido un valor limitado, por razones que deberían ser profundamente inquietantes. Cuando se aprobó el acuerdo en París, el ministro de Exteriores francés, Laurent Fabius, anfitrión de las conversaciones, anunció que era «legalmente vinculante».[3] Esa podría ser la esperanza, pero existen no pocos obstáculos que merece la pena examinar con atención.

En toda la amplia cobertura de los medios de la conferencia de París, quizá las frases más importantes sean estas, sepultadas casi al final de un largo análisis de *The New York Times*: «Por lo general los negociadores siempre han buscado forjar un acuerdo legalmente vinculante que necesitaba la ratificación de los Gobiernos de los países participantes para tener fuerza. En este caso no hay forma de conseguir que Estados Unidos lo haga. Un tratado ingresaría cadáver en el Capitolio sin la requerida mayoría de dos tercios de los votos en el Senado controlado por los republicanos. Así pues, los planes voluntarios están ocupando el lugar de objetivos impuestos.» Y los planes voluntarios son una garantía de fracaso.[4]

«Por Estados Unidos.» Más concretamente por el Partido Republicano, que ahora se está convirtiendo en un peligro real para la supervivencia humana decente.

Las conclusiones se subrayan en otro artículo del *Times* sobre el Acuerdo de París. Al final de un largo relato que aplaude el éxito, el artículo señala que el sistema creado en la conferencia «depende, en gran medida, de las opiniones de los líderes mundiales del futuro que llevarán a cabo estas políticas. En Estados Unidos, todos los candidatos republicanos que se presentan a la presidencia en 2016 han cuestionado o negado públicamente la ciencia del cambio climático y han expresado su oposición a la política de Obama sobre este asunto. En el Senado, Mitch McConnell, líder republicano que ha dirigido la carga contra el programa para frenar el cambio climático de Obama, dijo: "Antes de que sus socios internacionales descorchen el champán, deberían recordar que este es un pacto inalcanzable basado en un plan nacional de energía que probablemente es ilegal, que la mitad de los Estados han impugnado para detenerlo y que el Congreso ya ha votado para rechazarlo"».[5]

Ambos partidos se han desplazado a la derecha durante el período neoliberal de la generación pasada. Los demócratas de la corriente principal son ahora lo que se denominaba «republicanos moderados». Entretanto, el Partido Republicano se ha desplazado bastante fuera del espectro y se ha convertido en lo que los respetados analistas políticos conservadores Thomas Mann y Norman Ornstein llaman «insurgencia radical», que casi ha abandonado la política parlamentaria normal. Con la deriva a la derecha, la rendición del Partido Republicano a la riqueza y el privilegio es tan extrema que sus políticas actuales no pueden atraer votantes, de manera que han tenido que buscar una nueva base popular movilizada en otros terrenos: cristianos evangélicos que esperan la Segunda Venida,[6] nativistas que temen que nos estén robando el país, racistas recalcitrantes,[7] gente con reclamaciones reales que equivocan gravemente sus causas,[8] y otros como ellos que son presa fácil de demagogos y pueden ser en poco tiempo un sector de insurgencia radical.

En los últimos años, el aparato republicano había logrado eliminar las voces de la base que ha movilizado; pero ya no. A finales de 2015 el aparato del partido ya estaba consternado y desesperado por su incapacidad de hacerlo, mientras que la base de los republicanos y sus decisiones quedaban fuera de control.

Los cargos electos republicanos y los candidatos a las siguientes presidenciales expresaron un abierto desprecio por las deliberaciones de París e, incluso, se negaron a asistir a ellas. Los tres candidatos que entonces encabezaban las encuestas —Donald Trump, Ted Cruz y Ben Carson— adoptaron la posición de la amplia base evangélica: los humanos no tienen impacto sobre el calentamiento global, si es que se está produciendo. Los otros candidatos rechazan que la acción de Gobierno se ocupe del asunto. Justo después de que Obama hablara en París y prometiera que Estados Unidos estaría en la vanguardia buscando una acción global, el Congreso dominado por los republicanos votó en contra de la reciente normativa de la Agencia de Protección Ambiental para reducir las emisiones de carbono. La prensa dijo que había sido «un mensaje provocador dirigido a más de cien líderes [mundiales] y deja claro que el presidente de Estados Unidos no tiene el pleno apoyo de su Gobierno en política ambiental», lo cual es quedarse corto. Entretanto, Lamar Smith, portavoz republicano en el Comité de Ciencia, Espacio y Tecnología de la Cámara de Representantes llevó adelante su yihad contra los científicos del Gobierno que se atrevieron a informar de los hechos.[9] El mensaje está claro. Los ciudadanos estadounidenses se enfrentan a una responsabilidad enorme en su propia casa.

Un artículo de *The New York Times* informa de que «dos tercios de los encuestados apoyan que Estados Unidos se una a una internacional vinculante para frenar el crecimiento de los gases de efecto invernadero». Y en una proporción de cinco a tres, los estadounidenses creen que el clima es más importante que la economía, pero no importa: no se hace caso a la opinión pública. Ese hecho, una vez más, manda un mensaje contundente a los ciudadanos: es responsabilidad suya curar la disfuncionalidad de un sistema político en el cual la opinión popular es un factor marginal. En este caso, la disparidad entre opinión pública y política tiene implicaciones enormes para el destino del mundo.

Por supuesto, no deberíamos hacernos ilusiones sobre una edad dorada pasada. No obstante, los hechos aquí examinados constituyen cambios significativos. Socavar el funcionamiento de la democracia es una de las contribuciones del asalto neoliberal a la población del mundo en la pasada generación. Y esto no está ocurriendo solo en Estados Unidos; en Europa el impacto podría ser todavía peor.[10]

Volvámonos a la otra preocupación (ya arraigada) de los científicos atómicos que ajustan el Reloj del Apocalipsis: las armas nucleares. La actual amenaza de una guerra nuclear justifica ampliamente la decisión de enero de 2015 de adelantar el reloj dos minutos hacia la medianoche. Lo que ha ocurrido desde entonces revela el crecimiento de la amenaza con mayor claridad, una cuestión que no genera suficiente preocupación, en mi opinión.

La última vez que el Reloj del Apocalipsis se situó a tres minutos de la medianoche fue en 1983, en el momento de las maniobras Arquero Capaz (Able Archer 83), organizadas por la Administración Reagan, que simulaban ataques a la Unión Soviética para probar sus sistemas de defensa. Recientemente se han desclasificado algunos archivos que muestran que los rusos estaban muy preocupados por las operaciones y preparados para responder, lo cual habría significado el final, ni más ni menos.

Hemos sabido algo de estos ejercicios impulsivos e imprudentes, y de lo cerca que estuvo el mundo del desastre, gracias al analista militar y de inteligencia de Estados Unidos Melvin Goodman, que fue jefe de división de la CIA y analista en la Oficina de Asuntos Soviéticos de la época. «Además del ejercicio de movilización Arquero Capaz que alarmó al Kremlin —escribe Goodman—, la Administración Reagan autorizó maniobras militares inusualmente agresivas cerca de la frontera de la URSS, que, en algunos casos, violaron la soberanía territorial soviética. Entre las arriesgadas medidas del Pentágono estaba la de enviar bombarderos estratégicos sobre el Polo Norte para probar el radar soviético y maniobras navales con acercamientos de los buques de guerra de Estados Unidos a lugares donde no habían entrado con anterioridad. Otras operaciones secretas simularon ataques navales sorpresa sobre objetivos soviéticos.»[11]

Ahora sabemos que el mundo se salvó de una probable destrucción nuclear en aquellos días terribles por la decisión de un oficial ruso, Stanislav Petrov, de no transmitir a sus superiores el informe de los sistemas de detección automáticos, en los que se veía que la URSS estaba bajo un ataque con misiles nucleares. En consecuencia, Petrov ocupa su lugar junto con el comandante de submarino ruso Vasili Arjípov, quien, en un momento peligroso de la crisis de los misiles cubana de 1962, se negó a autorizar el lanzamiento de torpedos nucleares cuando destructores de Estados Unidos que imponían un bloqueo atacaban los submarinos.

Otros ejemplos recientemente revelados no hacen sino aumentar el ya aterrador historial. El experto en seguridad nuclear Bruce Blair informa de que «lo más cerca que estuvo Estados Unidos de que el presidente decidiera un lanzamiento estratégico involuntario ocurrió en 1979, cuando una cinta de entrenamiento de detección precoz del NORAD [Mando Norteamericano de Defensa Espacial] en la que se había marcado un ataque soviético a gran escala se filtró en la red de alarma real. Aquella noche llamaron dos veces al consejero de Seguridad Nacional, Zbigniew Brzezinski, para informarle de que Estados Unidos estaba siendo atacado. Ya estaba cogiendo el teléfono para convencer al presidente Carter de que se necesitaba una respuesta inmediata a gran escala, cuando una tercera llamada le dijo que se trataba de una falsa alarma».[12]

Este ejemplo recién revelado recuerda un incidente crítico de 1995, cuando el rumbo de un cohete noruego-estadounidense que llevaba equipamiento científico se asemejó a la trayectoria de un misil, lo cual provocó todo tipo de inquietudes rusas que enseguida llegaron al presidente Boris Yeltsin, quien tuvo que decidir si lanzaba un ataque nuclear.[13]

Blair añade otros ejemplos de su propia experiencia. En un caso, durante la guerra de los Seis Días, en 1967, «la tripulación de un portaviones de propulsión nuclear recibió una orden de ataque real en lugar de una orden de ejercicio nuclear». Unos años después, a principios de la década de 1970, el Mando Aéreo Estratégico en Omaha «retransmitió el ejercicio [...] de una orden de lanzamiento como un lanzamiento real». En ambos casos el control de códigos había fallado; la intervención humana impidió el lanzamiento. «Pero la conclusión de todo ello está clara —añade Blair—: no era tan raro que ocurrieran chapuzas de ese tipo.»

Este comentario de Blair respondía a un informe, recientemente desclasificado por la Fuerza Aérea, del aviador John Bordne, que servía en la base militar de Estados Unidos en Okinawa en 1962, durante la crisis de los misiles y en un momento de graves tensiones también en Asia. El sistema de alerta nuclear había sido elevado a DEFCON 2, solo un nivel por debajo de DEFCON 1, que implica que los misiles nucleares se lanzarán de inmediato. En la cumbre de la crisis, el 28 de octubre, una tripulación recibió autorización para lanzar sus misiles nucleares, por error. Decidieron no hacerlo y con ello evitaron una probable guerra nuclear; así se unieron a Petrov y Arjípov en el panteón de hombres que decidieron desobedecer el protocolo y, de esa forma, salvar al mundo.

Como observó Blair, estos incidentes no son singulares. Un reciente estudio especializado encontró decenas de falsas alarmas cada año durante el período revisado, de 1977 a 1983; el estudio concluyó que el rango iba de 43 a 255 por año. El autor del estudio, Seth Baum, lo resume con palabras certeras: «La guerra nuclear es el cisne negro que nunca vemos, salvo en ese breve momento en que nos está matando. Retrasamos la eliminación del peligro y eso solo aumenta nuestro propio riesgo. Ahora es el momento de abordar la amenaza porque ahora todavía estamos vivos.»[14]

Estos informes, como el amplio estudio *Command and Control* de Eric Schlosser, se limitan casi en exclusiva a los sistemas de Estados Unidos.[15] Sin duda, los rusos son mucho más proclives al error. Por no mencionar el peligro extremo planteado por los sistemas de otros, en especial de Pakistán.

En ocasiones, la amenaza no ha sido accidental, sino fruto de la temeridad, como en el caso de las maniobras Arquero Capaz. El caso más extremo fue el de la crisis de los misiles cubana en 1962, cuando la amenaza de desastre fue muy real. La forma en que se manejó es asombrosa; también lo es la manera en la que se suele interpretar, como hemos visto.

Con este funesto registro en mente, es útil examinar debates estratégicos y de planificación. Un caso escalofriante lo presenta el estudio del STRATCOM de 1995, en la era Clinton, *Essentials of Post-Cold War Deterrence*. El estudio reivindica mantener el derecho al primer golpe, incluso contra Estados no nucleares. Explica que las armas nucleares se usan constantemente, en el sentido de que «proyectan una sombra sobre cualquier crisis o conflicto». Insta también a crear una «personalidad nacional» de irracionalidad y ansias de venganza para intimidar al mundo.

La doctrina actual se explora en el artículo principal de la revista *International Security*, una de las más autorizadas en el campo de la doctrina estratégica.[16] Los autores explican que Estados Unidos está comprometido con la «primacía estratégica»; es decir, protegerse de un posible contraataque. Esa es la lógica que inspira el «nuevo trío» de Obama (fortalecimiento de los misiles submarinos, de los misiles terrestres y de los bombarderos), junto con la defensa de misiles para contrarrestar un contraataque. La inquietud que plantean los autores es que la exigencia de Estados Unidos de tener primacía estratégica podría inducir a China a reaccionar y abandonar su política de «no ser el primero» y expandir sus fuerzas disuasorias. Los autores creen que no lo harán, pero la perspectiva es incierta. Lo que es indudable es que la doctrina potencia los peligros en una región tensa y en conflicto.

Lo mismo es cierto en el caso de la expansión de la OTAN hacia el este incumpliendo las promesas verbales que se le hicieron a Mijail Gorbachov cuando la URSS estaba derrumbándose y accedió a permitir que una Alemania unificada formara parte de la OTAN, concesión notable cuando se piensa en la historia del siglo XX. La expansión hacia la República Democrática de Alemania se produjo de inmediato. En los años siguientes, la

OTAN se expandió hasta la frontera de Rusia y ahora hay amenazas sustanciales para incorporar Ucrania, que está en el corazón geoestratégico de Rusia.[17] Es fácil imaginar cómo habría reaccionado Estados Unidos si el Pacto de Varsovia continuara vivo, la mayor parte de los países de Latinoamérica se hubieran unido a él y México y Canadá estuvieran solicitando su ingreso.

Aparte de eso, Rusia comprende tan bien como China (y también los estrategas de Washington) que los sistemas de defensa con misiles de Estados Unidos cerca de las fronteras de Rusia son, en efecto, un arma de primer golpe, cuyo propósito es establecer una primacía estratégica, inmune al contraataque. Quizá su misión sea completamente inviable, como argumentan algunos especialistas, pero los objetivos nunca pueden estar seguros de eso y, como es natural, las reacciones de Rusia son interpretadas por la OTAN como una amenaza a Occidente.

Un destacado experto británico sobre Ucrania plantea lo que denomina «paradoja estratégica funesta»: que la OTAN «existe para gestionar los riesgos creados por su existencia».[18]

Las amenazas son muy reales ahora mismo. Por fortuna, el derribo de un avión ruso por un F-16 turco en noviembre de 2015 no propició un incidente internacional, pero podría haberlo hecho, sobre todo, dadas las circunstancias. La misión del avión era bombardear Siria. Pasó durante solo diecisiete segundos a través de una franja de Turquía que se adentra en territorio de Siria y, evidentemente, se dirigía a Siria cuando fue derribado. Derribarlo parece haber sido un acto innecesario y provocador, y una acción que merecería consecuencias. Como reacción, Rusia anunció que a partir de aquel momento sus bombarderos irían acompañados por cazas y que estaba desplegando sofisticados sistemas de misiles antiaéreos en Siria; también ordenó a su crucero *Moskvá*, con su sistema de misiles antiaéreos de largo alcance, acercarse más a la costa, para estar «listo para destruir cualquier objetivo aéreo que planteara una amenaza potencial a nuestro barco», anunció el ministro de Defensa Serguéi Shoigu. Todo esto dibuja el escenario para confrontaciones que podrían ser letales.[19]

Las tensiones también son constantes en la frontera entre la OTAN y Rusia, incluidas las maniobras militares a ambos lados. Poco después de que el Reloj del Apocalipsis se adelantara y se acercara inquietantemente hacia la medianoche, la prensa nacional informó de que «algunos vehículos de combate de Estados Unidos desfilaron el miércoles por una ciudad de Estonia que se adentra en Rusia, un acto simbólico que subrayó lo que está en juego para ambas partes en medio de las peores tensiones entre Occidente y Rusia desde la guerra fría».[20] Poco antes, un avión de guerra ruso estuvo a segundos de colisionar con un avión comercial danés. Ambas partes estaban practicando la movilización rápida y la reubicación de fuerzas en la frontera Rusia-OTAN y creyeron que «una guerra ya no es impensable».[21]

En ese caso, ambas partes están ya fuera de los límites de la cordura, porque una guerra bien podría destruirlo todo. Durante decenios se ha reconocido que un primer golpe de una gran potencia podría destruir al propio atacante, incluso sin que hubiera contraataque, simplemente por los efectos del invierno nuclear.

Pero así es el mundo de hoy. Y no solo de hoy, es donde hemos estado viviendo durante setenta años. Como hemos visto, a los estrategas políticos no les preocupa la seguridad de la población. Eso ha sido cierto desde los primeros días de la era nuclear, cuando en los centros de formación política no se hacían esfuerzos —parecía que ni siquiera se pensara en ello— por eliminar la única amenaza potencial seria para Estados Unidos, lo cual podría haberse logrado. Y así continúan las cosas hoy en día, de manera que solo se han esbozado brevemente.

Este es el mundo en el que hemos estado viviendo y en el que vivimos hoy. Las armas nucleares plantean un peligro constante de destrucción inmediata. No obstante, en principio sabemos cómo aliviar la amenaza, incluso eliminarla, una obligación aceptada (y descuidada) por las potencias nucleares que han firmado el TNPN. La amenaza del calentamiento global no es instantánea, aunque es funesta a largo plazo y podría incrementarse de repente. En este caso no está del todo claro que tengamos la capacidad de afrontarla, pero no cabe duda de que cuanto más lo retrasemos más brutal será la calamidad.

Las perspectivas de una supervivencia digna a largo plazo no son altas a menos que haya un cambio de rumbo significativo. Gran parte de la responsabilidad está en nuestras manos; las oportunidades, también.

23

Amos de la humanidad

Cuando preguntamos quién gobierna el mundo solemos asumir que los actores en los asuntos del mundo son Estados, sobre todo las grandes potencias, y pensamos en sus decisiones y las relaciones entre ellas. Eso no es incorrecto, pero haríamos bien teniendo en cuenta que ese nivel de abstracción también puede ser muy engañoso.

Por supuesto, los Estados tienen estructuras internas complejas, y las elecciones y decisiones de la dirección política están muy influidas por la concentración internacional del poder, mientras que la población general a menudo se infravalora. Eso es cierto incluso para las sociedades más democráticas y, por descontado, para otras. No es posible entender de forma realista a quién gobierna el mundo sin hacer caso de los «amos de la humanidad», como los llamó Adam Smith: en su tiempo, los comerciantes y los dueños de las industrias de Inglaterra; en el nuestro, los conglomerados multinacionales, enormes instituciones financieras, emporios comerciales y similares. Todavía siguiendo a Smith, es también prudente recordar la «infame máxima» a la cual están consagrados los «amos de la humanidad»: «Todo para nosotros y nada para los demás»; una doctrina que en otro tiempo fue la amarga y pertinaz guerra de clases, a menudo unilateral, en gran medida para detrimento de la gente del propio país y del mundo.

En el orden mundial contemporáneo, las instituciones de los amos mantienen un poder enorme, no solo en el terreno internacional, sino también dentro de sus propios Estados, de los cuales dependen para proteger su poder y conseguir apoyo económico por muy diversos medios. Al pensar en el papel de los amos de la humanidad, aparecen las prioridades de las políticas estatales del momento, como el Acuerdo Transpacífico de Cooperación Económica, uno de los pactos de derechos de los inversores mal llamados «acuerdos de libre comercio» en la propaganda y en los debates. Se negocian en secreto, aparte de los centenares de abogados de las empresas y los grupos de presión cabilderos, que redactan los detalles cruciales. La intención es que se adopten en un buen estilo estalinista con procedimientos de «vía rápida» diseñados para bloquear la discusión y permitir solo la elección de un sí o un no (por tanto, un sí). Por lo general, los estrategas lo hacen muy bien, no es ninguna sorpresa. La población es lo de menos, con las consecuencias que cabe anticipar.

LA SEGUNDA SUPERPOTENCIA

La política neoliberal de la pasada generación ha concentrado la riqueza y el poder en muy pocas manos al tiempo que ha ido minando el funcionamiento de la democracia; al mismo tiempo han generado oposición, sobre todo en Latinoamérica y también en los centros del poder global.[1] La Unión Europea (UE), uno de los procesos más prometedores del período posterior a la Segunda Guerra Mundial, se ha tambaleado por el duro efecto de las políticas de austeridad durante la recesión, condenadas incluso por los economistas del Fondo Monetario Internacional (aunque no por sus actores políticos). Que la toma de decisiones haya pasado a la burocracia de Bruselas, con los bancos del norte proyectando su sombra sobre las actuaciones de la UE significa que la democracia ha retrocedido. Los partidos principales han perdido miembros a izquierda y derecha. El director ejecutivo del grupo EuropaNova, con sede en París, atribuye el desencanto general a «un clima de irritada impotencia al comprobar que el poder real para influir en los acontecimientos en gran medida se ha desplazado de los líderes políticos nacionales [que, en principio al menos, están sujetos a la política democrática] al mercado, las instituciones de la Unión Europea y las corporaciones», de acuerdo con la doctrina neoliberal.[2] En Estados Unidos están en marcha procesos muy similares, por razones semejantes, lo cual es significativo y de interés no solo para el país, sino, dado el poder de Estados Unidos, para el mundo.

La creciente oposición al asalto neoliberal destaca otro aspecto crucial de lo que se acepta como normalidad: deja de lado a los ciudadanos, que a menudo no aceptan el papel de «espectadores» (más que «participantes») que les adjudica la teoría de la democracia liberal.[3] Esa desobediencia siempre ha sido una preocupación para las clases dominantes. Por limitarnos solo a la historia de Estados Unidos, George Washington consideraba a la gente común que formaba las milicias que tenía que comandar «un pueblo extremadamente sucio y desagradable [que mostraba] una inexplicable estupidez en su clase más baja».[4] En *Políticas violentas*, su magistral estudio de las insurgencias desde la «insurgencia americana» a las contemporáneas de Afganistán e Irak, William Polk concluye que el general Washington «estaba tan ansioso por marginar [a los combatientes que despreciaba] que estuvo a punto de hacer fracasar la revolución». De hecho, «podría haberlo hecho» si Francia no hubiera intervenido masivamente y con ellos hubiera «salvado la revolución», que hasta entonces iban ganando los guerrilleros —a los que ahora llamaríamos terroristas—, mientras que el ejército al estilo británico de Washington «fue derrotado una y otra vez y casi perdió la guerra».[5]

Una característica común de estas insurgencias con éxito, explica Polk, es que una vez que el poder popular se disuelve después de la victoria, la dirección suprime al pueblo «sucio y desagradable», que en realidad ganó la guerra con tácticas de guerrilla y terror, por miedo a que podría desafiar el privilegio de clase. El desprecio de las elites por la «clase más baja» ha adoptado diversas formas a lo largo de los años. En los últimos tiempos, una expresión de este desprecio es la exigencia de pasividad y obediencia («moderación en democracia») por parte de internacionalistas liberales en respuesta a los peligrosos efectos democratizadores de los movimientos populares de la década de 1960.

En ocasiones, los Estados le hacen caso a la opinión pública, lo cual despierta la furia en los centros de poder. Un ejemplo dramático se produjo en 2003, cuando la Administración Bush le pidió a Turquía que se uniera a su invasión de Irak. El 95 % de los turcos se oponían a aquella acción y, para asombro y pavor de Washington, el Gobierno turco asumió esa posición. Turquía fue duramente condenada por desviarse del comportamiento responsable. El subsecretario de Defensa, Paul Wolfowitz, bautizado por la prensa como el «idealista jefe» del Gobierno, reprendió al ejército turco por permitir la mala conducta del Gobierno y exigió una disculpa. Sin inmutarse por estos y otros ejemplos de nuestro cacareado «anhelo de democracia», las crónicas respetables siguieron alabando al presidente George W. Bush por su entrega al «fomento de la democracia» y algunas lo criticaron por su ingenuidad al pensar que una potencia externa podría imponer sus anhelos democráticos a otros.

El pueblo turco no estaba solo. La oposición global a la agresión de Estados Unidos y el Reino Unido fue abrumadora. Según las encuestas internacionales casi en ninguna parte llegó al 10 % el apoyo a los planes de guerra de Washington. Los que se oponían organizaron inmensas protestas en todo el mundo, también en Estados Unidos, donde puede que fuera la primera vez en la historia que se contestaba con tal fuerza la agresión imperial incluso antes de que se lanzara oficialmente. En primera plana de *The New York Times*, el periodista Patrick Tyler informó de que «todavía podría haber dos superpotencias en el planeta: Estados Unidos y la opinión pública mundial».[6]

La protesta sin precedentes en Estados Unidos fue una manifestación de la oposición a la agresión que se inició decenios antes, en la condena de las guerras de Estados Unidos en Indochina y que alcanzó una escala sustancial e influyente, aunque demasiado tarde. En 1967, cuando el movimiento antibelicista estaba adquiriendo una importancia notable, un historiador militar y especialista en Vietnam, Bernard Fall, advirtió de que «Vietnam como entidad cultural e histórica [...] está amenazada con la extinción [...], [cuando] el campo literalmente muere bajo los golpes de la maquinaria militar más grande que se ha desatado en una zona de este tamaño».[7] Pero el movimiento antibelicista se convirtió en una fuerza a la que había que prestar atención. También había que prestarle atención cuando Ronald Reagan llegó a la presidencia decidido a lanzar un asalto contra Centroamérica. Su Administración imitó con gran fidelidad los pasos que John F. Kennedy había dado veinte años antes al lanzar la guerra contra Vietnam del Sur, pero tuvo que retroceder ante la vigorosa protesta pública, que no existía a principios de la década de 1960. El asalto fue un espanto, hasta el punto de que las víctimas aún no se han recuperado. Pero lo que ocurrió en Vietnam del Sur y después en Indochina fue incomparablemente peor y en esos casos «la segunda superpotencia» impuso sus objeciones cuando el conflicto estaba muy avanzado.

A menudo se argumenta que la enorme oposición pública a la invasión de Irak no tuvo ningún efecto. Eso me parece incorrecto. Repito, la invasión fue horrible y sus secuelas monstruosas, pero todo podría haber sido mucho peor. El vicepresidente Dick Cheney, el secretario de Defensa Donald Rumsfeld y el resto de los altos mandatarios de Bush ni siquiera podían plantearse el tipo de acciones que el presidente Kennedy y el presidente Lyndon Johnson emprendieron cuarenta años antes casi sin protestas.

PODER OCCIDENTAL BAJO PRESIÓN

Hay mucho más que decir, por supuesto, de los factores que determinan la política estatal y se dejan de lado cuando adoptamos la convención estándar de que los Estados son los actores en los asuntos internacionales. No obstante, con estas advertencias nada triviales, adoptemos la convención, al menos como primera aproximación a la realidad. Entonces la cuestión de quién gobierna el mundo nos conduce enseguida a preocupaciones como el aumento de poder de China y su desafío a Estados Unidos y al «orden mundial», la nueva guerra fría que se cocina a fuego lento en Europa, la guerra global al terrorismo, la hegemonía de Estados Unidos y su declive y otros asuntos similares.

Gideon Rachman, principal columnista de asuntos exteriores de *The Financial Times* de Londres, ofrece un útil resumen de los retos a los que se enfrenta el poder occidental al inicio de 2016.[8] Empieza por revisar la imagen occidental del orden mundial: «Desde que terminó la guerra fría, el peso imponente del ejército de Estados Unidos ha sido el factor central de la política internacional.» Ha sido particularmente determinante en tres regiones: este de Asia, donde «la Marina de Estados Unidos se ha acostumbrado a tratar el Pacífico como un lago americano»; Europa, donde la OTAN (es decir, Estados Unidos, «que paga tres cuartas partes de los gastos militares de la organización») «garantiza la integridad territorial de sus Estados miembros»; y Oriente Próximo, donde hay gigantescas bases navales y aéreas «para tranquilizar a los amigos e intimidar a los rivales».

El problema del orden mundial hoy, continúa Rachman, es que «esas situaciones de seguridad están ahora cuestionadas en las tres regiones» por la intervención rusa en Ucrania y Siria, y porque China está convirtiendo las aguas cercanas a su costa en objeto de disputa. La cuestión fundamental de las relaciones internacionales, pues, es si Estados Unidos debería «aceptar que otras grandes potencias tengan influencia en sus regiones respectivas». Rachman piensa que deberían tenerla, por razones de «difusión del poder económico en todo el mundo, combinadas con el simple sentido común».

Hay, a buen seguro, formas de mirar el mundo desde diferentes puntos de vista. Pero ciñámonos a estas tres regiones, que seguramente son las de mayor importancia crítica.

Para empezar con el lago americano, el informe de mediados de diciembre de 2015 debió de dejar atónito a más de uno; decía: «Los altos funcionarios de defensa manifestaron que un bombardero estadounidense B-52 en misión de rutina sobre el mar de la China meridional voló de manera no intencionada a dos millas náuticas de una isla artificial construida por China, lo que reavivó una cuestión muy peliaguda para Washington y Pequín.»[9] Todo el que conozca el funesto historial de los setenta años de la era de armas nucleares será consciente de que se trata de uno de esos incidentes que a menudo han estado a punto de provocar una guerra nuclear definitiva. No hace falta ser defensor de las acciones provocadoras y agresivas de Pekín en el mar de la China meridional para fijarse en que en el incidente no estaba implicado un bombardero chino con capacidad nuclear en el Caribe ni cerca de las costas de California, donde China no tiene pretensiones de establecer un «lago chino»; por fortuna para el mundo.

Los líderes chinos se dan cuenta de que las rutas de comercio marítimo de su país están llenas de potencias hostiles, desde Japón hasta el estrecho de Malaca y más allá, respaldadas por una abrumadora fuerza militar estadounidense. En consecuencia, China está procediendo a expandirse hacia el oeste con amplias inversiones y cuidadosos movimientos hacia la integración. En parte, estos hechos se enmarcan en la Organización de Cooperación de Shanghái (OCS), de la que forman parte Rusia y los Estados de Asia central, y pronto la India y Pakistán; Irán es uno de los observadores, un estatus que se le negó a Estados Unidos, al que también se le pidió que desmantelara todas sus bases militares en la región. China está construyendo una versión modernizada de las viejas rutas de la seda con la intención no solo de integrar la región bajo su influencia, sino también de alcanzar Europa y las zonas productoras de petróleo de Oriente Próximo. Está dedicando enormes sumas a la creación de un sistema energético y comercial integrado en Asia, con muchos ferrocarriles de alta velocidad y oleoductos.

Un elemento del plan es una autopista a través de algunas de las montañas más altas del mundo hasta el nuevo puerto paquistaní de Gwadar, desarrollado por China, que protegerá los envíos de petróleo de una potencial interferencia de Estados Unidos. El plan también podría, eso esperan China y Pakistán, impulsar el desarrollo industrial en este último país, que Estados Unidos no ha fomentado a pesar de la enorme ayuda militar que le brinda; también le podría proporcionar a Kabul un incentivo para acabar con el terrorismo interno, una cuestión importante para China en la provincia occidental de Xinjiang. Gwadar formará parte del «collar de perlas» de China, una serie de bases que se están construyendo en el océano Índico con propósitos comerciales, aunque también permitirían un uso militar, con la esperanza de que China algún día sea capaz de proyectar poder hasta el golfo Pérsico por primera vez en la era moderna.[10]

No obstante, esos movimientos no tienen capacidad de afectar la abrumadora potencia militar de Washington, salvo que se produjera la aniquilación por guerra nuclear, ya que un conflicto de ese tipo también destruiría a Estados Unidos.

En 2015, China creó el Banco Asiático de Inversión en Infraestructuras (AIIB), con la propia China como principal accionista. En junio de ese año, participaron en la inauguración en Pekín cincuenta y seis naciones, entre ellas aliados de Estados Unidos como Australia, el Reino Unido y otros, que al unirse desafiaban los deseos de Washington. Estados Unidos y Japón estuvieron ausentes. Algunos analistas creen que el nuevo banco podría convertirse en competidor de las instituciones Bretton Woods (el FMI y el Banco Mundial), en las cuales Estados Unidos posee poder de veto. Por otra parte, hay algunas expectativas de que la OCS pueda convertirse en homólogo de la OTAN.[11]

LOS RETOS DE HOY: EUROPA ORIENTAL

Otro de los retos actuales es la segunda región mencionada: el este de Europa, donde hay una crisis cocinándose en la frontera entre la OTAN y Rusia. No es poca cosa. En su ilustrativo y juicioso estudio especializado sobre la región, Richard Sakwa escribe —y parece muy plausible— que «la guerra ruso-georgiana de agosto de 2008 fue en realidad la primera de las "guerras para frenar la ampliación de la OTAN"; la crisis de Ucrania de 2014 es la segunda. No está claro si la humanidad sobreviviría a una tercera».[12]

Occidente ve la ampliación de la OTAN como algo benigno. No es sorprendente que Rusia, junto con gran parte del sur global, tenga una opinión diferente, como algunas destacadas voces occidentales. George Kennan advirtió desde el primer momento que la ampliación de la OTAN es un «error trágico», y se le unió un veterano estadista estadounidense en carta abierta a la Casa Blanca para describirlo como «un error político de proporciones históricas».[13]

La presente crisis tiene sus orígenes en 1991, con el final de la guerra fría y el derrumbe de la Unión Soviética. Había entonces dos posiciones en contraste de un nuevo sistema de seguridad y economía política en Eurasia. En palabras de Sakwa, una posición era la de una «"Europa ampliada" con la Unión Europea en su centro, pero cada vez más colindante con la comunidad política y de seguridad euroatlántica; y en el otro lado [estaba] la idea de una "Gran Europa", una visión de una Europa continental, que se extendería de Lisboa a Vladivostok, con varios centros, entre ellos Bruselas, Moscú y Ankara, pero con el propósito común de superar las divisiones que tradicionalmente han sido la plaga del continente».

El líder soviético Mijaíl Gorbachov fue el mayor paladín de una Gran Europa, un concepto que también tiene raíces en el gaullismo y otras iniciativas europeas. No obstante, cuando Rusia se derrumbó con las devastadoras reformas de mercado de la década de 1990, esta idea se olvidó, pero se renovó cuando Rusia empezó a recuperarse y a buscar un lugar en el escenario mundial con Vladímir Putin, quien, junto con su socio Dimitri Medvedev, repetidamente «ha reivindicado una unificación geopolítica en una "Gran Europa" desde Lisboa a Vladivostok, para crear una auténtica "sociedad estratégica"».[14]

Estas iniciativas fueron «recibidas con educado desprecio», escribe Sakwa, consideradas como «poco más que una tapadera para el establecimiento a hurtadillas de una "Gran Rusia"» y como el intento de «abrir una brecha» entre Norteamérica y Europa occidental. Tales preocupaciones se remontan al temor, anterior a la guerra fría, de que Europa pudiera convertirse en una «tercera fuerza» independiente de las superpotencias, la mayor y la menor, y estrechar vínculos con esta última (como pudo verse en la Ostpolitik de Willy Brandt y otras iniciativas).

La respuesta occidental al derrumbe de Rusia fue triunfalista. Se aplaudió como una señal del fin de la historia, la victoria definitiva de la democracia capitalista occidental, casi como si a Rusia se le estuviera ordenando volver a su estatus previo a la Primera Guerra Mundial como colonia económica virtual de Occidente. La ampliación de la OTAN empezó enseguida, lo que violaba las garantías verbales que se le habían dado a Gorbachov de que las fuerzas de la OTAN no se moverían «ni un centímetro al este» después de que él accediera a que una Alemania unificada pudiera convertirse en miembro de la OTAN, una concesión notable a la luz de la historia. Esa discusión se limitó a Alemania del Este. La posibilidad de que la OTAN pudiera expandirse más allá de Alemania no se discutió con Gorbachov; ni siquiera se consideró en privado.[15]

Pronto, la OTAN empezó a avanzar más allá, justo hasta las fronteras de Rusia. Cambió oficialmente la misión general de la OTAN, que pasó a tener un mandato para proteger «infraestructuras cruciales» del sistema de energía global, rutas marítimas y oleoductos, para lo que se le asignó una zona de operaciones mundial. Además, Occidente revisó la ahora ampliamente anunciada doctrina de «responsabilidad de proteger» hasta el punto de dar con una versión completamente distinta de las Naciones Unidas, de manera que la OTAN ya puede servir como fuerza de intervención bajo el mando de Estados Unidos.[16]

De particular interés para Rusia son los planes de extender la OTAN a Ucrania, que se articularon explícitamente en la cumbre de la OTAN en Bucarest de abril de 2008, cuando a Georgia y Ucrania se les prometió una futura entrada en la organización. La redacción no dejaba espacio a la ambigüedad: «La OTAN celebra las aspiraciones euroatlánticas de Ucrania y Georgia de ser miembros de la OTAN. Hoy acordamos que estos países se convertirán en miembros de la OTAN.» Con la victoria de los candidatos prooccidentales de la «revolución naranja» en Ucrania en 2004, el representante del Departamento de Estado Daniel Fried acudió enseguida y «recalcó el apoyo de Estados Unidos a las aspiraciones a la OTAN y euroatlánticas de Ucrania», como reveló un informe de WikiLeaks.[17]

La inquietud de Rusia es fácil de entender. El experto en relaciones internacionales John Mearsheimer la subraya en la destacada publicación oficialista *Foreign Affairs*. Escribe que «la raíz central de la presente crisis [sobre Ucrania] es la expansión de la OTAN y el compromiso de Washington de situar Ucrania fuera de la órbita de Moscú e integrarla en Occidente», lo que Putin veía como «amenaza directa a los intereses nucleares de Rusia».

«¿Quién puede culparlo?», pregunta Mearsheimer señalando que a «Washington podría no gustarle la posición de Moscú, pero debería comprender la lógica de la que surge». No es tan difícil; al fin y al cabo, como todos saben, «Estados Unidos no tolera que las grandes potencias distantes desplieguen fuerzas militares en ningún lugar del hemisferio occidental, mucho menos en sus fronteras». De hecho, la posición de Estados Unidos es mucho más fuerte: no tolera lo que se denomina oficialmente «desafío con éxito» de la doctrina Monroe de 1823, que declaró el control del hemisferio por parte de Estados Unidos, si bien no pudo llevarlo a la práctica. Y un pequeño país que lleva a cabo un desafío con éxito podría ser sometido al «terror de la Tierra» y a un embargo aplastante, como le ocurrió a Cuba. No hace falta preguntarse cómo habría reaccionado Estados Unidos si los países de Latinoamérica se hubieran unido al Pacto de Varsovia, que tenía planes para que México y Canadá se unieran también. La mera insinuación de los primeros pasos en esa dirección habrían sido «finiquitados con perjuicio extremo», por adoptar la jerga de la CIA.[18]

Como en el caso de China, no hay que ver con buenos ojos los movimientos y motivos de Putin para comprender la lógica que hay detrás de ellos. Como en el caso de China, hay mucho en juego, hasta el punto de dirimirse cuestiones de supervivencia, literalmente.

LOS RETOS DE HOY: EL MUNDO ISLÁMICO

La tercera región de máximo interés es el mundo (mayoritariamente) islámico, también escenario de la guerra global contra el terrorismo (GGCT) que George W. Bush declaró en 2001 después de los atentados terroristas del 11-S. Para ser más preciso, redeclaró. La GGCT fue declarada por el Gobierno de Reagan cuando llegó a la presidencia, con una enfebrecida retórica sobre la «plaga extendida por depravados oponentes de la civilización» (en palabras de Reagan) y un «retorno a la barbarie en la edad moderna» (en palabras de George Shultz, su secretario de Estado). La primera GGCT ha sido discretamente eliminada de la historia. Enseguida se convirtió en una guerra terrorista, asesina y destructiva que aquejó a Centroamérica, África meridional y Oriente Próximo, con nefastas repercusiones que llegan a la actualidad, hasta el punto de que Estados Unidos tuvo la condena del Tribunal Internacional de Justicia (que Washington desdeñó). En cualquier caso, no es un relato adecuado para la historia, así que ha desaparecido.

El éxito de la versión Bush-Obama de la GGCT puede ser evaluado sin problemas en directo. Cuando se declaró la guerra, los objetivos terroristas estaban confinados en un pequeño rincón del Afganistán tribal. Los afganos, que en su mayoría los despreciaban, los protegieron siguiendo la ley de hospitalidad tribal. Los estadounidenses estaban desconcertados al ver que los campesinos pobres se negaban «a entregar a Osama bin Laden por la, para ellos, astronómica suma de veinticinco millones de dólares».[19]

Hay buenas razones para creer que una acción policial bien

construida, o incluso negociaciones diplomáticas con los talibanes, podrían haber puesto a los sospechosos de urdir los crímenes del 11-S en manos de Estados Unidos para ser juzgados y sentenciados. Sin embargo, esas opciones no se contemplaron. En cambio, se optó por la violencia a gran escala; no con el objetivo de derrocar a los talibanes (eso vino después), sino para dejarles claro que despreciaban sus ofertas de una posible extradición de Bin Laden.

No podemos conocer la seriedad de la propuesta porque la posibilidad de evaluarla nunca se planteó; o quizá Washington estaba decidido a «mostrar músculo, anotarse un triunfo y asustar al mundo entero. No se preocuparon por el sufrimiento de los afganos ni por cuánta gente perderíamos». Eso dijo el muy respetado líder antitalibán Abdul Haq, uno de los muchos opositores que condenaron la campaña de bombardeos lanzada por Estados Unidos en octubre de 2001 como «un gran revés» para sus esfuerzos de derrocar a los talibanes desde dentro, un objetivo que consideraban a su alcance. Su opinión la confirmó Richard A. Clarke, que era presidente del Grupo de Seguridad y Antiterrorismo de la Casa Blanca bajo la presidencia de George W. Bush cuando se elaboraron los planes de atacar Afganistán. Según describe Clarke la reunión, cuando le informaron de que el ataque violaría la ley internacional, «el presidente gritó en la pequeña sala de conferencias: "No me importa lo que digan los abogados internacionales, vamos a darle una paliza a alguien"».

Las grandes organizaciones de ayuda humanitaria que trabajaban en Afganistán también se opusieron al ataque con vehemencia, advirtiendo de que millones de personas estaban al borde de la inanición y que las consecuencias podrían ser horrendas.[20] No es preciso examinar las consecuencias para el pobre Afganistán años después.

El siguiente objetivo de la apisonadora fue Irak. La invasión de Estados Unidos y el Reino Unido, sin ninguna razón verosímil, es el peor crimen del siglo XXI. La invasión provocó la muerte de centenares de miles de personas en un país en el que la sociedad civil ya había sido castigada por las sanciones estadounidenses y británicas, que dos distinguidos diplomáticos internacionales encargados de administrarlas consideraron genocidas por lo que ambos dimitieron en señal de protesta.[21] La invasión también generó millones de refugiados, destruyó el país y dio lugar a un conflicto sectario que ahora está desgarrando no solo Irak, sino la región entera. Es un hecho pasmoso de nuestra cultura intelectual y moral que en círculos ilustrados eso pueda ser llamado, de manera insulsa, «la liberación de Irak».[22]

Las encuestas del Pentágono y el Ministerio de Defensa británico descubrieron que solo el 3 % de los iraquíes consideraban legítimo el papel de la seguridad de Estados Unidos en su país, menos del 1 % creían que las fuerzas de la «coalición» (Estados Unidos-Reino Unido) eran buenas para su seguridad, el 80 % de ellos se oponía a la presencia de las fuerzas de la coalición en el país y una mayoría apoyaba los ataques a las tropas de la coalición. Afganistán ha sido destruido sin posibilidad de realizar encuestas fiables, pero todo parece indicar que la opinión de los afganos sería similar. En Irak, Estados Unidos sufrió una derrota muy seria, por lo que tuvo que abandonar sus objetivos de guerra oficiales y dejar el país bajo la influencia del único vencedor: Irán.[23]

La apisonadora también se utilizó en otros lugares, como en Libia, donde los poderes imperialistas tradicionales (Reino Unido, Francia y Estados Unidos) obtuvieron la Resolución 1973 del Consejo de Seguridad y la infringieron al instante para convertirse en la fuerza aérea de los rebeldes. Lo que se consiguió fue socavar la posibilidad de una solución pacífica y negociada; aumentar bruscamente las bajas (multiplicadas al menos por diez, según el politólogo Alan Kuperman); dejar el país en ruinas, a manos de las milicias; y, más recientemente, proporcionarle a Estado Islámico una base que puede usar para extender el terror. El triunvirato imperial, como explica el especialista en África Alex de Waal, desdeñó propuestas diplomáticas muy sensatas de la Unión Africana, aceptadas en principio por la Libia de Muammar al-Gaddafi. Un enorme flujo de armas y yihadistas ha extendido el terror y la violencia desde África occidental (ahora el campeón de los asesinatos terroristas) hasta el Levante, al tiempo que el ataque de la OTAN también ha conseguido que haya mareas de refugiados africanos hacia Europa.[24]

Un triunfo más de la «intervención humanitaria», y, como revela el largo y a menudo siniestro registro histórico, no fue un triunfo inusual, pues sus orígenes modernos se remontan a hace cuatro siglos.

LOS COSTES DE LA VIOLENCIA

En resumen, la estrategia de la apisonadora de la GGCT ha extendido el terrorismo yihadista desde un pequeño rincón de Afganistán hasta casi todo el mundo, desde África, a través del Levante y Asia meridional, hasta el sureste de Asia. También ha sido el detonante de atentados en Europa y Estados Unidos. La invasión de Irak fue una contribución sustancial a ese proceso, como las agencias de inteligencia habían previsto. Los especialistas en terrorismo Peter Bergen y Paul Cruickshank calculan que la guerra de Irak «multiplicó por siete el índice anual de atentados yihadistas letales, lo cual equivale a centenares de atentados terroristas más y miles de vidas civiles perdidas; aun cuando se excluya el terrorismo en Irak y Afganistán, los ataques letales en el resto del mundo se han incrementado en más de un tercio». Otros ejercicios han sido similarmente productivos.[25]

Un grupo de grandes organizaciones de derechos humanos —Médicos por la Responsabilidad Social (Estados Unidos), Médicos por la Supervivencia Global (Canadá) e Internacional de Médicos por la Prevención de la Guerra Nuclear (Alemania)— llevaron a cabo un estudio que buscaba «proporcionar una estimación lo más realista posible del total de víctimas mortales en las tres principales zonas de guerra [Irak, Afganistán y Pakistán] durante doce años de "guerra contra el terrorismo"», para lo que revisaba «los principales estudios y datos publicados sobre número de víctimas en esos países», junto con información de acciones militares. Su «cálculo más prudente» es que estas guerras mataron a alrededor de 1,3 millones de personas, aunque «también podrían exceder los dos millones».[26] El investigador independiente David Peterson buscó en las bases de datos el informe en los días posteriores a su publicación y casi no encontró mención de él. ¿A quién le importa?

Los estudios llevados a cabo por el Instituto de Investigación por la Paz de Oslo muestran que dos tercios de las bajas ocurridas en conflictos de la región se produjeron en disputas internas cuya solución se imponía desde fuera. En esos conflictos, el 98 % de las víctimas se produjeron después de que los extranjeros entraran con su poder militar en el conflicto interno. En Siria, el número de bajas del conflicto directo se multiplicó por más de tres después de que Occidente iniciara sus bombardeos aéreos contra el autoproclamado Estado Islámico y que la CIA empezara su interferencia militar indirecta en la guerra;[27] tal interferencia parece haber atraído la participación de los rusos cuando los misiles antitanque de Estados Unidos estaban diezmando las fuerzas de su aliado, el de Rusia, Bashar al-Asad. Las primeras indicaciones revelan que los bombardeos rusos están teniendo las consecuencias habituales.

Las pruebas revisadas por el politólogo Timo Kivimäki indican que las «guerras de protección [libradas por la "coalición de los dispuestos"] se han convertido en la principal causa de violencia en el mundo y llegan a contribuir con más del 50 % de las víctimas totales del conflicto». Además, como explica Kivimäki, en muchos de estos casos, Siria entre ellos, se dio la oportunidad de encontrar soluciones diplomáticas, pero no se atendió a ellas. Como se ha dicho ya, también ha sido así en otras situaciones terribles, entre ellas la de los Balcanes a principios de la década de 1990, la primera guerra del Golfo y, por supuesto, las guerras de Indochina, el peor crimen desde la Segunda Guerra Mundial. En el caso de Irak la cuestión no se plantea. Alguna lección se podrá sacar de todo esto.

Las consecuencias generales de recurrir a la apisonadora

contra sociedades vulnerables no es ninguna sorpresa. El atento estudio citado de William Polk sobre las insurgencias debería ser lectura esencial para aquellos que quieren comprender los conflictos de hoy, así como para los estrategas, suponiendo que les preocupen las consecuencias humanas y no simplemente el poder y el dominio. Polk revela un patrón que se repite una y otra vez. Los invasores, que quizá tengan las mejores intenciones, cuentan naturalmente con la antipatía de la población, que les desobedece, al principio solo un poco. Eso provoca una respuesta contundente del ocupante, lo cual, a su vez, incrementa la oposición y estimula la resistencia. El ciclo de violencia se retroalimenta hasta que los invasores se retiran o logran sus fines con algo que se aproxima al genocidio.

La campaña global de asesinatos con drones de Obama, una innovación notoria en el terrorismo global, sigue el mismo patrón. Según todas las fuentes, son más los terroristas que genera que los sospechosos de intentar hacernos daño que asesina; eso es una contribución impresionante para un abogado constitucionalista —Obama lo es— en el octavo centenario de la Carta Magna, texto legal que estableció la base de la presunción de inocencia, que es el pilar de la ley civilizada.

Otra característica de esas intervenciones es la convicción de que la insurgencia se superará eliminando a sus líderes. Pero cuando un esfuerzo así tiene éxito, al líder eliminado lo sustituye alguien más joven, más decidido, más brutal y más eficaz. Polk da muchos ejemplos. En su importante estudio *Kill Chain*, el historiador militar Andrew Cockburn analizó las campañas estadounidenses organizadas para matar a caudillos del narcotráfico y del terrorismo durante un largo período y encontró los mismos resultados. Lo esperable es que el patrón continúe. Sin duda, ahora mismo los estrategas de Estados Unidos están buscando formas de asesinar al «califa de Estado Islámico» Abu Bakr al-Baghdadi, que es un duro rival del líder de al-Qaeda Ayman al-Zawahiri. El resultado probable de este logro lo pronostica el destacado experto en terrorismo Bruce Hoffman, miembro del Centro de Combate del Terrorismo de la Academia Militar de Estados Unidos. Predice que «la muerte de al-Baghdadi probablemente allanará el camino para una reconciliación [con al-Qaeda] que producirá una fuerza terrorista combinada sin precedentes en ámbito, tamaño, ambición y recursos».[28]

Polk cita un tratado sobre la guerra de Henry Jomini, influido por la derrota de Napoleón a manos de guerrilleros españoles, que se convirtió en manual para generaciones de cadetes en la academia militar de West Point. Jomini observó que esas intervenciones de grandes potencias suelen dar lugar a «guerras de opinión» y casi siempre a «guerras nacionales», que si no lo son al principio se convierten en eso en el curso de la lucha, por la dinámica que describe Polk. Jomini concluye que «los comandantes de ejércitos regulares se equivocan al participar en esas guerras porque las perderán»; incluso lo que puede parecer un éxito se revelará de corta duración.[29]

Hay estudios sobre al-Qaeda y Estado Islámico que ponen de manifiesto que Estados Unidos y sus aliados están siguiendo su plan de juego con precisión. Su objetivo es «arrastrar a Occidente de la forma más activa y profunda posible a un lodazal» e «involucrar perpetuamente a Estados Unidos y Occidente en una serie de aventuras en el extranjero prolongadas y debilitantes», que socavarán sus propias sociedades, gastarán recursos y aumentarán la intensidad de la violencia, en esa espiral de la que habla Polk.[30]

Scott Atran, uno de los investigadores más perspicaces de los movimientos yihadistas, calcula que «ejecutar los atentados del 11-S cuesta entre cuatrocientos mil y quinientos mil dólares, mientras que la repuesta militar y de seguridad de Estados Unidos y sus aliados se sitúa en el orden de diez millones de veces esas cifra. Desde el punto de vista de la relación coste-beneficio, la espiral de violencia ha sido un gran éxito, más de lo que podía imaginar Bin Laden, y la tendencia es al alza. En esto radica la esencia de la guerra asimétrica estilo jiu-jitsu. Al fin y al cabo, ¿quién se atrevería a afirmar que estamos mejor que antes o que el peligro general está reduciéndose?». Y si continuamos utilizando la apisonadora, siguiendo tácitamente el guion yihadista, el efecto probable es un yihadismo todavía más violento y con mayor atractivo. La historia, aconseja Atran, «debería inspirar un cambio radical en nuestras contraestrategias».

Al-Qaeda y Estado Islámico están apoyados por estadounidenses que siguen sus directrices; por ejemplo, Ted Cruz, un candidato republicano a la presidencia que aboga por «bombardeos masivos». O, en el otro extremo del espectro convencional, el destacado columnista de Oriente Próximo y asuntos internacionales de *The New York Times* Thomas Friedman, quien en 2003 en el programa de *Charlie Rose* ofreció a Washington consejo sobre cómo combatir en Irak: «Había lo que podemos llamar la burbuja del terrorismo [...]. Y lo que teníamos que hacer era ir a esa parte del mundo y reventarla. Necesitábamos ir allí y, eh, bueno, básicamente sacar un palo muy grande, justo en el centro de ese mundo, y reventar esa burbuja. Y solo había una forma de hacerlo [...]. Tenían que ver a chicos y chicas de Estados Unidos, yendo de casa en casa, desde Basora hasta Bagdad, diciendo: "¿Qué parte de la frase no entiendes? ¿Crees que no nos importa nuestra sociedad abierta, crees que íbamos a dejar pasar esta burbuja de fantasía? Bueno, chúpate esa." De eso, Charlie, trataba esa guerra.»[31]

Así aprenderán los del turbante.

MIRANDO HACIA DELANTE

Atran y otros atentos observadores suelen estar de acuerdo en las propuestas. Deberíamos empezar por reconocer lo que la investigación rigurosa ha mostrado de forma convincente: los que se sienten atraídos por la yihad «anhelan algo en su historia, en sus tradiciones, con sus héroes y su moral; y Estado Islámico, por brutal y repugnante que sea para nosotros e incluso para la mayoría de la gente en el mundo araboislámico, les habla de eso [...]. Lo que hoy inspira a los terroristas más crueles no es tanto el Corán como una causa apasionante y una llamada a la acción que promete gloria y admiración a ojos de sus amigos». De hecho, la mayoría de los yihadistas tienen un escaso o nulo conocimiento de los textos y la teología islámicos.[32]

La mejor estrategia, aconseja Polk, sería «un programa multinacional, orientado al bienestar y psicológicamente satisfactorio [...] que haría que el odiado Estado Islámico dependiera de los menos violentos. Los elementos están bien identificados: necesidades comunitarias, compensación por agresiones anteriores y llamamientos a empezar de nuevo».[33] Añade: «Una disculpa bien expresada por las pasadas transgresiones costaría poco y serviría de mucho.» Un proyecto así podría llevarse a cabo en campos de refugiados o en «los cuchitriles de los nefastos planes de viviendas de la *banlieue* de París», donde el equipo de investigación de Atran descubrió «una tolerancia muy amplia de los valores de Estado Islámico, cuando no el apoyo». E incluso podría hacerse más si se dedicaran de verdad a la diplomacia y a las negociaciones en lugar de responder con violencia a la violencia.

No menor importancia tendría una respuesta honorable a la «crisis de los refugiados», que se veía venir pero que cobró relevancia en Europa en 2015. Eso supondría, como mínimo, un drástico aumento de la ayuda humanitaria a los campamentos en el Líbano, Jordania y Turquía, donde los abatidos refugiados de Siria sobreviven a duras penas. Pero hay muchos más factores, y proporcionan una imagen de los que se describen a sí mismos como «Estados ilustrados» que dista de ser atractiva, lo cual debería ser un estímulo para hacer algo.

Hay países que generan refugiados a través de la violencia masiva, como Estados Unidos y, en segunda instancia, el Reino Unido y Francia. Luego hay países que aceptan muchísimos refugiados, entre ellos los que huyen de la violencia occidental, como el Líbano (probablemente el máximo receptor en relación con el número de habitantes que tiene el país), Jordania y Siria antes de implosionar, entre otros en la región. Y solapándose parcialmente, hay países que al mismo tiempo generan refugiados y se niegan a acogerlos, no solo de Oriente Próximo, sino también del «patio trasero» de Estados Unidos al sur de la frontera. Una imagen extraña, dolorosa de contemplar.

Un relato sincero trazaría el origen de los refugiados mucho más atrás en la historia. Un veterano corresponsal en Oriente Próximo, Robert Fisk, explica que uno de los primeros vídeos producidos por Estado Islámico «mostraba una excavadora empujando un muro de arena que había marcado la frontera entre Irak y Siria. Mientras la máquina destruía el muro de contención, la cámara bajaba hacia un cartel manuscrito tirado en el suelo en el que se leía: "Fin de Sykes-Picot"».

Para la población de esa parte del mundo, el Acuerdo Sykes-Picot es el símbolo mismo del cinismo y la brutalidad del imperialismo occidental. Conspirando en secreto durante la Primera Guerra Mundial, el Reino Unido de Mark Sykes y la Francia de François Georges-Picot dividieron la región en Estados artificiales para satisfacer sus objetivos imperiales, con absoluto desdén por los intereses de la población que vivía allí y rompiendo las promesas hechas en tiempo de guerra para inducir a los árabes a unirse al esfuerzo de guerra aliado. El acuerdo era espejo de las prácticas de los Estados europeos que arrasaron África de manera similar. «Transformó lo que habían sido provincias relativamente silenciosas del Imperio otomano en algunos de los Estados menos estables y más internacionalmente explosivos del mundo.»[34]

Desde entonces, las repetidas intervenciones occidentales en Oriente Próximo y África han exacerbado las tensiones, los conflictos y las alteraciones que han hecho añicos las sociedades. El resultado final es una «crisis de refugiados» que el Occidente inocente apenas puede soportar. Alemania ha emergido como la conciencia de Europa, al principio (pero ya no) al aceptar casi un millón de refugiados en uno de los países más ricos del mundo y con ochenta millones de habitantes. Contrasta que el pobre Líbano haya absorbido, según algunas estimaciones, un millón y medio de refugiados sirios, que ahora representan la cuarta parte de su población, además de medio millón de refugiados palestinos registrados por la Agencia de Naciones Unidas para los Refugiados de Palestina y Oriente Próximo (UNRWA), sobre todo víctimas de políticas israelíes.

Europa también se lamenta del peso de los refugiados procedentes de países que han arrasado en África, no sin ayuda estadounidense, como congoleses y angoleños, entre otros, pueden testificar. Europa está buscando ahora sobornar a Turquía (donde hay más de dos millones de refugiados sirios) para distanciar de las fronteras de Europa a aquellos que huyen de los horrores de Siria, igual que Obama presiona a México para que mantenga las fronteras de Estados Unidos libres de los desdichados que buscan escapar de las secuelas de la GGCT de Reagan y de aquellos que tratan de huir de desastres más recientes, como un golpe militar en Honduras que Obama legitimó casi en solitario y que ha creado una de las peores cámaras de los horrores en la región.[35]

Las palabras no pueden expresar la respuesta de Estados Unidos a la crisis de refugiados sirios, al menos palabras que yo pueda pensar.

Volviendo a la pregunta inicial, ¿quién gobierna el mundo?, puede que queramos replantearla de esta forma: ¿qué principios y valores gobiernan el mundo? Esa pregunta debería ser la más importante en la mente de los ciudadanos de los países ricos y poderosos, que disfrutan de un inusual legado de libertad, privilegios y oportunidades gracias a las luchas de aquellos que lucharon por ello antes y que ahora se enfrentan a funestas opciones para responder a retos de gran importancia humana.

Epílogo

La cuestión de quién domina el mundo cobró todavía más importancia el 8 de noviembre de 2016, que, dependiendo de cómo reaccionemos, podría convertirse en una de las fechas más trascendentales de la historia humana. Esto no es ninguna exageración. La noticia más importante de ese día apenas apareció en ninguna parte, un hecho nada desdeñable en sí mismo.

El 8 de noviembre, la Organización Meteorológica Mundial presentó un informe en la COP22, la reunión anual de 2016 de la Conferencia del Cambio Climático de Naciones Unidas celebrada en Marruecos. La OMM declaró que los últimos cinco años fueron los más cálidos de los que se tiene registro e informó de un aumento del nivel del mar, que pronto se elevará todavía más como resultado de la fusión inesperadamente veloz de los casquetes polares. La zona cubierta por hielo del mar Ártico en los pasados cinco años se sitúa en un porcentaje un 28 % inferior al promedio de las tres décadas anteriores, lo cual reduce directamente el reflejo de los rayos solares en el hielo polar, y de esta forma acelera el proceso de calentamiento global. Todavía más alarmante es la desestabilización inesperadamente rápida de los enormes glaciares de la Antártida Occidental, que podría elevar el nivel del mar varios metros, al tiempo que conduciría a la desintegración del hielo en toda la Antártida Occidental. La OMM informó también de que las temperaturas ya se están acercando peligrosamente a los niveles máximos aceptables establecidos solo un año antes por los acuerdos de París de COP21, entre otros análisis y predicciones funestas.

Otro hecho que ocurrió ese día recibió una atención mucho mayor, pero una vez más se pasó por alto la principal razón de su importancia. El 8 de noviembre, hubo elecciones en el país más poderoso del mundo. El resultado puso el control absoluto de todas las esferas del gobierno —la presidencia, el Congreso, el Tribunal Supremo— en manos del Partido Republicano, la organización más peligrosa de la historia del mundo.

Al margen de la última frase, esta descripción no es nada controvertida. La última frase, por otro lado, podría parecer descabellada, incluso indignante. Pero ¿lo es? Los hechos sugieren lo contrario. El Partido Republicano está consagrado a correr lo más deprisa posible hacia la destrucción de la vida humana organizada. No hay precedente histórico de semejante posición.

En lo que respecta al cambio climático, casi todos los candidatos de las primarias republicanas negaron que estuviera ocurriendo lo que está ocurriendo. Las únicas excepciones fueron los supuestamente moderados y sensatos, como Jeb Bush, quien dijo que todo es incierto, pero que no hemos de hacer nada porque estamos produciendo más gas natural gracias al *fracking*. O John Kasich, quien aceptó que se está produciendo un calentamiento global, pero añadió que cuando se trata de usar carbón, el combustible fósil que más contamina, «vamos a quemarlo en Ohio y no vamos a disculparnos por ello». Entretanto, Donald Trump defendió un rápido incremento en el uso de combustibles fósiles, desmantelando las regulaciones, negando ayuda a los países en desarrollo que están buscando pasar a la energía sostenible, y, en general, acelerando hacia el abismo lo más deprisa posible.

Los efectos del negacionismo republicano ya se habían notado antes incluso de la elección de Trump. Por ejemplo, se habían abrigado esperanzas de que el acuerdo de París de COP21 pudiera conducir a un tratado verificable, pero esa clase de pensamientos se abandonaron porque el Congreso controlado por los republicanos no iba a aceptar compromisos vinculantes. Lo que emergió en cambio fue un acuerdo voluntario, claramente mucho más débil.

Los efectos del calentamiento global pronto podrían ser más meridianamente evidentes de lo que ya son. Solo en Bangladesh se espera que diez millones de campesinos de las llanuras bajas tengan que marcharse en los años venideros por el aumento del nivel del mar y un clima más severo, lo cual generaría una crisis migratoria que haría que la actual parezca insignificante. El experto en clima más destacado de Bangladesh sostiene, con un considerable sentido de la justicia, que «estos emigrantes deberían tener el derecho a desplazarse a los países de donde proceden los gases de efecto invernadero. Debería permitirse que millones de ellos fueran a Estados Unidos». También deberían poder trasladarse a los otros países que se han enriquecido al tiempo que provocaban una transformación radical del entorno. Las consecuencias catastróficas de esas transformaciones no solo se sentirán en Bangladesh, sino en todo el sur de Asia, donde las temperaturas aumentan de manera inexorable y los glaciares del Himalaya se derriten, amenazando todo el suministro de agua de la región. Se ha informado de que 300 millones de personas ya carecen de agua potable en la India.

Es difícil encontrar palabras que reflejen el hecho de que los humanos se enfrentan a la pregunta más importante de su historia (¿la vida humana organizada sobrevivirá en algo semejante a la forma que ahora conocemos?) y la están respondiendo acelerando en la carrera al desastre. Lo mismo se aplica a la otra inmensa amenaza para la supervivencia humana, el peligro de la destrucción nuclear, que ha estado flotando sobre nuestras cabezas durante setenta años y se está incrementando.

Es igualmente difícil encontrar palabras que capten el hecho completamente extraordinario de que, en la masiva cobertura del espectáculo electoral, ni la inminente catástrofe del cambio climático ni el peligro nuclear recibieron más que alguna mención ocasional. Al menos a mí me cuesta encontrar las palabras adecuadas.

Pese a que Clinton recibió una clara pluralidad de votos —el resultado electoral ha estado sesgado por peculiaridades del sistema político estadounidense—, sigue siendo importante reconocer el apoyo apasionado que recibió Trump de los enfadados y desafectos, sobre todo votantes blancos con educación universitaria, clase obrera y clase media baja. Hubo sin duda muchos factores, pero uno fue que esos votantes son víctimas de políticas neoliberales de la pasada generación, las políticas detalladas en testimonio ante el Congreso por el presidente de la Reserva Federal Alan Greenspan (alabado como «san Alan» por sus admiradores hasta que la milagrosa economía de Estados Unidos, que él estaba supervisando, se derrumbó en 2007-2008 y amenazó con el desplome de toda la economía mundial). Como explicó Greenspan durante sus días de gloria, sus políticas de éxito se basaban sustancialmente en «una mayor inseguridad de los trabajadores». Los trabajadores intimidados no pedirían salarios más altos ni mayores beneficios, sino que aceptarían niveles de vida más bajos a cambio de mantener el empleo. Según criterios neoliberales, esto se resumía en un «rendimiento económico sano y [...] muy favorable».

Los trabajadores que fueron objeto de esta teoría económica experimental, por alguna razón, no están particularmente contentos con el resultado. Por ejemplo, no les encanta el hecho de que, en 2007, en la cúspide del milagro neoliberal anterior a la crisis, los salarios ajustados según la inflación para trabajadores sin empleados a cargo fueran inferiores a los de 1979, cuando el experimento estaba empezando. Los salarios reales para hombres trabajadores están en los niveles de la década de 1960, mientras que las ganancias espectaculares han ido a los bolsillos de muy pocos, no el «uno por ciento», sino una fracción de ese porcentaje. Esto no es resultado de la actuación o el mérito, ni de las fuerzas del mercado, sino sobre todo de decisiones políticas deliberadas.

Una mirada al salario mínimo en Estados Unidos ilustra lo

que ha estado ocurriendo. Durante los períodos de elevado crecimiento en las décadas de 1950 y 1960, el salario mínimo —que establece una base para otros salarios— tenía en cuenta la productividad. Eso terminó con el establecimiento de la doctrina neoliberal. Desde entonces, el salario mínimo, ajustado según la inflación, se ha reducido. Si hubieran continuado las anteriores tendencias, ahora estaría cerca de los 20 dólares por hora. En cambio, hoy se considera una revolución política la propuesta de subirlo a 15 dólares.

Para los trabajadores existe una gran diferencia entre el trabajo continuado en manufactura con salarios sindicados y beneficios, como en años anteriores, y un empleo temporal sin apenas seguridad en alguna profesión de servicios. Aparte de las inmensas pérdidas en salarios, beneficios y seguridad, hay una pérdida de dignidad, de esperanza en el futuro, de la sensación de que este es un mundo al que uno pertenece y donde desempeña un papel importante.

La rabia es fácil de comprender. Los sondeos a pie de urna revelaron que el apoyo apasionado a Trump estaba inspirado sobre todo por la creencia de que representaba cambio, mientras que Clinton era percibida como la candidata que perpetuaría el inquietante *statu quo*. Muchos partidarios de Trump habían votado a Barack Obama en 2008, creyendo su mensaje de «esperanza y cambio». Desilusionados por el incumplimiento de las promesas, ahora prestan atención a la retórica de Trump sobre cómo hará «América grande otra vez». No obstante, es una ilusión creer que Trump cumplirá sus grandes promesas y pondrá remedio a la situación de sus votantes: la más simple mirada a sus propuestas fiscales y decisiones personales demuestra lo improbable que es ese resultado. Aun así, es comprensible que las consecuencias de los planes que solo se anuncian de manera vaga e indirecta no siempre estén claras para personas que viven en una sociedad atomizada, aisladas de los demás, sin sindicatos y otras asociaciones que pueden proporcionar medios para educar y organizar. Esta es una diferencia crucial entre los trabajadores desesperados de hoy y las actitudes generalmente esperanzadas de muchos obreros de la década de 1930, que de hecho se hallaban en una situación mucho peor durante la Gran Depresión.

El Partido Demócrata abandonó cualquier preocupación por la clase obrera desde la década de 1970, y ha sido atraído a las filas de sus amargos enemigos de clase, que al menos simulan hablar su idioma: Ronald Reagan con su estilo rústico y sus chistecitos, comiendo gominolas; George W. Bush con su imagen atentamente cultivada de un tipo corriente al que podrías conocer en un bar y haciendo gala de que le encanta cortar maleza en el rancho en medio de un calor abrasador. Y ahora, Trump, dando voz a quienes no solo han perdido el trabajo, sino también su sentido de la autoestima, y despotricando contra un gobierno del que la gente percibe —no sin razón— que ha estado minando sus vidas.

Uno de los grandes logros del sistema doctrinal estadounidense ha sido el de desviar la rabia al sector empresarial hacia el gobierno que pone en marcha los programas diseñados por el sector privado. Es al gobierno, por ejemplo, al que se culpa por los acuerdos de derecho internacional sumamente proteccionistas para la empresa y el inversor, uniformemente mal descritos como «acuerdos de libre comercio» en los comentarios y en los medios. A diferencia del sector empresarial, el gobierno está, hasta cierto punto, bajo la influencia y el control populares, de manera que es altamente ventajoso para el mundo empresarial fomentar el odio y el desprecio por los burócratas intelectualoides del gobierno que te roban los dólares de tus impuestos. Eso ayuda a que todos se quiten de la cabeza la idea subversiva de que el gobierno podría convertirse en un instrumento de voluntad popular, un gobierno de y para la gente.

Por supuesto, también hubo otros factores que contribuyeron al éxito de Trump. Los estudios revelan que las doctrinas sobre la supremacía blanca tienen un gran tirón en la cultura de Estados Unidos, más todavía que en Sudáfrica, por ejemplo. Y no es ningún secreto que la población blanca está en declive. La proyección es que en una o dos décadas los blancos serán una minoría en el mundo laboral, y no mucho después una minoría de la población. También se percibe que la cultura conservadora tradicional está siendo atacada, asediada por la «política de identidad», considerada como el coto de las elites que solo sienten desprecio por los estadounidenses patrióticos, trabajadores y creyentes con verdaderos valores familiares, cuyo país está desapareciendo ante sus propios ojos.

La cultura conservadora tradicional, con su trasfondo profundamente religioso, mantiene un fuerte atractivo para la mayoría de la sociedad. Merece la pena recordar que, antes de la Segunda Guerra Mundial, Estados Unidos, aunque ya hacía mucho que era el país más rico del mundo, no protagonizaba la política global y era una especie de páramo cultural. Alguien que quería estudiar física iba a Alemania; un aspirante a escritor iba a París. Eso cambió radicalmente con la Segunda Guerra Mundial, por razones obvias, pero solo para una parte de la población estadounidense. Gran parte del país continuó siendo culturalmente tradicional, y ha permanecido así hasta la fecha. Por mencionar un ejemplo (bastante desafortunado), una de las dificultades para aumentar el interés de los estadounidenses por el calentamiento global es que alrededor del 40 % de la población del país cree que Jesucristo regresará a la Tierra en 2050, así que no ve que las muy serias amenazas de desastre climático puedan ser un problema en décadas futuras. Un porcentaje similar cree que nuestro planeta se creó hace apenas unos pocos miles de años.

Si la ciencia entra en conflicto con la Biblia, lástima para la ciencia. Por ejemplo, la persona elegida por Trump para dirigir el Departamento de Educación, la multimillonaria Betsy DeVos, es miembro de una Iglesia protestante que sostiene que «todas las teorías científicas están supeditadas a las Escrituras» y que «la humanidad se creó a imagen y semejanza de Dios; toda teoría que banalice este hecho y todas las teorías de evolución que nieguen la actividad creativa de Dios se rechazan». Sería difícil encontrar una analogía a este fenómeno en otras sociedades.

En definitiva, Trump no representa un movimiento completamente nuevo en la política estadounidense. Los dos grandes partidos políticos se han desplazado hacia la derecha durante el período neoliberal. Hoy los nuevos demócratas son más o menos los que antes se denominaban «republicanos moderados». La «revolución política» que Bernie Sanders exigió con razón no habría sorprendido mucho a Dwight Eisenhower. Mientras, los republicanos de hoy se han desplazado tanto a la derecha en su dedicación a los ricos y al sector empresarial que no pueden esperar obtener votos sobre la base de sus programas actuales. A cambio, han buscado movilizar a sectores de la población que siempre han estado ahí, solo que no como fuerza política organizada: evangelistas, nativistas, racistas y las víctimas de las formas de globalización concebidas para que los obreros del mundo compitan entre ellos mientras protegen a los privilegiados.

Las consecuencias han sido evidentes en las recientes primarias republicanas. En anteriores ciclos electorales, los candidatos surgidos de la base —Michele Bachmann, Herman Cain, Rick Santorum, etcétera— eran tan extremistas que el *establishment* republicano tuvo que usar sus amplios recursos para someterlos. La diferencia en 2016 es que el *establishment* fracasó, muy a su pesar.

Hay similitudes definitivas entre la elección de Trump, el referéndum del Brexit y el auge generalizado de partidos de derechas ultranacionalistas en Europa. Sus líderes —Nigel Farage, Marine Le Pen, Viktor Orbán y otros como ellos— enseguida felicitaron a Trump por su victoria, percibiéndolo como uno de los suyos. Y estos hechos son muy aterradores. Una mirada a las encuestas en Austria y Alemania no puede dejar de provocar alarma en cualquiera que esté familiarizado con la década de 1930, y sobre todo en quienes la vivieron, como yo de niño. Todavía recuerdo que escuchaba los discursos de Hitler y, aun sin entender las palabras, el tono y la reacción del público me resultaban más que estremecedores. El primer artículo que recuerdo haber escrito fue en febrero de 1939, después de la caída de Barcelona, sobre la extensión aparentemente inexorable de la plaga fascista. Y, por una extraña coincidencia, fue en Barcelona donde mi mujer y yo seguimos los resultados electorales de 2016.

Durante muchos años, he estado escribiendo y hablando del peligro de que un ideólogo carismático llegara al poder en Estados Unidos: alguien capaz de explotar el temor y la rabia que desde hace mucho han estado hirviendo en la sociedad y dirigirlos lejos de los verdaderos malvados, hacia objetivos vulnerables. Ello podría conducir, de hecho, a lo que el sociólogo Bertram Gross, en un perceptivo estudio de hace varias décadas, llamó «fascismo amable». Pero algo así requiere un ideólogo sincero, una especie de Hitler, no alguien cuya única ideología detectable sea el narcisismo. No obstante, ya hace tiempo que el peligro es real.

Cómo manejará Trump lo que ha provocado —no creado sino desatado— es algo que no sabemos. Tal vez su característica más sorprendente sea la impredictibilidad. Por supuesto, mucho depende de su círculo de asesores, y las señales en ese aspecto son, por decirlo suavemente, poco atractivas. Y casi hemos garantizado que el Tribunal Supremo estará en manos de reaccionarios durante muchos años, con consecuencias predecibles.

En lo que respecta a la política exterior, una perspectiva de esperanza, dada la admiración de Trump por Vladímir Putin, es que podría producirse una reducción de las muy peligrosas y crecientes tensiones entre Rusia y Estados Unidos. También es posible que Europa se distancie del Estados Unidos de Trump (como ya han propuesto la canciller alemana Angela Merkel y otros líderes europeos) y, después del Brexit, de la voz británica del poder estadounidense. Eso podría conducir a tentativas europeas de calmar las tensiones con Rusia y tal vez incluso a un intento de buscar algo semejante a la idea de Mijaíl Gorbachov de un sistema de seguridad euroasiático integrado sin alianzas militares, idea rechazada por Estados Unidos en favor de la expansión de la OTAN, pero recientemente revivida por Putin, no sabemos si en serio o no.

La política exterior de Washington bajo la nueva administración, ¿será más militarista de lo que lo fue con George W. Bush o incluso con Obama o tal vez menos? No creo que se pueda responder a eso con seguridad. Una vez más, Trump es, sencillamente, demasiado impredecible. Hay demasiadas preguntas abiertas.

Lo que sí podemos decir es que mucho dependerá de las reacciones de aquellos que se han quedado estupefactos por lo que está tomando forma en Washington, por las actuaciones y visiones que Trump ha proyectado y por el elenco de personajes que ha reunido. Movilización popular y activismo, adecuadamente organizados y llevados a cabo, pueden cambiar mucho las cosas. Y como he señalado antes, hay muchísimo en juego.

Notas

INTRODUCCIÓN

1. Morgan, James (corresponsal de temas económicos de la BBC), *The Financial Times*, Londres, 25/26-4-1992.

2. Gilens, Martin, y Page, Benjamin, «Testing theories of American Politics: Elites, Interest Groups, and Average Citizens», *Perspectives on Politics*, 12, núm. 3, septiembre de 2014, *http://www.princeton.edu/~mgilens/Gilens%20home page%20materials/Gilens%20and%20Page/Gilens%20and%20Page%202014-Testing%20Theories%203-7-14.pdf*.

Gilens, Martin, *Affluence and Influence: Economic Inequality and Political Power in America*, Princeton University Press, Princeton, Nueva Jersey, 2010.

Bartels, Larry, *Unequal Democracy: The Political Economy of the New Gilded Age,* Princeton University Press, Princeton, Nueva Jersey, 2008.

Ferguson, Thomas, *Golden Rule: The Investment theory of Party Competition and the Logic of Money-Driven Political Systems*, University of Chicago Press, Chicago, 1995.

3. Burnham, Walter D., en Ferguson, Thomas, y Rogers, Joel (eds.), *Hidden Election*, Random House, Nueva York, 1981. Burnham, Walter D. y Ferguson, Thomas, «Americans Are Sick to Death of Both Parties: Why Our Politics Is in Worse Shape than We ought», 17-12-2014, *http://www.alternet.org/americans-are-*

sick-death-both-parties-why-our-politics-worse-shape-we-thought.

4. Caldeira, Ken, «Stop Emissions», *MIT Technology Review*, 119, núm. 1, enero-febrero de 2016.

«Current Pace of Environmental Change Is Unprecedented in Earth's History», comunicado de prensa, University of Bristol, 4-1-2016, publicado en línea el mismo día en *Nature Geoscience*, *http://www.bristol.ac.uk/news/2016/january/pace-environment-change.html.*

5. Borger, Julian, «Nuclear Weapons Risk Greater than in Cold War, Says Ex-Pentagon Chief», *The Guardian*, Londres, 7-1-2016, *http://www.theguardian.com/world/2016/jan/07/nuclear-weapons-risk-greater-than-in-cold-war-says-ex-pentagon-chief.*

Broad, William, y Sanger, David, «As U.S. Modernizes Nuclear Weapons, "Smaller" Leaves Some Uneasy», *The New York Times*, 12-1-2016, *http://www.nytimes.com/2016/01/12/science/as-us-modernizes-nuclear-weapons-smaller-leaves-some-uneasy.html.*

1. LA RESPONSABILIDAD DE LOS INTELECTUALES, EL RETORNO

1. Lukes, Steven, *Emile Durkheim, His Life and Work*, Stanford University Press, Palo Alto, California, 1973, p. 335. [Versión en castellano: *Emile Durkheim. Su vida y su obra: estudio histórico-crítico*, Centro de Investigaciones Sociológicas, Madrid, 1984.]

2. «Manifesto of the Ninety-three German Intellectuals to the Civilized World», 1914, The World War I Document Archive, *http://www.gwpda.org/1914/93intell.html.*

3. «Who Willed American Participation», *New Republic*, 14-4-1917, pp. 308-310.

4. Dewey, John, *The Middle Works of John Dewey, Volume 11, 1899-1924, Journal Articles, Essays, and Miscellany Published in the 1918-1919 Period* (Jo Ann Boydston, ed.), Southern Illinois University Press, Carbondale, 1982, pp. 81-82.

5. Dewey, John, «Our Un-Free Press», en *The Later Works of John Dewey, Volume 11, 1925-1953: Essays, Reviews, Trotsky Inquiry, Miscellany, and Liberalism and Social Action* (Jo Ann Boydston, ed.), Southern Illinois University Press, Carbondale, 1987, p. 270.

6. Bourne, Randolph, «Twilight of Idols», *Seven Arts* (octubre de 1917), pp. 688-702.

7. Crozier, Michael; Huntington, Samuel P., y Watanuke, Joji, *The Crisis of Democracy: Report on the Governability of Democracies to the Trilateral Commission*, New York University Press, Nueva York, 1975, http://www.trilateral.org/download/doc/crisis_of_democracy.pdf.

8. Smith, Adam, *The Wealth of Nations*, Bantam Classics, Nueva York, 2003, p. 96. [Versión en castellano: *La riqueza de las naciones*, Alianza, Madrid, 1999.]

9. Wood, Gordon S. *The Creation of the American Republic, 1776-1787*, W. W. Norton, Nueva York, 1969, pp. 513-514.

Lance Banning defiende con firmeza la dedicación de Madison al poder popular, pero aun así coincide con la valoración de Wood del diseño constitucional. Banning, Lance, en *The Sacred Fire of Liberty: James Madison and the Founding of the Federal Republic*, Cornell University Press, Ithaca, 1995, p. 245.

10. James Madison a Thomas Jefferson, 9-12-1787, http://founders.archives.gov/documents/Madison/01-10-02-0197.

Véase también Ketcham, Ralph Louis, *James Madison, A Biography*, University of Virginia Press, Charlottesville 1990, pp. 236, 247, 298.

11. Thorndike, Edward, «How May We Improve the Selection, Training, and Life Work of Leaders?», *Teachers College Record*, abril de 1939, pp. 593-605.

12. Departamento de Estado, «Terrorist Group Profiles», enero de 1989.

Véase también Pear, Robert, «US Report Stirs Furor in South Africa», *The New York Times*, 14-1-1989.

13. United Nations Inter-Agency Task Force, Africa Recovery Programme/Economic Commission for Africa, *South African Destabilization: The Economic Cost of Frontline Resistance to Apartheid*, 1989, p. 13.

14. Chomsky, Noam, «The Evil Scourge of Terrorism», discurso en la International Erich Fromm Society, Stuttgart, 23-3-2010.

15. Observaciones sobre Reagan de Martin Anderson y Annelise Anderson de la Institución Hoover de la Universidad de Stanford, citado en Boyer, Paul, «Burnishing Reagan's Disarmament Credentials», *Army Control Today*, septiembre de 2009.

16. Coatsworth, John, «The Cold War in Central America, 1975-1991», en Leffler, Melvyn P., y Westad, Odd Arne (eds.), *The Cam-*

bridge History of the Cold War, Volume 3, Endings, Cambridge University Press, Cambridge, 2010.

17. Chomsky, Noam, *Hopes and Prospects,* Haymarket Books, Chicago 2010, p. 272. [Versión en castellano: *Esperanzas y realidades*, Tendencias, Barcelona, 2010.]

18. Documentos sobre John F. Kennedy, Presidential Papers, National Security Files, Meetings and Memoranda, National Security Action Memoranda [NSAM], NSAM 134, Report on Internal Security Situation in South America, JFKNSF-335-013, John F. Kennedy Presidential Library and Museum, Boston, Massachusetts.

19. Schoultz, Lars, *Human Rights and United States Policy Toward Latin America*, Princeton University Press, Princeton, 1981.

Maechling Jr., Charles, «The Murderous Mind of the Latin American Military», *Los Angeles Times*, 18-3-1982.

20. Tal y como aparece en Isacson, Adam, y Olson, Joy, *Just the Facts*, Latin America Working Group and Center for International Policy, Washington, D. C., 1999, p. ix.

21. Chomsky, Noam, «Humanitarian Imperialism: The New Doctrine of Imperial Right», *Monthly Review*, 1-9-2008.

22. Chomsky, Noam, *Rogue States*, Haymarket Books, Chicago, 2015, p. 88. [Versión en castellano: *Estados canallas*, Paidós, Barcelona, 2001.]

23. Chomsky, Noam, *Deterring Democracy*, Hill and Wang, Nueva York, 1991, p. 131. [Versión en castellano: *El miedo a la democracia*, Grijalbo, Barcelona, 1997.]

24. Chomsky, Noam, *Hopes and Prospects*, op. cit., p. 261.

25. Wilkinson, Daniel, «Death and Drugs in Colombia», *The New York Review of Books* (23-6-2011).

26. Lewis, Anthony, «Abroad at Home», *The New York Times*, 2-3-1990.

27. Mc Grory, Mary, «Havel's Gentle Rebuke», *The Washington Post*, 25-2-1990.

28. Mazzetti, Mark; Cooper, Helene, y Baker, Peter, «Behind the Hunt for Bin Laden», *The New York Times*, 2-5-2011.

29. Alterman, Eric, «Bin Gotten», *Nation*, 4-5-2011.

30. Scarry, Elaine, «Rules of Engagement», *Boston Review*, 8-11-2006.

31. Baker, Russell, «A Heroic Historian on Heroes», *The New York Review of Books*, 11-6-2009.

32. Mazower, Mark, «Short Cuts», *London Review of Books*, 8-4-2010.

33. Margolis, Eric S., «Osama's Ghost», *American Conservative*, 20-5-2011.

34. Trotta, Daniel, «Cost of War at Least $3.7 Trillion and Counting», Reuters, 29-6-2011.

35. Scheuer, Michael, *Imperial Hubris: Why the West Is Losing the War on Terror*, Potomac Books, Washington, D. C., 2004.

36. Acusación de los *dreyfusards* citada en Hawthorn, Geoffrey, *Enlightenment and Despair: A History of Social Theory*, Cambridge University Press, Cambridge 1976, p. 117.

2. TERRORISTAS BUSCADOS EN EL MUNDO ENTERO

1. Bakri, Nada, y Bowley, Graham, «Top Hezbollah Commander Killed in Syria», *The New York Times*, 13-2-2008.

2. Associated Press, «Intelligence Chief: Hezbollah Leader May Have Been Killed by Insiders or Syria», 17-2-2008.

3. O'Murchu, Cynthia, y Shamsuddin, Farrid, «Seven Days», *The Financial Times,* Londres, 16-2-2008.

4. Biedermann, Ferry, «A Militant Wanted the World Over», *The Financial Times,* Londres, 14-2-2008.

5. Un estudio de los medios llevado a cabo por Jeff Nygaard encontró una referencia a la encuesta de Gallup, una noticia breve en el *Omaha World-Herald,* que «malinterpretaba completamente los hallazgos», *Nygaard Notes Independent Weekly News and Analysis*, 16-11-2001, reimpreso en *Counterpoise* 5, núms. 3/4, 2002.

6. Biedermann, Ferry, «A Militant Wanted the World Over», op. cit.

7. Chomsky, Noam, *Middle East Illusions*, Rowman & Littlefield, Londres, 2004, p. 235. [Versión en castellano: *Ilusiones de Oriente Próximo*, Popular, Madrid, 2004.]

8. Kapeliuk, Amnon, *Yediot Ahronot*, 15-11-1985.

9. Gwertzman, Bernard, «U.S. Defends Action in U.N. on Raid», *The New York Times*, 7-10-1985.

10. *Yearbook of the United Nations*, vol. 39, 1985, p. 291.

11. Weinraub, Bernard, «Israeli Extends "Hand of Peace" to Jordanians», *The New York Times*, 18-10-1985.

12. Véase Chomsky, Noam, *Necessary Illusions*, House of Anansi, Toronto, 1995, cap. 5. [Versión en castellano: *Ilusiones necesarias: control de pensamiento en las sociedades democráticas*, Libertarias Prodhufi, Madrid, 1991.]

13. Véase, por ejemplo, Lavie, Aviv, «Inside Israel's Secret Prison», *Ha-Aretz*, 23-8- 2003.

14. Biran, Yoav, ministro plenipotenciario, Embajada de Israel, carta, *Manchester Guardian Weekly*, 25-7-1982.

Becker, Gad, *Yediot Ahronot*, 13-4-1983.

Reuters, «Shamir Promises to Crush Rioters», *The New York Times*, 1-4-1988.

15. Peri, Yoram, *Davar*, 10-12-1982.

16. Huggler, Justin, y Reeves, Phil, «Once Upon a Time in Jenin», *The Independent*, Londres, 25-4-2002.

17 Hass, Amira, *Ha-Aretz*, 19-4-2002, reimpreso en Hass, Amira, *Reporting from Ramal-lah: An Israeli Journalist in an Occupied Land*, Semiotext(e), distribuido por MIT Press, Los Ángeles, 2003.

18. Biedermann, Ferry, «A Militant Wanted the World Over», op. cit.

19. Woodward, Bob, y Babcock, Charles, «Anti-Terrorist Unit Blamed in Beirut Bombing», *The Washington Post*, 12-5-1985.

20. Boustany, Nora, «Beirut Bomb's Legacy Suspicion and Tears», *The Washington Post*, 6-3-1988.

21. Bronner, Ethan, «Israel Lets Reporters See Devastated Gaza Site and Image of a Confident Military», *The New York Times*, 16-1-2009.

22. Flint, Julie, «Israeli Soldiers in New Terror Raid on Shi'ite Village», *The Guardian*, Londres, 6-3-1985.

23. Goldman, Adam, y Nakashima, Ellen, «CIA and Mossad Killed Senior Hezbollah Figure in Car Bomb», *The Washington Post*, 30-1-2008.

24. «Three Decades of Terror», *The Financial Times*, 2-7-2007.

25. Gerges, Fawaz A., *Journey of the Jihadist: Inside Muslim Militancy*, Mariner Books, Nueva York, 2007.

26. «Text of Reagan's Letter to Congress on Marines in Lebanon», *The New York Times*, 30-9-1982.

Véase también Zenko, Micah, «When Reagan Cut and Run», *Foreign Policy*, 7-2-2014.

27. Carter, Jimmy, *Palestine: Peace Not Apartheid*, Simon & Schuster, Nueva York, 2006.

28. Buck, Tobias, «Israel Denies Killing Hizbollah Commander», *The Financial Times*, Londres, 13-2-2008.

29. Chomsky, Noam, *Fateful Triangle: The United States, Israel, and the Palestinians*, Haymarket Books, Chicago 2015, p. 591. [Versión en castellano: *El triángulo fatal: Estados Unidos, Israel y Palestina*, Popular, Madrid, 2002.]

30. Ibídem.

31. Ibídem, p. 589.

32. Kamm, Henry, «Ruins of War Litter Hills and Valleys of Lebanon», *The New York Times* (20-6-1982).

33. Chomsky, Noam, *Fateful Triangle*, op. cit., p. 590.

34. Ibídem.

35. Kershner, Isabel, «Israel Reduces Electricity Flow to Gaza», *The New York Times*, 9-2-2008.

36. Astill, James, «Strike One», *The Guardian*, Londres, 2-10-2001.

3. LOS MEMORANDOS SOBRE LA TORTURA Y LA AMNESIA HISTÓRICA

1. U.S. Senate [Senado de Estados Unidos], «Inquiry into the Detainees in U. S. Custody, Report of the Committee on Armed Services», 20-11-2008, *http://documents.nytimes.com/report-by-the-senate-armed-services-committee-on-detainee-treatment#p=72*;

Landay, Jonathan, «Abusive Tactics Used to Seek Iraq-al Qaida Link», McClatchy DC, 21-4-2009.

2. Krugman, Paul, «Reclaiming America's Soul», *The New York Times*, 23-4-2009.

3. Morgenthau, Hans, *The Purpose of American Politics*, Knopf, Nueva York, 1964.

4. Ibídem.

5. Cohen, Roger, «America Unmasked», *The New York Times*, 24-4-2009.

6. Véase Drinnon, Richard, *Facing West: The Metaphysics of Indian-Hating and Empire-Building*, University of Oklahoma Press, Norman, 1997.

Knox citado en Horsman, Reginald, *Expansion and American Indian Policy 1783-1812*, University of Oklahoma Press, Norman, 1992, p. 64.

7. Krugman, Paul, «Reclaiming America's Soul», op. cit.

8. Véase la discusión en Horsman, Reginald, *Expansion and American Indian Policy 1783-1812*, op. cit.

Weeks, William Earl, *John Quincy Adams and American Global Empire*, University Press of Kentucky, Lexington, 1992.

9. Sobre la cuestión de las justificaciones providencialistas de los crímenes más impactantes y su papel más general en forjar «la idea de América», véase Guyatt, Nicholas, *Providence and the Invention of the United States, 1607-1876*, Cambridge University Press, Cambridge, 2007.

10. Citado en Schoultz, Lars, *That Infernal Little Cuban Republic: The United States and the Cuban Revolution*, University of North Carolina Press, Chapel Hill, 2009, p. 4.

11. Schlesinger Jr., Arthur M., *Robert Kennedy and His Times*, Mariner Books, Boston, 2002, p. 480.

12. Republican Party Platforms, «Republican Party Platform of 1900», 19-6-1900. En línea por Peters, Gerhard, y Woolley, John T., *The American Presidency Project*, http://www.presidency.ucsb.edu/ws/?pid=29630.

13. McCoy, Alfred, *Policing America's Empire: The United States, the Philippines, and the Rise of the Surveillance State*, University of Wisconsin Press, Madison, 2009.

14. Harbury, Jennifer, *Truth, Torture, and the American Way: The History and Consequences of U.S. Involvement in Torture*, Beacon Press, Boston, 2005.

15. McCoy, Alfred, *A Question of Torture: CIA Interrogation, from the Cold War to the War on Terror*, Metropolitan Books, Nueva York, 2006. Véase también McCoy, «The U.S. Has a History of Using Torture», *History News Network*, 6-12-2006.

16. Chomsky, Noam, *Hopes and Prospects*, Haymarket Books, Chicago, 2010, p. 261. [Versión en castellano: *Esperanzas y realidades*, Tendencias, Barcelona, 2010.]

17. Nairn, Allan, «The Torture Ban that Doesn't Ban Torture: Obama's Rules Keep It Intact, and Could Even Accord with an Increase in US-Sponsored Torture Worldwide», *www.allannairn.org*, 24-1-2009.

18. Chomsky, Noam, *Hopes and Prospects*, op. cit., p. 261.

19. Schoultz, Lars, «U.S. Foreign Policy and Human Rights Violations in Latin America: A Comparative Analysis of Foreign Aid

Distributions», *Comparative Politics*, 13, núm. 2, enero de 1981, pp. 149-170.

Herman, Edward S. en Chomsky, Noam y Herman, Edward S., *The Washington Connection and Third World Fascism: The Political Economy of Human Rights, Volume I*, South End Press, Boston, 1999.

Chomsky, Noam y Herman, Edward S., *After the Cataclysm: Postwar Indochina and the Reconstruction of Imperial Ideology: The Political Economy of Human Rights–Volume II*, Haymarket Books, Chicago, 2014.

Herman, Edward S., *The Real Terror Network: Terrorism in Fact and Propaganda*, South End Press, Boston, 1982.

20. McCoy, Alfred W., «The U.S. Has a History of Using Torture», op. cit.

Levinson, Danford, «Torture in Iraq and the Rule of Law in America», *Daedalus*, 133, núm. 3, verano de 2004.

21. Greenhouse, Linda, «Justices, 5-4, Back Detainee Appeals for Guantánamo», *The New York Times*, 13-6-2008.

22. Greenwald, Glenn, «Obama and Habeas Corpus, Then and Now», *Salon*, 11-4-2009.

23. Ibídem.

24. Eviatar, Daphne, «Obama Justice Department Urges Dismissal of Another Torture Case», *Washington Independent*, 12-3-2009.

25. Glaberson, William, «U.S. May Revive Guantánamo Military Courts», *The New York Times*, 1-5-2009.

26. Kinsley, Michael, «Down the Memory Hole with the Contras», *The Wall Street Journal*, 26-3-1987.

27. Cockburn, Patrick, «Torture? It Probably Killed More Americans than 9/11», *The Independent*, Londres, 6-4-2009.

28. Chandrasekaran, Rajiv, «From Captive to Suicide Bomber», *The Washington Post*, 22-2-2009.

29. Chomsky, Noam, *Hopes and Prospects*, op. cit., p. 266.

30. Ibídem, p. 267.

31. Ibídem, p. 268.

4. LA MANO INVISIBLE DEL PODER

1. Ismael, Tareq Y., y Perry, Glenn E., *The International Relations of the Contemporary Middle East: Subordination and Beyond*, Routledge, Londres, 2014, p. 73.

Chomsky, Noam, *Hegemony or Survival: America's Quest for Global Dominance*, Metropolitan Books, Nueva York, 2003, p. 150. [Versión en castellano: *Hegemonía o supervivencia*, Ediciones B, Barcelona, 2004.]

Yergin, Daniel, *The Prize: The Epic Quest for Oil, Money and Power*, Free Press, Nueva York, 1991.

2. Chomsky, Noam; *Hopes and Prospects*, Haymarket Books, Chicago, 2010, p. 55. [Versión en castellano: *Esperanzas y realidades*, Tendencias, Barcelona, 2010.]

3. Shoup, Laurence H. y Minter, William, *Imperial Brain Trust: The Council on Foreign Relations and United States Foreign Policy*, Monthly Review Press, Nueva York, 1977, p. 130.

4. Chomsky, Noam, *Hopes and Prospects*, op. cit., p. 238.

5. Bilzen, Gerard Van, *The Development of Aid*, Cambridge Scholars Publishing, Newcastle upon Tyne, 2015, p. 497.

6. Casa Blanca, «Declaration of Principles for a Long-Term Relationship of Cooperation and Friendship Between the Republic of Iraq and the United States of America» (comunicado de prensa), 26-11-2007, *http://georgewbush-whitehouse.archives.gov/news/releases/2007/11/20071126-11.html*.

7. Savage, Charlie, «Bush Declares Exceptions to Sections of Two Bills He Signed into Law», *The New York Times*, 15-10-2008.

8. Ottoway, Marina, y Ottoway, David, «Of Revolutions, Regime Change, and State Collapse in the Arab World», Carnegie Endowment for International Peace, 28-2-2011, *http://carnegieendowment.org/2011/02/28/of-revolutions-regime-change-and-state-collapse-in-arab-world*.

9. Pew Research Center, «Egyptians Embrace Revolt Leaders, Religious Party and Military, As Well», 25-4-2011, *http://www.pewglobal.org/2011/04/25/egyptians-embrace-revolt-leaders-religious-parties-and-military-as-well*.

10. Muasher, Marwan, «Tunisia's Crisis and the Arab World», Carnegie Endowment for International Peace, 24-1-2011, *http://carnegieendowment.org/2011/01/24/tunisia-s-crisis-and-arab-world*.

11. Shanker, Thom, «U.S. Fails to Explain Policies to Muslim World, Panel Says», *The New York Times*, 24-11-2004.

12. al-Sayyid Marsot, Afaf Lufti, *Egypt in the Reign of Muhammad Ali*, Cambridge University Press, Cambridge, 1984.

Para una discusión más amplia sobre Egipto después de la Segunda Guerra Mundial, véase Chomsky, Noam, *World Orders Old and New*, Columbia University Press, Nueva York, 1994, cap. 2. [Versión en castellano: *El nuevo orden mundial (y el viejo)*, Crítica, Barcelona, 1997.]

13. Smith, Adam, *The Wealth of Nations*, Bantam Classics, Nueva York, 2003, p. 309. [Versión en castellano: *La riqueza de las naciones*, Alianza, Madrid, 1999.]

14. Chomsky, Noam, *Year 501: The Conquest Continues*, Haymarket Books, Chicago, 2014, p. 150. [Versión en castellano: *Año 501: la conquista continúa*, Libertarias Prodhufi, Madrid, 1993.]

15. Chomsky, Noam, *Hopes and Prospects*, op. cit., 80.

16. Ricardo, David, *The Works of David Ricardo: With a Notice of the Life and Writings of the Author by J. R. McCulloch*, John Murray, Londres, 1846, p. 77.

17. Magliano, Tony, «The Courageous Witness of Blessed Oscar Romero», *National Catholic Reporter*, 11-5-2015.

18. Creveld, Martin van, «Sharon on the Warpath: Is Israel Planning to Attack Iran?», *The New York Times*, 21-8-2004.

19. Jones, Clayton, «China Is a Barometer on Whether Israel Will Attack Nuclear Plants in Iran», *Christian Science Monitor*, 6-8-2010.

20. Ghattas, Kim, «US Gets Serious on Iran Sanctions», *BBC News*, 3-8-2010.

21. Shanker, Thom, «Pentagon Cites Concerns in China Military Growth», *The New York Times*, 16-8-2010.

22. Kurlantzick, Joshua, «The Belligerents», *New Republic*, 17-2-2011.

23. Braun, Stephen, y Gillum, Jack, «2012 Presidential Election Cost Hits $2 Billion Mark», Associated Press, 6-12-2012.

Parnes, Amie y Cirilli, Kevin, «The $5 Billion Presidential Campaign?», *The Hill*, 21-1-2015.

24. *Bloomberg News*, «The Secret Behind Big Bank Profits», 21-2-2013.

25. Harper, Christine, y Moore, Michael J., «Goldman Sachs CEO Blankfein Is Awarded $12.6 Million in Stock», *Bloomberg Business*, 29-1-2011.

26. Zalan, Eszter, «Hungary's Orban Wins Another Term, Jobbik Support Jumps», *EU Observer*, 7-4-2014.

27. Véase Wikipedia, «Austrian Legislative Election, 2008», *https://en.wikipedia.org /wiki/Austrian_legislative_election,_2008#Results*.

28. Gluckstein, Donny, *Nazis, Capitalism, and the Working Class*, Haymarket Books, Chicago, 1999, p. 37.

29. Weaver, Matthew, «Angela Merkel: German Multiculturalism Has "Utterly Failed"», *The Guardian*, Londres, 17-10-2010.

30. Samuelsohn, Darren, «John Shimkus Cites Genesis on Climate Change», *Politico*, 10-12-2010.

31. Stiglitz, Joseph E., «Some Lessons from the East Asian Miracle», *World Bank Research Observer*, agosto de 1996, *https://feb.kuleuven.be/public/ndaag37/1996_Some_Lessons_from_the_East_Asian_Miracle.pdf*.

5. CAUSAS Y CONSECUENCIAS DEL DECLIVE ESTADOUNIDENSE

1. Chiozza, Giacomo, «America's Global Advantage: US Hegemony and International Cooperation», Carla Norrlof: *Political Science Quarterly*, verano de 2011, pp. 336-337.

2. Warner, Geoffrey, «The Cold War in Retrospect», *International Affairs*, 87, núm. 1, enero de 2011, pp. 173-184.

3. Chomsky, Noam, *On Power and Ideology*, Haymarket Books, Chicago, 2015, p. 15. [Versión en castellano: *Sobre el poder y la ideología*, Machado Libros, Madrid, 1989.]

4. U. S. Department of State, Office of the Historian, «The Chinese Revolution of 1949», *https://history.state.gov/milestones/1945-1952/chinese-rev*.

5. Kagan, Robert, «Not Fade Away», *New Republic*, 2-2-2012.

6. Chomsky, Noam, *Powers and Prospects: Reflections on Human Nature and the Social Order*, Haymarket Books, Chicago, 2015, p. 185. [Versión en castellano: *Perspectivas sobre el poder*, El Roure, Barcelona, 2001.]

7. Para estos y otros dictámenes, véase Chomsky, Noam, *New Military Humanism: Lessons from Kosovo*, Common Courage, Monroe, Maine, 2002; y Chomsky, Noam, *A New Generation Draws the Line: Kosovo, East Timor, and the Responsibility to Protect Today, Updated and Expanded Edition*, Paradigm, Boulder, 2011. [Versión en castellano: *Una nueva generación dicta las reglas*, Crítica, Barcelona, 2002.]

8. Chomsky, Noam, *Hopes and Prospects*, Haymarket Books, Chicago, 2010, p. 277. [Versión en castellano: *Esperanzas y realidades*, Tendencias, Barcelona, 2010.]

9. Huntington, Samuel P., «The Lonely Superpower», *Foreign Affairs*, 78, núm. 2, marzo-abril de 1999.

Jervis, Robert, «Weapons Without Purpose? Nuclear Strategy in the Post-Cold War Era» (reseña de Jan Lodal, *The Price of Dominance: The New Weapons of Mass Destruction and Their Challenge to American Leadership*), *Foreign Affairs*, 80, núm. 4, julio-agosto de 2001.

10. White, Jeremy, «Obama Approval Rating in Arab World Now Worse Than Bush», *International Business Times*, 13-7-2011.

11. Department of State Bulletin, 8-12-1969, pp. 506-507, citado en Schmitz, David F., *The United States and Right-Wing Dictatorships, 1965-1989*, Cambridge University Press, Cambridge, 2006, p. 89.

12. Keller, Bill, «The Return of America's Missionary Impulse», *The New York Times Magazine*, 17-4-2011.

13. Dreazen, Yochi, Madhani, Aamer, y Ambinder, Marc, «The Goal Was Never to Capture bin Laden», *Atlantic*, 4-5-2011.

14. Turse, Nick, «Iraq, Afghanistan, and Other Special Ops "Successes"», *TomDispatch*, 25-10-2015, http://www.tomdispatch.com/blog/176060/.

15. Véase también Turse, Nick, *The Changing Face of Empire: Special Ops, Drones, Spies, Proxy Fighters, Secret Bases, and Cyberwarfare*, Haymarket Books/Dispatch Books, Chicago, 2012; y Turse, Nick, *Tomorrow's Battlefield: U.S. Proxy Wars and Secret Ops in Africa*, Haymarket Books/Dispatch Books, Chicago, 2015.

16. Westbrook, Robert, *John Dewey and American Democracy*, Cornell University Press, Ithaca, 1991, p. 440.

17. Epstein, Jennifer, «Poll: Tax Hike Before Medicare Cuts», *Politico*, 20-4-2011.

18. Cohen, Jon, «Poll Shows Americans Oppose Entitlement Cuts to Deal with Debt Problem», *Washington Post*, 20-4-2011.

19. University of Maryland-College Park, «Public's Budget Priorities Differ Dramatically from House and Obama» (comunicado de prensa), *Newswise.com*, 2-3-2011, http://www.newswise.com/articles/publics-budget-priorities-differ-dramatically-from-house-and-obama.

20. Lutz, Catherine, Crawford, Neta, y Mazzarino, Andrea, «Costs of War», Brown University Watson Institute for International and Public Affairs, http://watson.brown.edu/costsofwar/.

21. Wolf, Martin, «From Italy to the US, Utopia vs. Reality», *The Financial Times*, Londres, 12-7-2011.

22. Summers, Lawrence, «Relief at an Agreement Will Give Way to Alarm», *The Financial Times*, Londres, 2-8-2011.

23. «Health Care Budget Deficit Calculator», Center for Economic and Policy Research, *http://www.cepr.net/calculators/hc/hc-calculator.html*.

24. Wald, Matthew L., y Broder, John M., «Utility Shelves Ambitious Plan to Limit Carbon», *The New York Times*, 13-7-2011.

25. Ferguson, Thomas, «Best Buy Targets are Stopping a Debt Deal», *The Financial Times*, Londres, 26-7-2011.

26. Pear, Robert, «New Jockeying in Congress for Next Phase in Budget Fight», *The New York Times*, 3-8-2011.

27. Clifford, Stephanie, «Even Marked Up, Luxury Goods Fly Off Shelves», *The New York Times*, 3-8-2011.

28. Uchitelle, Louis, «Job Insecurity of Workers Is a Big Factor in Fed Policy», *The New York Times*, 27-2-1997.

29. Kapur, Ajay, «Plutonomy: Buying Luxury, Explaining Global Imbalances», 16-10-2005, *http://delong.typepad.com/plutonomy-1.pdf*.

30. Chomsky, Noam, *Making the Future: Occupations, Interventions, Empire and Resistance*, City Lights, San Francisco, 2012, p. 289.

6. ¿ESTÁ ACABADO ESTADOS UNIDOS?

1. Becker, Elizabeth, «Kissinger Tapes Describe Crises, War and Stark Photos of Abuse», *The New York Times*, 27-5-2004.

2. Kennedy, John F., «The President and the Press» (discurso ante la American Newspaper Publishers Society, Waldorf-Astoria Hotel), Nueva York, 27-4-1961, *http://www.jfklibrary.org/Research/Research-Aids/JFK-Speeches/American-Newspaper-Publishers-Association_19610427.aspx*.

3. John F. Kennedy citado en Paterson, Thomas G., «Fixation with Cuba: The Bay of Pigs, Missile Crisis, and Covert War Against Castro», en Paterson, Thomas G. (ed.), *Kennedy's Quest for Victory: American Foreign Policy, 1961-1963*, Oxford University Press, Oxford 1989, p. 136.

4. Herman, Edward S., y Chomsky, Noam, *Manufacturing Consent: The Political Economy of the Mass Media*, Pantheon, Nueva York, 1988, p. 183.

5. Carter, Jimmy, «The President's News Conference», 24-3-1977. En línea por Peters, Gerhard y Woolley, John T., *The American Presidency Project*, *http://www.presidency.ucsb.edu/ws/?pid=7229*.

6. Goldenberg, Suzanne, «Bush Commits Troops to Iraq for the Long Term», *The Guardian*, Londres, 26-11-2007. Véase también Raz, Guy, «Long-Term Pact with Iraq Raises Questions», *Morning Edition*, National Public Radio, 24-1-2008.

Para un análisis posterior, véase Chomsky, Noam, *Making the Future: Occupations, Interventions, Empire and Resistance*, City Lights Books, San Francisco 2012, 64-66; Charlie Savage, «Bush Asserts Authority to Bypass Defense Act», *The Boston Globe*, 30-1-2008.

7. Parent, Joseph M. y MacDonald, Paul K., «The Wisdom of Retrenchment», *Foreign Affairs*, 90, núm. 6, noviembre-diciembre de 2011.

8. Kuperwasser, Yosef, y Lipner, Shalom, «The Problem Is Palestinian Rejectionism», *Foreign Affairs*, 90, núm. 6, noviembre-diciembre de 2011.

9. Krebs, Ronald R., «Israel's Bunker Mentality», *Foreign Affairs*, 90, núm. 6, noviembre-diciembre de 2011.

10. Kroenig, Matthew, «Time to Attack Iran», *Foreign Affairs*, 90, núm. 1, enero-febrero de 2012.

11. Peng, Xizhe, «China's Demographic History and Future Challenges», *Science*, 333, núm. 6.042, 29-7-2011), pp. 581-587.

12. Yergin, Daniel, «US Energy Is Changing the World Again», *The Financial Times*, Londres, 16-11-2012.

13. Harvey, Fiona, «World Headed for Irreversible Climate Change in Five Years, IEA Warns», *The Guardian*, Londres, 9-11-2011.

14. «"Monster" Greenhouse Gas Levels Seen», Associated Press, 3-11-2011.

15. Chomsky, Noam, *Powers and Prospects*, Haymarket Books, Chicago, 2015, p. 220. [Versión en castellano: *Esperanzas y realidades*, Tendencias, Barcelona, 2010.]

16. Dower, John W., «The Superdomino In and Out of the Pentagon Papers», en Chomsky, Noam, y Zinn, Howard (eds.), *The Pentagon Papers: The Senator Gravel Edition*, volumen 5, Beacon Press, Boston, 1972, pp. 101-142.

17. Topping, Seymour, «Slaughter of Reds Gives Indonesia a Grim Legacy», *The New York Times*, 24-8-1966.

18. Reston, James, «A Gleam of Light in Asia», *The New York Times*, 19-6-1966.

19. Sanger, David, «Why Suharto Is In and Castro Is Out», *The New York Times*, 31-10-1995.

20. Chomsky, Noam, *Hegemony or Survival*, Henry Holt, Nueva York, 2003, p. 150. [Versión en castellano: *Hegemonía o supervivencia*, Ediciones B, Barcelona, 2004.]

21. Kuperman, Alan J., «Obama's Libya Debacle», *Foreign Affairs*, 94, núm. 2, marzo-abril de 2015.

22. Ferguson, Barbara, «Israel Defies US on Illegal Settlements», *Arab News*, 6-9-2006.

23. Keinon, Herb, «EU Condemns Building in Har Homa, Neveh Ya'akov, Pisgat Ze'ev», *The Jerusalem Post*, 6-2-2014.

24. Jewish Telegraphic Agency, «U.S. Daily Warns of reat of "Nasserite Virus" to Moroccan, Algerian Jews», 21-2-1961, *http://www.jta.org/1961/02/21/archive/u-s-daily-warns-of-threat-of-nasserite-virus-to-moroccan-algerian-jews*.

25. Buchwald, Debbie, «Israel's HighTech Boom», *inFocus Quarterly*, II, núm. 2, verano de 2008.

26. Chomsky, Noam, *Making the Future: Occupations, Interventions, Empire and Resistance*, City Lights, San Francisco, 2012, p. 251.

27. Beaumont, Peter, «Israel Outraged as EU Poll Names It a Threat to Peace», *The Guardian*, Londres, 19-11-2003. La encuesta de Taylor Nelson Sofres/ EOS Gallup Europe se realizó entre el 8 y el 16 de octubre de 2003.

28. Zogby International/Brookings Institution, «2010 Arab Public Opinion Survey», 2010, *http://www.brookings.edu/~/media/research/files/reports/2010/8/05-arab-opinion-poll-telhami/0805_arabic_opinion_poll_telhami.pdf*.

29. Ibídem. En respuesta a la pregunta «Nombre dos países que cree que plantean una amenaza para usted», Israel fue nombrado por el 88 % de los encuestados, Estados Unidos por el 77 % e Irán por el 9 % entre los mayores de 36 años y por el 11 % entre los de 36 años o menos.

30. Clement, Scott, «Iranian Threat: Public Prefers Sanctions over Bombs», *The Washington Post*, 14-3-2012.

Kull, Steven y otros, «Public Opinion in Iran and America on

Key International Issues», 24-1-2007, encuesta de WorldPublicOpinion.org, *http://www.worldpublicopinion.org/pipa/pdf/jan07/Iran_Jan07_rpt.pdf*.

31. Department of Defense, «Unclassified Report on Military Power of Iran, April 2010», *http://www.politico.com/static/PPM145_link_042010.html*.

32. McCormack, Gavan, «"All Japan" versus "All Okinawa"-Abe Shinzo's Military-Firstism», *The Asia-Pacific Journal*, 13, vol. 10, núm. 4, 15-3-2015.

33. Godwin, Paul, «Asia's Dangerous Security Dilemma», *Current History*, 109, núm. 728, septiembre de 2010, pp. 264-266.

7. CARTA MAGNA, SU DESTINO Y EL NUESTRO

1. Blackstone, William, *The Great Charter and the Charter of the Forest*, Oxford, 1759, conservado en la Biblioteca Británica.

2. Churchill, Winston S., *A History of the English Speaking Peoples, Volume 2, The New World*, Bloomsbury, Londres, 2015. [Versión en castellano: *Historia de los pueblos de habla inglesa. Tomo 1, El nacimiento de Britania*, Caralt, Barcelona, 1960.]

3. Hosmer, James Kendall, *The Life of Young Sir Henry Vane, Governor of Massachusetts Bay, and Leader of the Long Parliament: With a Consideration of the English Commonwealth as a Forecast of America*, Houghton Mifflin, Boston, 1888, conservado en la Biblioteca de la Universidad de Cornell, p. 462.

4. *The Famous Old Charter of Rhode Island, Granted by King Charles II, in 1663*, I. H. Cady, Providence (Rhode Island), 1842. Véase también Wikipedia, «Rhode Island Royal Charter», *https://en.wikipedia.org/wiki/Rhode_Island_Royal_Charter*.

5. Linebaugh, Peter, *The Magna Carta Manifesto: Liberties and Commons for All*, University of California Press, Berkeley, 2009. [Versión en castellano: *El manifiesto de la Carta Magna: comunes y libertades para el pueblo*, Traficantes de Sueños, Madrid, 2013.]

6. Jones, Dudley, y Watkins, Tony (eds.), *A Necessary Fantasy?: The Heroic Figure in Children's Popular Culture*, Taylor and Francis, Nueva York, 2000.

7. Achtenberg, Emily, «From Water Wars to Water Scarcity: Bolivia's Cautionary Tale», *NACLA Report on the Americas*, 6-6-

2013), *http://revista.drclas.harvard.edu/book/water-wars-water-scarcity*.

8. Archibold, Randal C. «El Salvador: Canadian Lawsuit over Mine Allowed to Proceed», *The New York Times*, 5-6-2012.

9. Banco, Erin, «Is Your Cell Phone Fueling Civil War in Congo?», *Atlantic*, 11-7-2011.

10. Hardin, Garrett, «The Tragedy of the Commons», *Science*, 162, núm. 3.859, 13-12-1968, pp. 1.243-1.248.

11. Véase Corcoran, Paul, «John Locke on the Possession of Land: Native Title vs. the "Principle" of *Vacuum domicilium*», comunicación presentada en la conferencia anual de la Australian Political Studies Association, septiembre de 2007, *https://digital.library.adelaide.edu.au/dspace/bitstream/2440/44958/1/hdl_44958.pdf*.

12. Ware, Norman, *The Industrial Worker 1840-1860: The Reaction of American Industrial Society to the Advance of the Industrial Revolution*, Ivan Dee, Chicago 1990. Reimpresión de la primera edición de 1924.

13. Sandel, Michael J., *Democracy's Discontent: America in Search of a Public Philosophy*, Belknap Press, Cambridge. Massachusetts, 1996.

14. Veblen, Thorstein, *The Theory of the Leisure Class: An Economic Study of Institutions*, Macmillan, Londres, 1899. [Versión en castellano: *Teoría de la clase ociosa*, Alianza, Madrid, 2011.]

15. Rossiter, Clinton, y Lare, James (eds.), *The Essential Lippmann: A Political Philosophy for Liberal Democracy*, Harvard University Press Cambridge, Cambridge, Massachusetts, 1982, pp. 91-92.
Bernays, Edward, *Propaganda*, Ig Publishing, Brooklyn, Nueva York, 2005.

16. Bowman, Scott, *The Modern Corporation and American Political Thought: Law, Power, and Ideology*, Penn State University Press, University Park, 1996, p. 133.

17. King, Desmond, «America's Hidden Government: The Costs of a Submerged State», reseña de Suzanne Mettler: *The Submerged State: How Invisible Government Policies Undermine American Democracy*, *Foreign Affairs*, 91, núm. 3, mayo-junio de 2012.

18. McChesney, Robert W., «Public Scholarship and the Communications Policy Agenda», en Schejter, Amit M. (ed.), *...And Communications for All: A Policy Agenda for a New Administration*, Lexington Books, Nueva York, 2009, p. 50.

19. Emerson, Ralph Waldo, *The Prose Works of Ralph Waldo Emerson: In Two Volumes*, Fields, Osgood, and Company, Boston, 1870.

20. Crozier, Michael; Huntington, Samuel P., y Watanuke, Joji, *The Crisis of Democracy: Report on the Governability of Democracies to the Trilateral Commission*, New York University Press, Nueva York, 1975, *http://www.trilateral.org/download/doc/crisis_of_democracy.pdf*.

21. McGuinness, Margaret E., «Peace v. Justice: The Universal Declaration of Human Rights and the Modern Origins of the Debate», *Diplomatic History*, 35, núm. 5, noviembre de 2011, p. 749.

22. Blackstone, William, *Commentaries on the Laws of England, Vol. 1*, University of Chicago Press, Chicago, 1979.

23. English Court of King's Bench, *Somerset v. Stewart*, 1772, *http://www.commonlii.org/int/cases/EngR/1772/57.pdf*.

24. Johnson, Samuel, *Taxation No Tyranny; An Answer to the Resolutions and Address of the American Congress*, Londres, 1775.

25. Blackmon, Douglas, *Slavery by Another Name: The Re-Enslavement of Black Americans from the Civil War to World War II*, Anchor Books, Nueva York, 2009.

26. Cobain, Ian, «Revealed: How Blair Colluded with Gaddafi Regime in Secret», *The Guardian*, Londres, 23-1-2015.

Wieser, Benjamin, «Appeals Court Rejects Suit by Canadian Man over Detention and Torture Claim», *The New York Times*, 3-11-2009.

27. Department of Justice, «Lawfulness of a Lethal Operation Directed Against a US Citizen Who Is a Senior Operational Leader of Al-Qa'ida or an Associated Force», libro blanco sin fecha, publicado por NBC, 4-2-2013.

28. Shadid, Anthony, y Kirkpatrick, David D., «As the West Celebrates a Cleric's Death, the Mideast Shrugs», *The New York Times*, 1-10-2011.

29. Becker, Jo, y Shane, Scott, «Secret "Kill List" Proves a Test of Obama's Principles and Will», *The New York Times*, 29-5-2012.

30. *Convention (IV) Relative to the Protection of Civilian Persons in Time of War*, artículo 3, Ginebra, 12-8-1949, <https://www.icrc.org/applic/ihl/ihl.nsf/Article.xsp?action=openDocument&documentId=A4E145A2A7A68875C12563CD0051B9AE>. [Versión en castellano: *https://es.wikisource.org/wiki/Convenio_de_Gine-*

bra_relativo_al_trato_debido_a_los_prisioneros_de_guerra#Art. C3.ADculo_3].

31. Yglesias, Matthew, «International Law Is Made by Powerful States», *Think Progress*, 13-5-2011.

32. *Holder v. Humanitarian Law Project, 561 U.S. 1*, 2010, *http:// www.supremecourt.gov/opinions/09pdf/08-1498.pdf*.

33. Beckett, Paul, «Shutdown of Al Barakaat Severs Lifeline for Many Somalia Residents», *The Wall Street Journal*, 4-12-2001.

34. Warde, Ibrahim, *The Price of Fear: The Truth Behind the Financial War on Terror*, University of California Press, Berkeley, 2007, pp. 101-102.

35. Ibídem, p. 102.

36. Bassey, Nnimmo, *To Cook a Continent: Destructive Extraction and Climate Crisis in Africa*, Pambazuka Press, Oxford 2012, p. 25.

37. Leffler, Melvyn P., *A Preponderance of Power: National Security, the Truman Administration, and the Cold War*, Stanford University Press, Palo Alto, California, 1993, p. 144.

38. Broder, John M., «Bashing E.P.A. Is New Theme in G.O.P. Race», *The New York Times*, 17-8-2011, *http://www.rasmussenreports.com/public_content/business/gas_oil/march_2012/57_favor_use_of_fracking_to_find_more_u_s_oil_and_gas*; «Who's Holding Us Back: How Carbon-Intensive Industry Is Preventing Effective Climate Change Legislation», informe de Greenpeace, noviembre de 2011, *http://www.greenpeace.org/international/Global/international/publications/climate/2011/391%20-%20WhosHoldingUs-Back.pdf*.

39. Oficina de la Casa Blanca del Secretario de Prensa, «Remarks by the President in State of the Union Address», 24-1-2012, *https:// www.whitehouse.gov/the-press-office/2012/01/24/remarks-president-state-union-address*.

40. Chazan, Guy, «US on Path to Energy Self-Sufficiency», *The Financial Times*, Londres, 18-1-2012.

41. Los textos completos del People's Agreement and Universal Declaration pueden encontrarse en *https://pwccc.wordpress.com/programa/*. [Versión en castellano, Acuerdo del Pueblo y Declaración Universal de los Derechos de la Madre Tierra, *http://rio20.net/propuestas/declaracion-universal-de-los-derechos-de-la-madre-tierra/*].

8. LA SEMANA EN LA QUE EL MUNDO CONTUVO LA RESPIRACIÓN

1. Stern, Sheldon, *The Week the World Stood Still: Inside the Secret Cuban Missile Crisis*, Stanford University Press, Palo Alto. California, 2005, p. 5.

2. Chomsky, Noam, *Hegemony or Survival*, Henry Holt, Nueva York, 2003, p. 74.

3. Dobbs, Michael, *One Minute to Midnight: Kennedy, Khrushchev, and Castro on the Brink of Nuclear War*, Vintage, Nueva York, 2008, p. 251.

4. Ibídem, p. 310.

5. Ibídem, p. 311.

6. Ibídem, p. xiii.

7. Parker III, Chauncey G., «Missile Crisis: Cooked Up for Camelot?», *Orlando Sentinel*, 18-10-1992.

McNamara, Robert, entrevistado por Richard Roth, CNN, 28-11-2003. Transcripción publicada por CNN.com, *http://www.cnn.com/TRANSCRIPTS/0311/28/i_dl.00.html*.

8. «The Submarines of October», en Burr, William, y Blanton, Thomas S. (eds.), *National Security Archive Electronic Briefing Book No. 75*, 21-10-2002, *http:// nsarchive.gwu.edu/NSAEBB/NSAEBB75/*.

9. Wilson, Edward, «Thank You Vasili Arkhipov, the Man Who Stopped Nuclear War», *The Guardian*, Londres, 27-10-2012.

10. Allison, Graham, «The Cuban Missile Crisis at 50: Lessons for U.S. Foreign Policy Today», *Foreign Affairs* 91, núm. 4, julio-agosto de 2012.

11. Clawson, Don, *Is at Something the Crew Should Know?: Irreverent Anecdotes of an Air Force Pilot*, Athena Press, Twickenham, Reino Unido, 2003, pp. 80-81.

12. Office of Air Force History, Oral History Interview of General David A.Burchinal, USAF, por el coronel John B. Schmidt y el teniente coronel Jack Straser, 11-4-1975, Iris núm. 01011174, en USAF Collection, AFHRA.

13. Stern, *The Week the World Stood Still*, op. cit., p. 146.

14. Ibídem, p. 147.

15. Ibídem, p. 148.

16. Ibídem, p. 149.

17. Ibídem, p. 154.

18. Summary Record of the Seventh Meeting of the Executive Committee of the National Security Council, 27-10-1962, John F. Kennedy Presidential Library and Museum, *http://microsites.jfklibrary.org/cmc/oct27/doc1.html*.

19. Domínguez, Jorge I., «The @#$%& Missile Crisis (Or, What Was "Cuban" About U.S. Decisions During the Cuban Missile Crisis), *Diplomatic History* 24, núm. 5, primavera de 2000, pp. 305-315.

20. May, Ernest R., y Zelikow, Philip D., *The Kennedy Tapes: Inside the White House During the Cuban Missile Crisis*, edición resumida, W. W. Norton, Nueva York, 2002, p. 47.

21. Mitchell, Jon, «Okinawa's First Nuclear Missile Men Break Silence», *Japan Times*, 8-7-2012.

22. Dobbs, Michael, *One Minute to Midnight*, op. cit., p. 309.

23. Stern, Sheldon M., *Averting "The Final Failure": John F. Kennedy and the Secret Cuban Missile Crisis Meetings*, Stanford University Press, Palo Alto, California, 2003, p. 273.

24. Gleijeses, Piero, *Conflicting Missions: Havana, Washington, and Africa, 1959-1976*, University of North Carolina Press, Chapel Hill, 2003, p. 26.

25. Abrahamian, Ervand, *The Coup: 1953, the CIA, and the Roots of Modern U.S.-Iranian Relations*, New Press, Nueva York, 2013.

26. «Most Americans Willing to Re-Establish Ties with Cuba», Angus Reid Public Opinion Poll, febrero de 2012, *https://www.american.edu/clals/upload/2012-02-06_Polling-on-Cuba_USA-1.pdf*.

27. Dobbs, Michael, *One Minute to Midnight*, op. cit., p. 337.

28. Ibídem, p. 333.

29. Stern, Sheldon M, *Averting "The Final Failure"*, op. cit.

30. Ibídem, p. 406.

31. Garthoff, Raymond L., «Documenting the Cuban Missile Crisis», *Diplomatic History* 24, núm. 2, primavera de 2000, 297-303.

32. Kennedy, John F., Presidential Papers, National Security Files, Meetings and Memoranda, National Security Action Memoranda [NSAM]: NSAM 181, Re: Action to be taken in response to new Bloc activity in Cuba (B), septiembre de 1962, JFKNSF-338-009, John F. Kennedy Presidential Library and Museum, Boston, Massachusetts.

33. Garthoff, Raymond L., «Documenting the Cuban Missile Crisis», op. cit.

34. Bolender, Keith, *Voices From the Other Side: An Oral History of Terrorism Against Cuba*, Pluto Press, Londres, 2010.

35. Kern, Montague, reseña de Nacos, Brigitte L., Bloch-Elkon, Yaeli y Shapiro, Robert Y., *Selling Fear: Counterterrorism, the Media, and Public Opinion*, *Political Science Quarterly*, 127, núm. 3, otoño de 2012, pp. 489-492.

36. Stern, Sheldon M., *The Week the World Stood Still*, op. cit., p. 2.

37. Dobbs, Michael, *One Minute to Midnight*, p. 344.

38. Gleijeses, Piero, *Conflicting Missions*, op. cit., p. 16.

39. Schlesinger Jr., Arthur M., *Robert Kennedy and His Times*, Mariner Books, Boston, 2002, p. 480.

Chomsky, Noam, *Hegemony or Survival: America's Quest for Global Dominance*, Henry Holt, Nueva York, 2003, p. 83.

40. Chomsky, Noam, *Hegemony or Survival*, op. cit., pp. 78-83.

41. Stern, heldon M., *The Week the World Stood Still*, op. cit., p. 2.

42. Ball, Desmond, *Politics and Force Levels: The Strategic Missile Program of the Kennedy Administration*, University of California Press, Berkeley, 1980, p. 97.

43. Garthoff, Raymond L., «Documenting the Cuban Missile Crisis», op. cit.

44. Dobbs, , Michael, *One Minute to Midnight*, op. cit., 342.

45. Allison, Graham, «The Cuban Missile Crisis at 50», op. cit.

46. Lynn-Jones, Sean M., Miller, Steven E., y Evera, Stephen Van, *Nuclear Diplomacy and Crisis Management: An International Security Reader*, MIT Press, Cambridge, Massachusetts, 1990, p. 304.

47. Burr, William (ed.), «The October War and U.S. Policy», National Security Archive, 7-10-2003, *http://nsarchive.gwu.edu/NSAEBB/NSAEBB98/*.

48. La expresión «capacidad inmediata de primer golpe» fue acuñada por McGeorge Bundy y citada en Newhouse, John: *War and Peace in the Nuclear Age*, Knopf, Nueva York, 1989, p. 328.

49. Chomsky, Noam, *Failed States: The Abuse of Power and the Assault on Democracy*, Henry Holt, Nueva York, 2006, p. 3.

9. CONTEXTO Y CONSECUENCIAS DE LOS ACUERDOS DE OSLO

1. Véase por ejemplo Shribman, David M., «At White House, Symbols of a Day of Awe», *The Boston Globe*, 29-9-1995.

Dowd, Maureen, «Mideast Accord: The Scene; President's Tie Tells It All: Trumpets for a Day of Glory», *The New York Times*, 14-9-1993.

2. Bush, George H. W., entrevista en *NBC Nightly News*, 2-2-1991.

3. Deputy Permanent Observer of the Palestine Liberation Organization to the United Nations secretary general, 16-11-1988, *http://domino.un.org /UNISPAL.NSF/0/6EB54A389E2DA6C6852560DE 0070E392*.

4. Longworth, R. C., «Shultz Helps Arafat Get Right Words», *Chicago Tribune*, 15-12-1988.

5. Shultz, George P., *Turmoil and Triumph: My Years as Secretary of State*, Scribner, Nueva York, 1993, p. 1.043.

6. «Israel's Peace Initiative», U.S. Embassy in Israel Archive, 14-5-1989.

7. Sciolino, Elaine, «Mideast Accord: The Ceremony; Old Enemies Arafat and Rabin to Meet», *The New York Times*, 12-9-1993.

8. Lewis, Anthony, «Abroad at Home; A Chance to Live», *The New York Times*, 13-9-1993.

9. Said, Edward W., «Intifada and Independence», en Lockman, Zachary, y Beinin, Joel (eds.): *Intifada: The Palestinian Uprising Against Israeli Occupation*, 1989, pp. 5-22.

10. Fisher, Dan, «Israeli Settlers Kill Arab Girl, 17, at Gaza Protest», *Los Angeles Times*, 11-11-1987.

11. Raz, Avi, *The Bride and the Dowry: Israel, Jordan, and the Palestinians in the Aftermath of the June 1967 War*, Yale University Press, New Haven, Connecticut, 2012.

12. Chomsky, Noam, *Fateful Triangle: The United States, Israel, and the Palestinians*, Haymarket Books, Chicago 2015, pp. 542-587. [Versión en castellano: *El triángulo fatal: Estados Unidos, Israel, Palestina*, Popular, Madrid, 2002.]

13. Consejo de Seguridad Nacional de Naciones Unidas, Resolución 446, 22-3-1979, *http://domino.un.org/UNISPAL.NSF/0/ ba123cded3ea84a5852560e50077c2dc*.

14. Tribunal Internacional de Justicia, «Legal Consequences of the Construction of a Wall in the Occupied Palestin ian Territory», 30-1-2004, *http://www.icj -cij.org/docket/ les/131/1591.pdf*.

Gorenberg, Gershom, *The Accidental Empire: Israel and the Birth of the Settlements, 1967-1977*, Times Books, Nueva York, 2006.

15. Rubinstein, Danny, *Ha-Aretz*, 23-10-1991. Sobre fuentes aquí y posteriormente, siempre que no se diga lo contrario, véase Chomsky, Noam, *World Orders Old and New*, Columbia University Press, Nueva York, 1994. [Versión en castellano: *El nuevo orden mundial (y el viejo)*, Crítica, Barcelona, 1997.]

16. Chomsky, Noam, *Fateful Triangle*, op. cit., p. 612.

17. Chomsky, Noam, *World Orders Old and New*, pp. 261-264.

18. Andromidas, Dean, «Israeli "Peace Now" Reveals Settlements Grew Since Oslo», *EIR International*, 27, núm. 49, 15-12-2000.

Chomsky, Noam, *World Orders Old and New*, op. cit., p. 282.

19. Chomsky, Noam, *World Orders Old and New*, op. cit., p. 282.

20. *The Other Front*, octubre de 1995.

News from Within, noviembre de 1995.

Véanse también Chomsky, Noam, *World Orders Old and New*, op. cit., y Chomsky, Noam, *Powers and Prospects*, Haymarket Books, Chicago, 2015. [Versión en castellano: *Esperanzas y realidades*, Tendencias, Barcelona, 2010.]

21. A menos que se diga lo contrario, el material anterior se cita en Andoni, Lamis «Arafat and the PLO in Crisis», *Middle East International*, 457, 28-8-1993; también en Andoni, Lamis, «Arafat Signs Pact Despite Misgivings All Around Him», *Christian Science Monitor*, 5-5-1994.

22. Chomsky, Noam, *World Orders Old and New*, op. cit., p. 269.

23. Ibrahim, Youssef M., «Mideast Accord: Jericho; Where P.L.O Is to Rule, It Is Nowhere to Be Seen», *The New York Times*, 6-5-1994.

24. Chomsky, *World Orders Old and New*, op. cit., p. 269.

25. Para un análisis detallado de las posiciones de Ross, véase Finkelstein, Norman, *Dennis Ross and the Peace Process: Subordinating Palestinian Rights to Israeli "Needs"*, Institute of Palestine Studies, Washington, D. C., 2007.

26, Consejo de Seguridad de Naciones Unidas, Resolución 242, 22-11-1967, *http://domino.un.org/unispal.nsf/0/7D35E1F729DF491 C85256EE700686136*; Resolución 338, 22-10-1973, *https://unispal. un.org/DPA/DPR/unispal.nsf/181c4bf00c44e5fd85256cef0073c426/7 fb7c26fcbe80a31852560c50065f878.*

27. Israeli-Palestinian Interim Agreement on the West Bank and the Gaza Strip, Article XI, 28-9-1995, *http://www.unsco.org/Documents/Key/Israeli-Palestinian%20Interim%20Agreement%*

20on%20the%20West%20Bank%20and%20the%20Gaza%20-
Strip.pdf.

28. Chomsky, Noam, *World Orders Old and New*, op. cit., p. 248.

29. Israeli-Palestinian Interim Agreement on the West Bank and the Gaza Strip, Article XI, 28-9-1995.

30. Chomsky, Noam, *World Orders Old and New*, p. 278.

31. Waage, Hilde Henriksen, «Postscript to Oslo: The Mystery of Norway's Missing Files», *Journal of Palestine Studies*, 38, otoño de 2008.

32. Véase, por ejemplo, Said, Edward, «Arafat's Deal», *Nation*, 20-9-1993); también, «The Israel-Arafat Agreement», *Z Magazine*, octubre de 1993.

33. Waage, Hilde Henriksen, «Postscript to Oslo», op. cit.

10. LA VÍSPERA DE LA DESTRUCCIÓN

1. Declaración de Hugo Chávez ante la LXI Asamblea General de Naciones Unidas, 20-0-2006, *http://www.un.org/webcast/ga/61/ pdfs/venezuela-e.pdf.*

2. National Security Archive, «Kissinger Gave Green Light for Israeli Offensive Violating 1973 Cease-Fire» (comunicado de prensa), 7-10-2003, *http://nsarchive.gwu.edu/NSAEBB/NSAEBB98/press.htm.*

3. Jones, Nate, «The Able Archer 83 Sourcebook», National Security Archive, 7-11-2013, *http://nsarchive.gwu.edu/nukevault/ ablearcher/*.

4. Kestler-D'Amours, Jillian, «Opportunity Missed for Nuclear-Free Middle East», Inter Press Service, 2-12-2012.

5. Sobre los bombardeos de embalses como crimen de guerra, véase por ejemplo, Kolko, Gabriel, «Report on the Destruction of Dikes, Holland, 1944-45 and Korea, 1953», en Duffett, John (ed.), *Against the Crime of Silence: Proceedings of the Russell International War Crimes Tribunal, Stockholm and Copenhagen, 1967*, O'Hare Books, Nueva York, 1968, pp. 224-226.

Véase también Halliday, Jon y Cumings, Bruce: *Korea: The Unknown War*, Viking, Nueva York, 1988, pp. 195-196.

Véase también Chomsky, Noam, *Towards a New Cold War: Essays on the Current Crisis and How We Got There*, Pantheon, Nueva York, 1982, pp. 121-122.

6. Oded Granot, «Background on North Korea–Iran Missile Deal», *Ma'ariv*, 14-4-1995.

7. Kaplan, Fred, «Rolling Blunder: How the Bush Administration Let North Korea Get Nukes», *Washington Monthly*, mayo de 2004.

8. Sinha, Shreeya, y Beachy, Susan C., «Timeline on North Korea's Nuclear Program», *The New York Times*, 19-11-2014.

Sigal, Leon, «The Lessons of North Korea's Test», *Current History*, 105, núm. 694, noviembre de 2006.

9. Gertz, Bill, «U.S. B-52 Bombers Simulated Raids over North Korea During Military Exercises», *The Washington Times*, 19-3-2013.

11. LAS OPCIONES REALES EN EL CONFLICTO ISRAEL-PALESTINA

1. Diskin, Yuval, «Israel Nears Point of No Return on Two-State Solution», *Jerusalem Post*, 13-7-2013.

2. Jones, Clive, y Milton-Edwards, Beverly, «Missing the "Devils" We Knew? Israel and Political Islam Amid the Arab Awakening», *International Affairs*, 89, núm. 2, marzo de 2013, pp. 399-415.

3. Mendel, Yonatan, «New Jerusalem», *New Left Review*, 81, mayo-junio de 2013.

4. Harel, Amos, «West Bank Fence Not Done and Never Will Be, It Seems», *Ha-Aretz*, 14-7-2009.

5. Véase United Nations Office for the Coordination of Humanitarian Affairs, «How Dispossession Happens: The Humanitarian Impact of the Takeover of Palestinian Water Springs by Israeli Settlers», marzo de 2012.

United Nations Office for the Coordination of Humanitarian Affairs, «10 Years Since the International Court of Justice Advisory Opinion», 9-7-2014.

United Nations Office for the Coordination of Humanitarian Affairs, «Case Study: The Impact of Israeli Settler Violence on Palestinian Olive Harvest», octubre de 2013.

United Nations Office for the Coordination of Humanitarian Affairs, «Humanitarian Monitor Monthly Report», diciembre de 2012.

6. UN Office for the Coordination of Humanitarian Affairs, «The Humanitarian Impact of the Barrier», julio de 2013.

7. «A Dry Bone of Contention», *The Economist*, 25-11-2010.

8. Bar-Illan, David, «Palestinian Self-Rule, Israeli Security», *Palestine-Israel Journal*, 3, núms. 3-4, 1996.

9. «Obama Calls Israeli Settlement Building in East Jerusalem "Dangerous"», *Fox News*, 18-11-2009.

10. «United States Vetoes Security Council Resolution on Israeli Settlement», United Nations News Service, 18-2-2011, *http://www.un.org/apps/news/story.asp?NewsID=37572#.VoLKpxUrKhc*.

11. United Nations Security Council Official Records, 1879th Meeting Notes, 26-1-1976.

12. Chomsky, Noam, *Hegemony or Survival: America's Quest for Global Dominance*, Henry Holt, Nueva York, 2003, p. 168. [Versión en castellano: *Hegemonía o supervivencia*, Ediciones B, Barcelona, 2004.]

13. Bishara, Marwan, «Gauging Arab Public Opinion», *Al-Jazeera*, 8-3-2012.

14. Battle, Joyce, «Shaking Hands with Saddam Hussein, The US Tilts Toward Iraq 1980-1984», National Security Archive Briefing Book, 82, 25-2-2003, *http://nsarchive.gwu.edu/NSAEBB/NSAEBB82/*.

15. Milollin, Gary, «Building Saddam Hussein's Bomb», *The New York Times Magazine*, 8-3-1992, p. 30.

16. Consejo de Seguridad Nacional de Naciones Unidas, Resolución 687, 1991, *http://www.un.org/Depts/unmovic/documents/687.pdf*.

12. «NADA PARA LOS DEMÁS»: LA GUERRA DE CLASES EN ESTADOS UNIDOS

1. Ware, Norman, *The Industrial Worker 1840-1860*, Ivan Dee, Chicago, 1990.

2. Montgomery, David, *The Fall of the House of Labor: The Workplace, the State, and American Labor Activism, 1865-1925*, Cambridge University Press, Cambridge, 1989.

3. Lindholm, Charles, y Hall, John A., «Is the United States Falling Apart?», *Daedalus* 26, núm. 2, primavera de 1997, pp. 183-209.

4. Montgomery, David, *The Fall of the House of Labor*, op. cit.

5. Carey, Alex, *Taking the Risk out of Democracy: Corporate*

Propaganda Versus Freedom and Liberty, University of Illinois Press, Champaign, 1997, p. 26.

6. Smith, Adam, *The Wealth of Nations*, Bantam Classics, Nueva York, 2003. [Versión en castellano: *La riqueza de las naciones*, Alianza, Madrid, 1999.]

7. Bronfenbrenner, Kate, «We'll Close! Plant Closings, Plant-Closing Threats, Union Organizing and NAFTA», *Multinational Monitor*, 18, núm. 3, marzo de 1997), pp. 8-14.

8. Freeman, Richard B., «Do Workers Still Want Unions? More than Ever», Economic Policy Institute, 22-2-2007, *http://www.sharedprosperity.org/bp182.html*.

Gallup, «In U.S. Majority Approves of Unions, but Say They'll Weaken», 30-8-2013, *http://www.gallup.com/poll/164186/majority-approves-unions-say-weaken.aspx*.

9. Fry, Richard, y Kochhar, Rakesh, «America's Wealth Gap Between Middle-Income and Upper-Income Families Is Widest on Record», Pew Research Center, 17-12-2014, *http://www.pewresearch. org/fact-tank /2014/12/17/wealth-gap-upper-middle-income/*.

10. «Income and Poverty in the United States, 2013, Current Population Report», U.S. Census Bureau Publication, septiembre de 2014.

11. Foster, John Bellamy, y McChesney, Robert W., *The Endless Crisis: How Monopoly-Finance Capital Produces Stagnation and Upheaval from the USA to China*, Monthly Review Press, Nueva York, 2012, p. 21.

12. A menos que se diga lo contrario, el material anterior está citado de Ware, Norman: *The Industrial Worker 1840-1860*, op. cit.

13. Lincoln, Abraham: «First Annual Message», 3-12-1861. En línea por Peters, Gerhard, y Woolley, John T.: *The American Presidency Project*, *http://www.presidency.ucsb.edu/ws/?pid=29502*.

14. Mill, John Stuart: *Principles of Political Economy with Some of Their Applications to Social Philosophy*, John W. Parker, Londres, 1852.

15. Cole, G. D. H., *Guild Socialism: A Plan for Economic Democracy*, Frederick A. Stokes Company, Nueva York, 1921.

16. Goodwyn, Lawrence, *The Populist Moment: A Short History of the Agrarian Revolt in America*, Oxford University Press, Nueva York, 1978.

17. Ware, Norman, *The Industrial Worker 1840-1860*, op. cit.

13. ¿SEGURIDAD PARA QUIÉN? WASHINGTON SE PROTEGE A SÍ MISMO Y AL SECTOR EMPRESARIAL

1. Shannon, Don, «U.N. Assembly Condemns U.S. Invasion», *Los Angeles Times*, 30-12-1989.

2. Casa Blanca, «National Security Strategy of the United States», marzo de 1990, *http://bush41library.tamu.edu/files/select-documents/national_security _strategy_90.pdf*.

3. Ibídem.

4. Véase Chomsky, Noam, *Hopes and Prospects*, Haymarket Books, Chicago, 2010, cap. 12. [Versión en castellano: *Esperanzas y realidades*, Tendencias, Barcelona, 2010.]

5. Ibídem.

6. «U.S. Economic and Industrial Proposals Made at Inter-American Conference», *The New York Times*, 26-2-1945.

7. Green, David, *The Containment of Latin America: A History of the Myths and Realities of the Good Neighbor Policy*, Quadrangle Books, Nueva York, 1971, p. 175.

8. Ibídem, p. vii.

9. «United States Objectives and Courses of Action with Respect to Latin America», *Foreign Relations of the United States, 1952-1954, vol. IV,* documento 3, 18-3-1953.

10. Paiz, Luis a Chomsky, Noam, 13-6-2014, propiedad del autor.

11. Eisenhower, Dwight, citado por Immerman, Richard en «Confession of an Eisenhower Revisionist: An Agonizing Reappraisal», *Diplomatic History*, 14, núm. 3, verano de 1990.

Dulles, John Foster en llamada telefónica a Alan Dulles, «Minutes of Telephone Conversations of John Foster Dulles and Christian Herter», 19-6-1958, Dwight D. Eisenhower Presidential Library.

12. Chomsky, Noam, *Rogue States*, Haymarket Books, Chicago, 2015, 114. [Versión en castellano: *Estados canallas*, Paidós, Barcelona, 2001.]

13. Gleijeses, Piero, *Conflicting Missions: Havana, Washington, and Africa, 1959-1976*, University of North Carolina Press, Chapel Hill, 2003, p. 22.

14. Chomsky, Noam, *Hegemony or Survival: America's Quest for Global Dominance*, Henry Holt, Nueva York, 2003, p. 90. [Versión en castellano: *Hegemonía o supervivencia*, Ediciones B, Barcelona, 2004.]

15. Ibídem.

16. LaFeber, Walter, *The New Empire: An Interpretation of American Expansion, 1860-1898*, Cornell University Press, Ithaca, Nueva York, 1963, p. 4.

17. May, Ernest R., y Zelikow, Philip D. (eds.), *The Kennedy Tapes: Inside the White House During the Cuban Missile Crisis*, Harvard University Press, Cambridge, Massachusetts, 1997, p. xi.

18. Chomsky, Noam, *Hopes and Prospects*, op. cit., p. 116.

19. Sengupta, Somini, «U.N. Will Weigh Asking Court to Investigate War Crimes in Syria», *The New York Times*, 22-5-2014.

20. H. R. 4775, 2002 Supplemental Appropriations Act for Further Recovery from and Response to Terrorist Attacks on the United States, 107th Congress, 2001-2002, *https://www.congress.gov/bill/107th-congress/house-bill/4775*.

21. Huntington, Samuel P., *American Politics: The Promise of Disharmony*, Harvard University Press, Cambridge, Massachusetts, 1981, p. 75.

22. Hoffmann, Stanley; Huntington, Samuel P.; May, Ernest R.; Neustadt, Richard N., y Schelling, Thomas C., «Vietnam Reappraised», *International Security*, 6, núm. 1, verano de 1981, pp. 3-26.

23. Elliott, Justin, y Meyer, Theodoric, «Claim on "Attacks Thwarted" by NSA Spreads Despite Lack of Evidence», *ProPublica*, 23-10-2013, *http://www.propublica.org/article/claim-on-attacks-thwarted-by-nsa-spreads-despite-lack-of-evidence*.

24. Ball, James, «US and UK Struck Secret Deal to Allow NSA to "Unmask' Britons" Personal Data», *The Guardian*, Londres, 20-11-2013.

25. Gallup, «Americans Show Low Levels of Concern on Global Warming», 4-4-2014, *http://www.gallup.com/poll/168236/americans-show-low-levels-concern-global-warming.aspx*.

26. Eshelman, Robert S., «The Danger of Fair and Balanced», *Columbia Journalism Review*, 1-5-2014.

14. ATROCIDAD

1. Zezima, Katie, «Obama: Plane Crash in Ukraine an "Outrage of Unspeakable Proportions"», *The Washington Post*, 18-7-2014.

2. United States Mission to the United Nations, «Explanation of

Vote by Ambassador Samantha Power, US Permanent Representative to the United Nations, After a Vote on Security Council Resolution 2166 on the Downing of Malaysian Airlines Flight 17 in Ukraine», 21-7-2014, *http://usun.state.gov/remarks/6109.*

3. Garton Ash, Timothy, «Putin's Deadly Doctrine», opinión, *The New York Times,* 18-7-2014.

4. Taylor, William, entrevista de Anderson Cooper, CNN, 18-7-2014, transcripción publicada en *http://www.cnn.com/TRANS-CRIPTS/1407/18/acd.01.html.*

5. United Press International, «Vincennes Too Aggressive in Downing Jet, Officer Writes», *Los Angeles Times,* 2-9-1989.

6. Evans, David, «Vincennes Medals Cheapen Awards for Heroism», *Daily Press,* 15-4-1990.

7. Reagan, Ronald, «Statement on the Destruction of an Iranian Jetliner by the United States Navy over the Persian Gulf», 3-7-1988. En línea por Peters, Gerhard, y Woolley, John T., *The American Presidency Project, http://www.presidency.ucsb.edu/ws/?pid=36080.*

8. Kinsley, Michael, «Rally Round the Flag, Boys», *Time,* 12-9-1988.

9. Shenon, Philip, «Iran's Chief Links Aid to Better Ties», *The New York Times,* 6-7- 1990.

10. Lawson, Dominic, «Conspiracy Theories and the Useful Idiots Who Are Happy to Believe Putin's Lies», *Daily Mail,* Londres, 20-7-2014.

11. Hiro, Dilip, *The Longest War: e Iran-Iraq Military Conflict,* Psychology Press, Nueva York, 1989.

12. Crewdson, John, «New Revelations in Attack on American Spy Ship», *Chicago Tribune,* 2-10-2007.

13. Rezun, Miron, *Saddam Hussein's Gulf Wars: Ambivalent Stakes in the Middle East,* Praeger, Westport, Connecticut, 1992, pp. 58 y ss.

14. Omer-Man, Michael, «This Week in History: IAF Shoots Down Libyan Flight 114», *Jerusalem Post,* 25-2-2011.

15. Said, Edward W. y Hitchens, Christopher, *Blaming the Victims: Spurious Scholarship, and the Palestinian Question,* Verso, Nueva York, 2001, p. 133.

16. Sengupta, Somini, «Why the U.N. Can't Solve the World's Problems», *The New York Times,* 26-7-2014.

17. Ibídem.

18. Barron-Lopez, Laura, «Obama Pushes for "Immediate" Cease-Fire Between Israel, Hamas», *The Hill*, 27-7-2014.

19. Senate Resolution 498, «A resolution expressing the sense of the Senate regarding United States support for the State of Israel as it defends itself against unprovoked rocket attacks from the Hamas terrorist organization», 113th Congress, 2013-14, *https://www.congress.gov/bill/113th-congress/senate-resolution/498*.

20. Gallup, «Congress Approval Sits at 14% Two Months Before Elections», 8-9-2014, *http://www.gallup.com/poll/175676/congress-approval-sits-two-months-elections.aspx*.

21. Rabbani, Mouin, «Institutionalised Disregard for Palestinian Life»», LRB Blog, 9-7-2014.

22. Gilbert, Mads, «Brief Report to UNRWA: The Gaza Health Sector as of June 2014», University Hospital of North Norway, 3-7-2014.

23. Ibídem.

24. Rajpal Weiss, Roma, «Interview with Raji Sourani», *Qantara*, 16-7-2014.

25. Shavit, Ari, «The Big Freeze», *Ha-Aretz*, 7-10-2004.

26. Urquhart, Conal, «Gaza on Brink of Implosion as Aid Cut-Off Starts to Bite», *The Guardian*, Londres, 15-4-2006.

27. Carter, Jimmy, *Palestine: Peace Not Apartheid*, Simon & Schuster, Nueva York, 2006.

28. Copia archivada del sitio web de la Knésset, «Likud-Platform», *http://web.archive.org/web/20070930181442/* y *http://www.knesset.gov.il/elections/knesset15/elikud _m.htm*.

29. «Israel: Gaza Beach Investigation Ignores Evidence», Human Rights Watch (informe), 19-6-2006, *https://www.hrw.org/news/2006/06/19/israel-gaza-beach-investigation-ignores-evidence*.

30. Thrall, Nathan, «Hamas's Chances», *London Review of Books*, 36, núm. 16, 21-8-2014, pp. 10-12.

31. Rudoren, Jodi, y Ghazali, Said, «A Trail of Clues Leading to Victims and Heart break», *The New York Times*, 1-7-2014.

32. Ibídem.

33. «Live Updates, July 7, 2014, Rockets Bombard South, Hamas Claims Responsibility», *Ha-Aretz*, 8-7-2014.

34. Ibídem.

35. Burke, Jason, «Gaza "Faces Precipice" as Death Toll Passes 1,400», *The Guardian*, Londres, 31-7-2014.

36. «Live Updates, Operation Protective Edge, Day 21», *Ha-Aretz*, 29-7-2014.

37. Rudoren, Jodi, y Barnard, Anne, «Israeli Military Invades Gaza, with Sights Set on Hamas Operations», *The New York Times*, 17-7- 2014.

38. United Nations Relief and Works Agency for Palestine Refugees, «UNRWA Strongly Condemns Israeli Shelling of Its School in Gaza as a Seri ous Violation of International Law», 30-7-2014, *http:// www.unrwa.org/newsroom/official-statements/unrwa-strongly-condemns-israeli-shelling-its-school-gaza-serious*.

39. Ibídem.

40. Naciones Unidas, «Secretary-General's Remarks to Media on Arrival in San Jose, Costa Rica», 30-7-2014, *http://www.un.org/sg/offthecuff/index.asp?nid=3503*.

41. Ravid, Barak, «UN Chief Condemns "Shameful" Shelling of School in Gaza», *Ha-Aretz*, 30-7-2014.

42. Raghavan, Sudarsan; Booth, William, y Eglash, Ruth, «Israel, Hamas Agree to 72-Hour Humanitarian Cease-Fire», *The Washington Post*, 1-8-2014.

43. Consejo de Seguridad de Naciones Unidas, documento S/1996/337, 7-5-1996, *http://www.un.org/ga/search/view_doc.asp?symbol=S/1996/337*.

44. Heywood, Annemarie, *The Cassinga Event: An Investigation of the Records*, National Archives of Namibia, 1996.

45. Hass, Amira, «Reaping What We Have Sown in Gaza», *Ha-Aretz*, 21-7-2014.

46. «Gaza: Catholic Church Told to Evacuate Ahead of Israeli Bombing», *Independent Catholic News*, 29-7-2014.

47. «Five Latin American Countries Withdraw Envoys from Israel», *Middle East Monitor*, 30-7-2014.

48. Al-Mezan Center for Human Rights, «Humanitarian Truce Fails and IOF Employ Carpet Bombardment in Rafah Killing Dozens of People» (comunicado de prensa), 1-8-2014, *http://www.mezan.org/en/post/19290/Humanitarian*.

49. Weizman, Ezer, conferencia grabada en *Ha-Aretz*, 20-3-1972.

50. Véase Pingeot, Lou, y Obenland, Wolfgang, «In Whose Name? A Critical View on the Responsibility to Protect», Global Policy Institute, mayo de 2014, *https:// www.globalpolicy.org/images/pdfs/images/pdfs/In_whose_name_web.pdf*.

51. Véase Gleijeses, Piero, *Visions of Freedom: Havana, Washington, Pretoria, and the Struggle for Southern Africa, 1976-1991*, University of North Carolina Press, Chapel Hill, 2013.

52. Amnistía Internacional, «Fuelling Conflict: Foreign Arms Supplies to Israel/Gaza», 23-2-2009, *http://www.es.amnesty.org/uploads/tx_useraitypdb/Fuelling_conflict_Israel_Gaza_08.pdf.*

53. Ravid, Barak, «US Senator Seeks to Cut Aid to Elite IDF Units Operating in West Bank and Gaza», *Ha-Aretz*, 16-8-2011.

15. ¿A CUÁNTOS MINUTOS DE LA MEDIANOCHE?

1. Craven, Wesley F. y Cate, James L., (eds.), *The Army Air Forces in World War II, Volume 5*, University of Chicago Press, Chicago, 1953, pp. 732-733; Makoto Oda, «The Meaning of "Meaningless Death"», *Tenbo*, enero de 1965, traducido en *Journal of Social and Political Ideas in Japan*, agosto de 1966), pp. 75-84.

Véase también Chomsky, Noam, «On the Backgrounds of the Pacific War», *Liberation*, septiembre-octubre de 1967, reimpreso en Chomsky, Noam, *American Power and the New Mandarins: Historical and Political Essays*, New Press, Nueva York, 2002.

2. Butler, General Lee, Discurso ante la Red Canadiense contra las Armas Nucleares, Montreal, 11-3-1999.

3. Butler, General Lee, «At the End of the Journey: The Risks of Cold War Thinking in a New Era», *International Affairs*, 82, núm. 4, julio de 2006, pp. 763-769.

4. Butler, General Lee, Discurso ante la Red Canadiense contra las Armas Nucleares, op. cit.

5. Bundy, McGeorge, *Danger and Survival: Choices About the Bomb in the First Fifty Years*, Random House, Nueva York, 1988, p. 326.

6. Ibídem.

7. Warburg, James, *Germany, Key to Peace*, Harvard University Press, Cambridge (Massachusetts), 1953, p. 189.

Ulam, Adam, «A Few Unresolved Mysteries About Stalin and the Cold War in Europe», *Journal of Cold War Studies*, 1, núm. 1, invierno de 1999, pp. 110-116.

8. Leffler, Melvyn P., «Inside Enemy Archives: The Cold War Reopened», *Foreign Affairs* 75, núm. 4, julio-agosto de 1996.

9. Chomsky, Noam, y Gendzier, Irene, «Exposing Israel's Foreign Policy Myths: The Work of Amnon Kapeliuk», *Jerusalem Quarterly* 54, verano de 2013.

10. Fischer, Benjamin B., «A Cold War Conundrum: The 1983 Soviet War Scare», Center for the Study of Intelligence, 7-7-2008, *https://www.cia.gov/library/center-for-the-study-of-intelligence/csi-publications/books-and-monographs/a-cold-war-conundrum/source.htm*.

Adamsky, Dmitry Dima, «The 1983 Nuclear Crisis-Lessons for Deterrence eory and Practice», *Journal of Strategic Studies*, 36, núm.1, 2013, pp. 4-41.

11. Aksenov, Pavel, «Stanislav Petrov: The Man Who May Have Saved the World», BBC News Europe, 26-9-2013, *http://www.bbc.com/news/world-europe-24280831*.

12. Schlosser, Eric, *Command and Control: Nuclear Weapons, the Damascus Accident, and the Illusion of Safety*, Penguin, Nueva York, 2013.

13. Clinton, presidente Bill, discurso ante la Asamblea General de Naciones Unidas, 27-9-1993, *http://www.state.gov/p/io/potusunga/207375.htm*.

Cohen, secretario de Defensa William, «Annual Report to the President and Congress: 1999», Department of Defense, Washington D. C., 1999, *http://history.defense.gov/Portals/70/Documents/annual_reports/1999_DoD_AR.pdf*.

14. «Essentials of Post-Cold War Deterrence», porciones desclasificadas reimpresas en Kristensen, Hans, *Nuclear Futures: Proliferation of Weapons of Mass Destruction and US Nuclear Strategy*, British American Security Information Council, apéndice 2, Basic Research Report 98, 2, marzo de 1998.

15. Sherry, Michael, *The Rise of American Airpower: The Creation of Armageddon*, Yale University Press, New Haven, 1987.

16. Wolfstahl, Jon B.; Lewis, Jeffrey, y Quint, Marc, *The Trillion Dollar Nuclear Triad: US Strategic Nuclear Modernization over the Next Thirty Years*, enero de 2014, *http://cns.miis.edu/opapers/pdfs/140107_trillion_dollar_nuclear_triad.pdf*. Véase Tom Z. Collina, «Nuclear Costs Undercounted, GAO Says», *Arms Control Today*, julio-agosto de 2014.

17. Casa Blanca. Oficina de la Secretaría de Prensa, «Remarks by the President at the National Defense University», comunicado de

prensa, 23-3-2013, *https://www.whitehouse.gov/the-press-offi-ce/2013/05/23/remarks-president-national-defense-university*.

18. Scahill, Jeremy, *Dirty Wars: The World Is a Battlefield*, Nation Books, Nueva York, 2013, pp. 450, 443.

16. LOS ALTO EL FUEGO QUE NUNCA SE CUMPLEN

1. Shavit, Ari, «The Big Freeze», *Ha-Aretz*, 7-10-2004.

2. Zertal, Idith y Eldar, Akiva, *Lords of the Land: The War for Israel's Settlements in the Occupied Territories, 1967—2007*, Nation Books, Nueva York, 2007, p. xii.

3. Naciones Unidas, «United Nations Relief, Works Agency for Palestine Refugees Copes with Major Crises in Three Fields of Operations, Commissioner-General Tells Fourth Committee», comunicado de prensa, 29-10-2008, *http://www.un.org/press/en/2008/gaspd413.doc.htm*.

4. Consejo de Seguridad de Naciones Unidas, «Security Council Calls for Immediate, Dura ble, Fully Respected Ceasefire in Gaza Leading to Full Withdrawal of Israeli Forces», comunicado de prensa, 8-1-2009, *http://www.un.org/press/en/2009/sc9567.doc.htm*. [Versión en castellano de la resolución 1860, 2009: *http://www.un.org/es/comun/docs/?symbol=S/RES/1860(2009)*.]

5. Kershner, Isabel, «Gaza Deaths Spike in 3rd Day of Air Assaults While Rockets Hit Israel», *The New York Times*, 10-7-2014.

6. Harel, Amos; Issacharoff, Avi; Cohen, Gili; Sommer, Allison, Kaplan, y agencias de noticias, «Hamas Military Chief Ahmed Jabari Killed by Israeli Strike», *Ha-Aretz*, 14-11-2012.

7. Reuters, «Text: Cease-Fire Agreement Between Israel and Hamas», *Ha-Aretz*, 21-11-2012.

8. Thrall, Nathan, «Hamas's Chances», *London Review of Books*, 36, núm. 16, 21-8-2014, 10-12.

9. Harel, Amos, «Notes from an Interrogation: How the Shin Bet Gets the Low-Down on Terror», *Ha-Aretz*, 2-9-2014.

10. Eldar, Akiva, «Bibi Uses Gaza as Wedge Between Abbas, Hamas», *Al-Monitor*, 1-9-2014.

11. Ibídem.

12. Levy, Gideon, y Levac, Ariel, «Behind the IDF Shooting of a 10-Year-Old Boy», *Ha-Aretz*, 21-8-2014.

13. Levy, Gideon, «The IDF's Real Face», *Ha-Aretz*, 30-8-2014.

14. Zertal, Idith y Eldar, Akiva, *Lords of the Land*, op. cit., p. 13.

15. Chomsky, Noam, *Deterring Democracy*, Hill and Wang, Nueva York, 1991, p. 435. [Versión en castellano: *El miedo a la democracia*, Crítica, Barcelona, 1992].

17. ESTADOS UNIDOS ES UN DESTACADO
     ESTADO TERRORISTA

1. Mazzetti, Mark, «C.I.A. Study of Covert Aid Fueled Skepticism About Helping Syrian Rebels», *The New York Times*, 14-10-2014.

2. Gleijeses, Piero, *Visions of Freedom: Havana, Washington, Pretoria and the Struggle for Southern Africa, 1976-1991*, University of North Carolina Press, Chapel Hill, 2013.

3. Chomsky, Noam, *Pirates and Emperors, Old and New: International Terrorism in the Real World*, Haymarket Books, Chicago, 2015, p. viii. [Versión en castellano: *Piratas y emperadores*, Ediciones B, Barcelona, 2003.]

4. Nobel, Kenneth B., «Savimbi, Trailing, Hints at New War», *The New York Times*, 4-10-1992.

5. Risco, Isaac, «Mandela, a Loyal Friend of Cuba's Fidel», *Havana Times*, 7-12-2013.

6. LeoGrande, William M., y Kornbluh, Peter, *Back Channel to Cuba: The Hidden History of Negotiations Between Washington and Havana*, University of North Carolina Press, Chapel Hill, 2014, p. 145.

7. Resumen del fallo del Tribunal Internacional de Justicia, «The Military and Paramilitary Activities In and Against Nicaragua», *Nicaragua v. United States of America*, 27-6-1986, *http://www.icj-cij.org/docket/?sum=367&p1=3&p2=3&case=70&p3=5*.

8. Bolender, Keith, *Voices From the Other Side: An Oral History of Terrorism Against Cuba*, Pluto Press, Londres, 2010.

9. WIN/Gallup International, «End of Year Survey 2013», *http://www.wingia.com/en/services/end_of_year_survey_2013/7/*.

18. EL PASO HISTÓRICO DE OBAMA

1. Anderson, Jon Lee, «Obama and Castro Seize History», *The New Yorker*, 18-12-2014.

2. Kennedy, John F., Presidential Papers, National Security Files, Meetings and Memoranda Series, National Security Action Memoranda, National Security Action Memorandum Number 263, John F. Kennedy Presidential Library and Museum, Boston, Massachusetts.

3. Glennon, Michael, «Terrorism and "Intentional Ignorance"», *Christian Science Monitor*, 20-3-1986.

4. Office of the Historian, *Foreign Relations of the United States*, vol. 10, «Cuba, January 1961-September 1962», documento 158, «Notes on Cabinet Meeting», 20-4-1961, *https://history.state.gov/historicaldocuments/frus1961-63v10/d158*.

5. May, Ernest R., y Zelikow, Philip D. (eds.), *The Kennedy Tapes: Inside the White House During the Cuban Missile Crisis*, Harvard University Press, Cambridge, Massachusetts, 1998, p. 84.

6. Tácito, *Annals of Tacitus, Book XI*, Macmillan, Nueva York, 1888, p. 194. [Versión en castellano: *Anales*, Alianza, Madrid, 1993.]

7. Beschloss, Michael R., *Taking Charge: The Johnson White House Tapes 1963-1964*, Simon & Schuster, Nueva York, 1998, p. 87.

8. Schoultz, Lars, *That Infernal Little Cuban Republic: The United States and the Cuban Revolution*, University of North Carolina Press, Chapel Hill, 2011, p. 5.

9. Reagan, Nancy, *My Turn: The Memoirs of Nancy Reagan*, Random House, Nueva York, 2011, p. 77.

10. Roosevelt, Theodore, a Henry L. White, 13-9-1906), Roosevelt Papers, Library of Congress.

11. Chomsky, Noam, *Hopes and Prospects*, Haymarket Books, Chicago, 2010, p. 50. [Versión en castellano: *Esperanzas y realidades*, Tendencias, Barcelona, 2010.]

12. LeoGrande, William M., y Kornbluh, Peter, *Back Channel to Cuba: The Hidden History of Negotiations Between Washington and Havana*, University of North Carolina, Chapel Hill, 2014.

13. Oficina de la Casa Blanca de la Secretaría de Prensa, «Statement by the President on Cuba Policy Changes», comunicado de prensa, 17-12-2014, *https://www.whitehouse.gov /the-press-office/2014/12/17/statement-president-cuba-policy-changes*.

14. CNN/ORC, Encuesta 18 al 21 de diciembre de 2014, *http:// i2.cdn.turner.com/cnn/2014/images/12/23/cuba.poll.pdf*.

15. Chomsky, Noam, *Hopes and Prospects*, op. cit., p. 116.

Merrill, Dennis y Paterson, Thomas: *Major Problems in American Foreign Relations, Volume II, Since 1914*, Cengage Learning, Boston, 2009, p. 394.

16. Chomsky, Noam, *Deterring Democracy*, Hill and Wang, Nueva York, 1991, p. 228. [Versión en castellano: *El miedo a la democracia*, Crítica, Barcelona, 1992.]

19. DOS FORMAS DE VERLO

1. Bilefsky, Dan, y Baume, Maïa de la, «French Premier Declares "War" on Radical Islam as Paris Girds for Rally», *The New York Times*, 10-1-2015.

2. Rudoren, Jodi, «Israelis Link Attacks to Their Own Struggles», *The New York Times*, 9-1-2015.

3. Alderman, Liz, «Recounting a Bustling Office at Charlie Hebdo, Then a "Vision of Horror"», *The New York Times*, 8-1-2015.

Anand Giridharadas, *https://twitter.com/anandwrites/status/ 552825021878771713*.

4. Erlanger, Steven, «Days of Sirens, Fear and Blood: "France Is Turned Upside Down"», *The New York Times*, 9-1-2015.

5. A menos que se mencione lo contrario, el material precedente está citado en Erlanger, Steven, «Crisis in the Balkans: Belgrade; Survivors of NATO Attack on Serb TV Headquarters: Luck, Pluck and Resolve», *The New York Times*, 24-4-1999.

6. Goodman, Amy, «Pacifica Rejects Overseas Press Club Award», *Democracy Now!*, Pacifica Radio, 23-4-1999.

7. Gutman, Roy, y Alhamadee, Mousab, «U.S. Airstrike in Syria May Have Killed 50 Civilians», McClatchyDC, 11-1-2015.

8. Holley, David, y Cirjakovic, Zoran, «Ex-Chief of Serb State TV Gets Prison», *Los Angeles Times*, 22-6-2002.

Tribunal Penal Internacional para la antigua Yugoslavia de Naciones Unidas, «Final Report to the Prosecutor by the Committee Established to Review the NATO Bombing Campaign Against the Federal Republic of Yugoslavia», *http://www.icty.org/x/file/Press/ nato061300.pdf*.

9. Abrams, Floyd, «After the Terrorist Attack in Paris», carta al director, *The New York Times*, 8-1-2015.

10. Oppel Jr., Richard A., «Early Target of Offensive Is a Hospital», *The New York Times*, 8-11-2004.

20. UN DÍA EN LA VIDA DE UN LECTOR DE *THE NEW YORK TIMES*

1. Mahler, Jonathan, «In Report on Rolling Stone, a Case Study in Failed Journalism», *The New York Times*, 5-4-2015.

2. Fuller, Thomas, «One Woman's Mission to Free Laos from Millions of Unexploded Bombs», *The New York Times*, 5-4-2015.

3. Ibídem.

4. Branfman, Fred, *Voices from the Plain of Jars: Life Under an Air War*, University of Wisconsin Press, Madison, 2013.

5. Ibídem, p. 36.

6. Fuller, Thomas, «One Woman's Mission...», op. cit.

7. Friedman, Thomas, «Iran and the Obama Doctrine», *The New York Times*, 5-4-2015.

8. Ibídem.

9. Krauze, Enrique, «Cuba: The New Opening», *The New York Review of Books*, 2-4-2015.

10. Martosko, David, y Associated Press, «Obama Tries "New Approach" on Cuba with Normalized Trade Relations and Diplomacy Between Washington and Havana for the First Time in a Half-Century», *Daily Mail*, Londres, 17-12-2014.

11. Baker, Peter, «A Foreign Policy Gamble by Obama at a Moment of Truth», *The New York Times*, 2-4-2015.

12. Mathews, Jessica, «The Road from Westphalia», *The New York Review of Books*, 19-3-2015.

21. LA «AMENAZA IRANÍ»: ¿CUÁL ES EL PELIGRO MÁS GRAVE PARA LA PAZ MUNDIAL?

1. Davenport, Kelsey, «The P5+1 and Iran Nuclear Deal Alert, August 11», Arms Control Association, 11-8-2015, *http://www.armscontrol.org/blog/ArmsControlNow/08-11-2015/The-P5-plus-1-and-Iran-Nuclear-Deal-Alert-August-11*.

2. Clement, Scott, y Craighill, Peyton M., «Poll: Clear Majority Supports Nuclear Deal with Iran», *The Washington Post*, 30-3-2015; Meckler, Laura, y Peterson, Kristina, «U.S. Public Split on Iran Nuclear Deal-WSJ/NBC Poll», Washington Wire, 3-8-2015, *http://blogs. wsj.com/washwire/2015/08/03/american-public-split-on-iran-nuclear-deal-wsjnbc-poll/*.

3. Weiss, Philip, «Cruz Says Iran Could Set Off Electro Magnetic Pulse over East Coast, Killing 10s of Millions», *Mondoweiss*, 29-7-2015.

4. Maloy, Simon, «Scott Walker's Deranged Hawkishness: He's Ready to Bomb Iran During His Inauguration Speech», *Salon*, 20-7-2015.

5. Davidson, Amy «Broken», *The New Yorker*, 3-8-2015; «Former Top Brass to Netanyahu: Accept Iran Accord as "Done Deal"», *Ha-Aretz*, 3-8-2015.

6. Mann, Thomas E., y Ornstein, Norman J., «Finding the Common Good in an Era of Dysfunctional Governance», *Daedalus*, 142, núm. 2, primavera de 2013.

7. Cooper, Helene, y Harris, Gardiner, «Top General Gives "Pragmatic" View of Iran Nuclear Deal», *The New York Times*, 29-7-2015.

8. Ross, Dennis, «How to Make Iran Keep Its Word», *Politico*, 29-7-2015.

9. Ross, Dennis, «Iran Will Cheat. en What?», *Time*, 15-7-2015; «Former Obama Adviser: Send B-52 Bombers to Irsael», *Ha-Aretz*, 17-7-2015.

10. Zarif, Javad, «Iran Has Signed a Historic Nuclear Deal-Now It's Israel's Turn», *The Guardian*, Londres, 31-7-2015.

11. Dhanapala, Jayantha, y Duarte, Sergio, «Is There a Future for the NPT?», *Arms Control Today*, julio-agosto de 2015.

12. WIN/Gallup, «Optimism Is Back in the World», 30-12-2013, *http://www.wingia.com/web/files/services/33/file/33.pdf? 1439575556*.

13. Cordesman, Anthony H., «Military Spending and Arms Sales in the Gulf», Center for Strategic and International Studies, 28-4-2015, *http://csis.org/files /publication/150428_military_spending.pdf*.

14. Department of Defense, Unclassified Report on Military Power of Iran», abril de 2010, *http://www.politico.com/static/ PPM145_link_042010.html*.

15. SIPRI Military Expenditure Database, *http://www.sipri.org/research/armaments/milex/milex_database*.

Parsi, Trita, y Cullis, Tyler: «The Myth of the Iranian Military Giant», *Foreign Policy*, 10-7-2015.

16. Parsi, Trita, y Cullis, Tyler, «The Myth of the Iranian Military Giant», op. cit.

17. Cordesman, Anthony H., «Military Spending and Arms Sales in the Gulf», op. cit., p. 4.

18. Mousavian, Hossein, y Shahidsaless, Shahir, *Iran and the United States: An Insider's View on the Failed Past and the Road to Peace*, Bloomsbury, Nueva York, 2014, pp. 214-219.

19. Dorman, William A. y Farhang, Mansour, *The U.S. Press and Iran: Foreign Policy and the Journalism of Deference*, University of California Press, Berkeley, 1988.

20. Hoodbhoy, Pervez, y Mian, Zia, «Changing Nuclear Thinking in Pakistan», Asia Pacific Leadership Network for Nuclear Non-Proliferation and Disarmament y Centre for Nuclear Non-Proliferation and Disarmament, Policy Brief, núm. 9, febrero de 2014, *http://www.princeton.edu/sgs/faculty-staff/zia-mian/Hoodbhoy-Mian-Changing-Nuclear-Thinking.pdf*.

21. Siddique, Haroon, «Bush: Iran "the World's Leading Supporter of Terrorism"», *The Guardian*, Londres, 28-8-2007.

22. Bergen, Peter, y Cruickshank, Paul, «The Iraq Effect: War Has Increased Terrorism Sevenfold Worldwide», *Mother Jones*, 1-3-2007.

23. Sengupta, Somini, «U.N. Moves to Lift Iran Sanctions After Nuclear Deal, Setting Up a Clash in Congress», *The New York Times*, 20-7-2015.

24. Cooper, Helene, «U.S. Defense Secretary Visits Israel to Soothe Ally After Iran Nuclear Deal», *The New York Times*, 20-7-2015.

25. Barnard, Anne, «120 Degrees and No Relief? ISIS Takes Back Seat for Iraqis», *The New York Times*, 1-8-2015.

26. WIN/Gallup, «Happiness Is on the Rise», 30-12-2014, *http://www.wingia.com/web/files/richeditor/filemanager/EOY_release_2014_-_FINAL.pdf*.

27. Chace, James, «How "Moral" Can We Get?», *The New York Times Magazine*, 22-5-1977.

28. Wieseltier, Leon, «The Iran Deal and the Rut of History», *Atlantic*, 27-7-2015.

29. Harris, Shane, y Aid, Matthew M., «Exclusive: CIA Files Prove America Helped Saddam as He Gassed Iran», *Foreign Policy*, 26-8-2013.

30. Véase Boraine, Alex, «Justice in Iraq: Let the UN Put Saddam on Trial», *The New York Times*, 21-4-2003.

31. Milhollin, Gary, «Building Saddam Hussein's Bomb», *The New York Times Magazine*, 8-3-1992.

32. Litwak, Robert, «Iran's Nuclear Chess: Calculating America's Moves», informe del Wilson Center 29, 18-7-2014, *https://www.wilsoncenter.org/publication/irans-nuclear-chess-calculating-americas-moves*.

33. Por ejemplo, Sanger, David E., «Obama Order Sped Up Wave of Cyberattacks Against Iran», *The New York Times*, 1-6-2012.

Fassihi, Farnaz y Solomon, Jay, «Scientist Killing Stokes U.S.-Iran Tensions», *The Wall Street Journal*, 12-1-2012.

Raviv, Dan, «US Pushing Israel to Stop Assassinating Iranian Nuclear Scientists», *CBSNews.com*, 1-3-2014.

34. «Contemporary Practices of the United States», *American Journal of International Law*, 109, núm. 1, enero de 2015.

35. Savage, Charlie, «Bush Asserts Authority to Bypass Defense Act», *The Boston Globe*, 30-1-2008.

36. Sciolino, Elaine, «Iran's Nuclear Goals Lie in Half-Built Plant», *The New York Times*, 19-5-1995.

37. Mousavian, Hossein, y Shahidsaless, Shahir, *Iran and the United States*, op. cit., p. 178.

38. CIA, «Special National Intelligence Estimate 4-1-74, Prospects for Further Proliferation of Nuclear Weapons», informe desclasificado por la NSA y publicado en el archivo de la NSA, 23-8-1974, *http://nsarchive.gwu.edu/NSAEBB/NSA EBB240/snie.pdf*.

39. Alvandi, Roham, *Nixon, Kissinger, and the Shah: The United States and Iran in the Cold War*, Oxford University Press, Oxford, 2014.

Mousavian, Hossein y Shahidsaless, Shahir, *Iran and the United States*, op. cit., p. 178.

40. Stockman, Farah, «Iran's Nuclear Vision Initially Glimpsed at Institute», *The Boston Globe*, 13-3-2007.

41. Linzer, Dafna. «Past Arguments Don't Square with Current Iran Policy», *The Washington Post*, 27-3-2005.

42. Huntington, Samuel P., «The Lonely Superpower», *Foreign Affairs*, 78, núm. 2, marzo-abril de 1999.

43. Jervis, Robert, «Weapons Without Purpose? Nuclear Strategy in the Post-Cold War Era», *The Price of Dominance: The New Weapons of Mass Destruction and Their Challenge to American Leadership*, reseña de Jan Lodal, *Foreign Affairs*, 80, núm. 4, julio-agosto de 2001.

44. Clinton, Bill, «A National Security for a New Century», National Security Strategy Archive, 1-12-1999, *http://nssarchive.us/national-security-strategy-2000-2/*.

22. EL RELOJ DEL APOCALIPSIS

1. «2015, It Is Three Minutes to Midnight», *Bulletin of the Atomic Scientists, http://thebulletin.org/clock/2015*.

2. «In Greenland, Another Major Glacier Comes Undone», Jet Propulsion Lab, California Institute of Technology, 12-11-2015, *http://www.jpl.nasa.gov/news/news.php?feature=4771*.

3. Osborne, Hannah, «COP21 Paris Climate Deal: Laurent Fabius Announces Dra Agreement to Limit Global Warming to 2C», *International Business Times*, 12-12-2015, *http://www.ibtimes.co.uk/cop21-paris-climate-deal-laurent-fabius-announces-draft-agreement-limit-global-warming-2c-1533045*.

4. Davenport, Coral, «Paris Deal Would Herald an Important First Step on Climate Change», *The New York Times*, 29-11-2015.

5. Davenport, Coral, «Nations Approve Landmark Climate Accord in Paris», *The New York Times*, 12-12-2015.

6. Los evangelistas dominan las primeras primarias republicanas en Iowa. Las encuestas muestran que de los probables votantes republicanos, «casi seis de cada diez dicen que el cambio climático es un fraude. Más de la mitad quiere deportaciones en masa de inmigrantes ilegales. Seis de cada diez abolirían la Hacienda pública» (lo que sería un regalo enorme para los superricos y el sector empresarial. Gabriel, Trip, «Ted Cruz Surges Past Donald Trump to Lead in Iowa Poll», *The New York Times*, 12-12-2015.

7. Los sociólogos Rory McVeigh y David Cunningham descubrieron que un buen factor de predicción de los actuales patrones de voto republicano en el sur es que haya existido allí un grupo fuerte del Ku Klux Klan en la década de 1960. Schaller, Bill, «Ku Klux Klan's Lasting Legacy on the U.S. Political System», *Brandeis Now*, 4-12-

2014, *https://www.brandeis.edu/now/2014/december/cunningham-kkk-impact.html*.

8. Donnan, Shawn, y Fleming, Sam, «America's Middle-Class Meltdown: Fifth of US Adults Live in or near to Poverty», *The Financial Times,* Londres, 11-12-2015.

9. Chan, Sewell y Eddy, Melissa, «Republicans Make Presence Felt at Climate Talks by Ignoring Them», *The New York Times*, 10-12-2015.

Herszenhorn, David M., «Votes in Congress Move to Undercut Climate Pledge», *The New York Times*, 1-12-2015.

Page, Samantha, «America's Scientists to House Science Committee: Go Away», *ClimateProgress*, 25-11-2015.

10. Russonello, Giovanni, «Two Thirds of Americans Want U.S. to Join Climate Change Pact», *The New York Times*, 30-11-2015.

11. Goodman, Melvin, «The "War Scare" in the Kremlin, Revisited: Is History Repeating Itself?», *Counterpunch*, 27-10-2015.

12. Tovish, Aaron, «The Okinawa Missiles of October», *Bulletin of the Atomic Scientists*, 25-11-2015.

13. Hoffman, David, «Shattered Shield: Cold-War Doctrines Refuse to Die», *The Washington Post*, 15-3-1998.

14. Baum, Seth, «Nuclear War, the Black Swan We Can Never See», *Bulletin of the Atomic Scientists*, 21-11-2014.

15. Schlosser, Eric, *Command and Control: Nuclear Weapons, the Damascus Accident, and the Illusion of Safety*, Penguin, Nueva York, 2013.

16. Cunningham, Fiona S., y Fravel, M. Taylor, «Assuring Assured Retaliation: China's Nuclear Posture and U.S.-China Strategic Stability», *International Security*, otoño de 2015.

17. Tras el levantamiento que puso un Gobierno prooccidental en Ucrania, el parlamento votó por «303 a 8 eliminiar la política de "no alineamiento" y buscar lazos militares y estratégicos más estrechos con Occidente [...], y dar pasos para unirse a la OTAN. Herszenhorn, David M., «Ukraine Vote Takes Nation a Step Closer to NATO», *The New York Times*, 23-12-2014.

18. Steele, Jonathan, *Frontline Ukraine: Crisis in the Borderlands*, reseña de Richard Sakwa, *The Guardian,* Londres, 19-2-2015.

19. McCauley, Lauren, «In Wake of Turkey Provocation, Putin Orders Anti-aircraft Missiles to Syria», *Common Dreams*, 25-11-2015.

20. Birnbaum, Michael, «U.S. Military Vehicles Paraded 300 Yards from the Russian Border», *WorldViews*, 24-2-2015, *http://www.washingtonpost.com/blogs/worldviews/wp/2015/02/24/u-s-military-vehicles-paraded-300-yards-from-the-russian-border/*.

21. Kearns, Ian, «Avoiding War in Europe, The Risks From NATO-Russian Close Military Encounters», *Arms Control Today*, noviembre de 2015.

23. AMOS DE LA HUMANIDAD

1. Véanse entre otros Weisbrot, Marc, *Failed*, Oxford University Press, Nueva York, 2015. [Versión en castellano: *Fracaso: «Lo que los "expertos" no entendieron de la economía global»*, Akal, Madrid, 2016.]

Kotz, David, *The Rise and Fall of Neoliberal Capitalism*, Harvard University Press, Cambridge, Massachusetts, 2015.

Blyth, Mark, *Austerity: History of a Dangerous Idea*, Oxford University Press, Nueva York, 2013. [Versión en castellano: *Austeridad: historia de una idea peligrosa*, Crítica, Barcelona, 2014.]

2. Smale, Alison, y Higgins, Andrew, «Election Results in Spain Cap a Bitter Year for Leaders in Europe», *The New York Times*, 23-12-2015, parafraseando a François Lafond, director de EuropaNova.

Sobre las elecciones y su trasfondo en las políticas de austeridad neoliberales, véase Weisbrot, Marc, *Al-Jazeera America*, 23-12-2015, *http://america.aljazeera.com/opinions/2015/12/spain-votes-no-to-failed-economic-policies.html*.

3. Este es uno de los asuntos destacados de los ensayos progresistas de Walter Lippmann sobre democracia.

4. Shy, John, *A People Numerous and Armed*, Oxford University Press, Nueva York, 1976, p. 146.

5. Polk, William, *Violent Politics: A History of Insurgency, Terrorism and Guerrilla War from the American Revolution to Iraq*, HarperCollins, Nueva York, 2007. [Versión en castellano: *Políticas violentas: una historia de la insurgencia, el terrorismo y la guerra de guerrillas desde la revolución americana hasta Iraq*, La Vanguardia, Barcelona, 2008.] Polk, destacado experto en Oriente Próximo e historia en general, también se basa en su experiencia directa sobre el terreno y al más alto nivel de la planificación política del Gobierno de Estados Unidos.

6. Tyler, Patrick, «A New Power in the Streets», *The New York Times*, 17-2-2003.

7. Fall, Bernard B., *Last Reflections on a War*, Doubleday, Nueva York, 1967.

8. Rachman, Gideon, «Preserving American Power After Obama», *National Interest*, enero-febrero de 2016.

9. Page, Jeremy, y Lubold, Gordon, «U.S. Bomber Flies over Waters Claimed by China», *The Wall Street Journal*, 18-12-2015.

10. Craig, Tim, y Denver, Simon, «From the Mountains to the Sea: A Chinese Vision, a Pakistani Corridor», *The Washington Post*, 23-10-2015.

«China Adds Pakistan's Gwadar to "String of Pearls"», *http://store.businessmonitor.com/article/475258*.

Más en general, McCoy, Alfred, «Washington's Great Game and Why It's Failing», *Tomdispatch*, 7-6-2015, *http://www.tomdispatch.com/blog/176007/tomgram%3A_alfred_mccoy%2C_washington%27s_great_game_and_why_it%27s_failing*.

11. Perlez, Jane, «Xi Hosts 56 Nations at Founding of Asian Infrastructure Bank», *The New York Times*, 19-6-2015.

12. Sakwa, Richard, *Frontline Ukraine: Crisis in the Borderlands*, I. B. Tauris, Nueva York, 2015, p. 55.

13. Ibídem, p. 46.

14. Ibídem, p. 26.

15. En estas cuestiones, el estudio académico definitivo es Sarotte, Mary Elise, *1989, The Struggle to Create Post-Cold War Europe*, Princeton University Press, Princeton, Nueva Jersey, 2011.

16. Véase Chomsky, Noam, *Hopes and Prospects*, Haymarket, Chicago, 2010, pp. 185-186. [Versión en castellano: *Esperanzas y realidades*, Tendencias, Barcelona, 2010.]

17. Sakwa, Richard, *Frontline Ukraine*, op. cit., pp. 4, 52.

18. Mearsheimer, John J., «Why the Ukraine Crisis Is the West's Fault: The Liberal Delusions at Provoked Putin», *Foreign Affairs*, 93, núm. 5, septiembre-octubre de 2014.

Sakwa, Richard: *Frontline Ukraine*, op. cit., pp. 234-235.

19. Polk, William, *Violent Politics*, op. cit., p. 191.

20. Clarke, Richard A., *Against All Enemies: Inside America's War on Terror*, Free Press, Nueva York, 2004. [Versión en castellano: *Contra todos los enemigos*, Taurus, Barcelona, 2004.]

Para el debate, véase el académico internacional Francis A. Boyle,

«From 2001 Until Today, The Afghanistan War Was and Is Illegal», 9-1-2016, *http://www.larsschall.com/2016/01/09/from-2001-until-today-the-afghanistan-war-was-and-is-illegal/*.

Para más críticas y fuentes, véase Chomsky, Noam, *Hegemony or Survival: America's Quest for Global Dominance*, Henry Holt, Nueva York, 2003, cap. 8. [Versión en castellano: *Hegemonía o supervivencia*, Ediciones B, Barcelona, 2004.]

21. Véase Sponeck, H. C. van, *A Different Kind of War: The UN Sanctions Regime in Iraq*, Berghahn, Nueva York, 2006. [Versión en castellano: *Autopsia de Iraq. Las sanciones: otra forma de guerra*, Ediciones del Oriente y del Mediterráneo, Madrid, 2007.] Un estudio de crucial importancia apenas mencionado en Estados Unidos y el Reino Unido. Técnicamente, las sanciones las impuso la ONU, pero se describen de manera correcta como sanciones de Estados Unidos y el Reino Unido, básicamente un crimen de Clinton.

22. Katulis, Brian; al-Assad, Siwar, y Morris, William, «One Year Later: Assessing the Coalition Campaign against ISIS», *Middle East Policy*, 22, núm. 4, invierno de 2015.

23. Kivimäki, Timo, «First Do No Harm: Do Air Raids Protect Civilians?», *Middle East Journal*, 22, núm. 4, invierno de 2015.

Véase también Chomsky, Noam, *Hopes and Prospects*, op. cit., p. 241.

24. Kuperman, Alan, «Obama's Libya Debacle», *Foreign Affairs*, 94, núm. 2, marzo-abril de 2015.

Waal, Alex de, «African Roles in the Libyan Conflict of 2011», *International Affairs*, 89, núm. 2, 2013, pp. 365-379.

25. Bergen, Peter, y Cruickshank, Paul, «The Iraq Effect: War Has Increased Terrorism Sevenfold Worldwide», *Mother Jones*, 1-3-2007.

26. Physicians for Social Responsibility, «Body Count: Casualty Figures After 10 Years of the "War on Terror", Iraq, Afghanistan, Pakistan», marzo de 2015, *http://www.psr.org/assets/pdfs/body-count.pdf*.

27. Kivimäki, Timo, «First Do No Harm», op. cit.

28. Cockburn, Andrew, *Kill Chain: The Rise of the High-Tech Assassins*, Henry Holt, Nueva York, 2015.

Hoffman, Bruce, «ISIS Is Here: Return of the Jihadi», *National Interest*, enero-febrero de 2016.

29. Polk, William, *Violent Politics*, op. cit., pp. 33-34.

30. Atran, Scott, «ISIS Is a Revolution», *Aeon*, 15-12-2015, *http://*

aeon.co /essays/why-isis-has-the-potential-to-be-a-world-altering-revolution; Ho man, "ISIS Is Here."

31. Friedman, Tj1

homas, en el programa *Charlie Rose*, PBS, 29-5-2003, *https:// www.youtube.com/watch?v=ZwFaSpca_3Q*.

Murphy, Dan, «Thomas Friedman, Iraq War Booster», *Christian Science Monitor*, 18-3-2013.

32. Atran, Scott, «ISIS Is a Revolution», op. cit.

33. Polk, William R., «Falling into the ISIS Trap», *Consortium- news*, 17-11-2015, *http://consortiumnews.com/2015/11/17/falling- into-the-isis-trap/*.

34. Tekdal Fildis, Ayse, «The Troubles in Syria: Spawned by French Divide and Rule», *Middle East Policy*, 18, núm. 4, invierno de 2011, citado por Joyce, Anne, *Middle East Policy*, 22, núm. 4, editorial, invierno de 2015.

35. Sobre la sórdida historia de la política de inmigración de Estados Unidos, véase Chomsky, Aviva, *Undocumented: How Immigration Became Illegal*, Beacon Press, Boston, 2014.

Índice temático

Chrome Dome (CD): 133
Churchill, Winston: 111
CIA; *véase* Agencia Central de Inteligencia (CIA)
Cisjordania: 38, 41, 44, 105, 151, 153, 156, 159, 161-162, 172-174, 176, 208, 210, 213, 218, 236, 239-243
Citigroup: 88
«ciudad en un monte»: 49-50, 58
Clarke, Richard A.: 309
clases, guerra de: 11, 85, 181-187
Clawson, Don: 133-134
Clinton, Bill: 24, 43, 44, 54, 55, 65, 75, 81, 100, 149, 158, 168, 183, 192, 196, 219, 230, 231, 273, 284, 292
Coatsworth, John: 22
Cockburn, Andrew: 313
Cockburn, Patrick: 59
Cohen, Roger: 49
COINTELPRO: 61
Cole, G. D. H.: 186
Collingwood, Charles: 140
Colombia: 25-26
Colón, Cristóbal: 28, 128
colonialismo: 50-52, 61, 107, 114, 194, 195, 196, 243, 254
colonos, sociedades de: 51, 107, 114
Columbia Journalism Review: 201, 265
combustibles fósiles: 96, 127, 165
Comisión de Bolsa y Valores (SEC): 86
Comisión Europea: 11
Comisiones Militares (2006), Ley de: 55, 57

Comité de Información Pública: 117
Comité Ejecutivo del Consejo de Seguridad Nacional (Ex-Comm): 131, 134, 146
Comité Permanente por la Defensa de los Derechos Humanos en: 25
Command and Control (Schlosser): 230, 291
comunes: 113-114, 126
Comunidad de Estados Latinoamericanos y Caribeños (CE-LAC): 102
comunismo: 18, 25, 76, 144, 194, 224, 227, 267
Conferencia Internacional sobre el Cambio Climático (Copenhague, 2009): 128-129
Conferencia Mundial de los Pueblos sobre el Cambio Climático: 129
Congo: 114, 318
Congreso (Estados Unidos): 121, 26, 27, 55, 65, 75, 77, 83, 86-88, 97, 108, 198, 206, 207, 211, 230, 272, 276, 287, 288
Consejo de Cooperación del Golfo: 276
Consejo de Negocios: 144
Consejo de Seguridad de Naciones Unidas: 37, 40, 67, 103, 105, 150, 154, 172, 175-176, 179, 190, 198, 238, 247, 271
  Resolución 242 del: 158-159
  Resolución 338 del: 158-159
  Resolución 687 del: 179
  Resolución 1973 del: 310

lántico Norte (OTAN): 64, 65, 81, 133, 137, 192, 227, 230, 260-261, 281, 282, 292-294, 302, 304-307, 311

Organización para la Liberación de Palestina (OLP): 41, 149-162

Oriente Próximo: 21, 36, 39, 40, 64, 67, 81-82, 95, 98, 100, 103, 158, 161-162, 168, 178-179, 191, 197, 208, 209, 237, 239, 273-275, 302, 303, 308, 315-318

Ornstein, Norman: 272, 287

Orwell, George: 138

Ostrom, Elinor: 115

OTAN; *véase* Organización del Tratado del Atlántico Norte (OTAN)

otomano, Imperio: 317

Oxfam: 194

Ozanne, Julian: 158

Pacific Rim: 114, 122

Pacto de Varsovia: 293, 307

Pakistán: 27, 83, 147, 178, 232, 274-275, 278, 279, 291, 303-304, 311

Palestine (Carter): 41, 212

palestinos: 36-38, 94, 104, 106, 149-162, 171-176, 207-218, 235-244, 317; *véanse también* Israel-Palestina, conflicto; y territorios específicos

«del exterior» y «del interior»: 149-150, 154, 156, 158

elecciones de 2006: 104, 211-212, 237

expulsión de: 174, 208-209

y acuerdo secular binacional: 172

Palmerston, lord; *véase* Temple, Henry John

Panamá: 36, 190

Parlamento británico: 112

Parlamento Europeo: 167

Partido de la Libertad (Austria): 76

Partido de los Trabajadores del Kurdistán (PKK): 125

Partido Demócrata: 73, 82, 101, 107, 196, 284, 287

Partido Nacional Británico: 76

Paterson, Thomas: 256

Paz Ahora: 154, 155

Pearl Harbor, ataques de: 91

Pentágono: 13, 21, 67, 71, 85, 108, 134, 140, 177, 191, 216, 260, 281, 289, 310

Peres, Shimon: 36-37, 40, 174, 216, 240

Pérez, Louis: 254

Peri, Yoram: 38

Perry, William: 12

Pérsico, golfo: 204, 276, 304

personalidad jurídica: 119-122

Perú: 51, 217

Peterson, David: 260, 312

Petición de Derechos: 112

Petraeus, David: 233

petróleo: 103, 139, 142, 164, 219, 278, 303, 304; *véase también* energía

Petrov, Stanislav: 229, 290-291

Pilar de Defensa, operación: 237-238

Pinochet, Augusto: 23, 31, 82, 100, 280

República Democrática Alemana (RDA, Alemania del Este): 226, 227, 306
Republicano, Partido (Estados Unidos): 52, 73, 77, 84, 88, 97, 101, 104, 107, 115, 127, 185, 201, 206, 272-273, 286-288, 315
rescates financieros: 11, 74, 88
Reserva Federal: 88
Reston, James: 100
revolución americana: 120, 299
revolución industrial: 68, 115, 121, 181, 184
Rhode Island: 112
Ricardo, David: 69, 88
riqueza de las naciones, La (Smith): 69
Rolling Stone: 265
romano, Imperio: 23
Romero, Óscar (arzobispo): 24
Roosevelt, Franklin Delano: 64, 79, 106, 231
Roosevelt, Theodore: 254
Ross, Dennis: 158, 273
Rubinstein, Danny: 154, 242
Rumsfeld, Donald: 47-48, 53, 56, 59, 282, 301
Russell, Bertrand: 17, 147
Rusia: 56, 64, 182, 192, 202, 205, 212, 226-227, 245, 276, 293-294, 303, 305-307, 312; *véase también* Unión Soviética
Ryala, Ali Abu: 215

Sabra y Shatila, masacre de: 41
Sajarov, Andréi: 22
Sakwa, Richard: 305-306

Salon: 56
Sarkozy, Nicolas: 75
Sarrazin, Thilo: 76
Savimbi, Jonas: 246-247
Scarry, Elaine: 27
Scheffer, Jaap de Hoop: 65
Scheuer, Michael: 30
Schlesinger, Arthur M., Jr.: 52, 132, 143, 145, 195, 228
Schlosser, Eric: 230, 291
Schoultz, Lars: 54, 253
Science: 96
Segunda Guerra Mundial: 9, 23, 64, 69, 72, 79, 82, 85, 89, 91, 98, 99, 121, 127, 140, 182, 184, 193, 225, 268, 298, 312
seguridad nacional, doctrina de: 25, 224-225
seguridad interna: 23-26, 29
seguridad internacional: 269
Senado (Estados Unidos): 286-287
    Comité de Servicios Armados del: 47-48
separación Iglesia-Estado: 112
Serbia: 260
Servicio de Aguas de Municipios Costeros: 218
Sexta Flota (Estados Unidos): 37
Shalit, Guilad: 237
Shamir, Yitzhak: 37-38, 155, 156
Sharon, Ariel: 210, 212, 236
Shenon, Philip: 205
Shifa, planta farmacéutica de al-: 44
Shin Bet: 171
Shoigu, Serguéi: 293
Shultz, George: 21, 37, 151, 308